"国际组织与全球胜任力培养"系列丛书

全球治理视野下的国际组织

葛静静◎主 编

INTERNATIONAL ORGANIZATIONS:
The Politics of Global Governance

时事出版社
北 京

主　编：葛静静
编委会：段佳良　倪聪聪　陈佳黛　张　蕾　范竞文
　　　　孔傲翀　刘云泽　王　铃　杨冰冰　王　菱
　　　　戚佳雨　李博雅　彭传枭

本教材为 2019 年度重庆国际战略研究院《重庆市高校国际化人文特色建设非通用语国别区域研究》重点研究项目(项目编号:CIISFTGB1901)成果。

总序
Preface

在全球化、信息化的知识经济时代，未来世界究竟期待什么样的人才？

具有全球胜任力的人才。

中国高等教育学会会长杜玉波曾表示："推动构建人类命运共同体，开拓新时代教育国际交流与合作，是世界教育的共同价值追求。"随着我国对外开放的深入推进以及中外人文交流的蓬勃发展，培养能够在多元环境中有效学习、工作的具有全球胜任力的优秀人才，更是高等教育顺应时代发展的必然选择。

经济合作与发展组织（OECD）对全球胜任力给出的官方定义是："从多个角度批判地分析全球议题及跨文化议题的能力；理解差异

如何影响观念、判断以及对自我和他人的认知能力；在尊重人类尊严的基础上，与不同背景的人进行开放、适宜、有效互动的能力。"从上述定义中，我们不难发现，全球胜任力承载了"人类尊严和多样性的价值评估"和"多元文化社区和谐生存的必要性"等多元命题，是学生获得长足自我发展，成为多元世界公民的必备素质。

然而，"站在世界地图前"，我们又该如何有效地培养和提高学生的全球胜任力呢？

清华大学胡钰教授曾提出，提高全球胜任力"就要充分认识世界文化多样性，能够真诚尊重并积极融入不同文化。以自信、主动的姿态去引领，以生活化、时代感的方式进行交流，让当代中国青年声音、中华文化魅力与中国国家形象有效传播开来"。如果说构建对世界的正确认知可以通过课堂知识传授来实现，那么掌握跨文化的沟通技巧则需要学生置身于多元环境中去体验、内化。显然，国际性组织因需处理复杂的国际事务以及自身多元的文化环境，成为锻造青年"跨越国界的""深层次的""有效的"全球胜任力的极佳场合。

自2015年教育部提出加大国际组织等五类人才培养力度后，我们特别欣喜地看到，国内数所高校纷纷以不同方式、在不同层次开展了国际组织与全球胜任力培养工作。比如，四川外国语大学2015年开设了"国际组织人才实验班"；清华大学2016年启动实施《清华大学全球战略》，并于2018年成立学生全球胜任力发展指导中心；北京外国语大学2017年成立了"国际组织学院"；北京大学2018年设立了"国际组织与国际公共政策"二级学科硕士点；西南交通大学2018年启动了学生全球胜任力提升项目，"定期选拔并资助优秀研究生前往全球知名高校、研究机构、国际组织、海外企业等开展短期学术交流与社会实践"；外交学院、北京外国语大学2019年获批新设"国际组织与全球治理"本科专业等。

新的人才培养动向相应地对课程教学与理论研究提出了更高的要求。其中，教材是教学的基础，一本符合时代需要的教材会在很大程度上影响教学方式和教学质量。能够结合具体的国际组织实践以及当前的

"全人"教育需求来系统地策划、组织、构建一整套人才培养体系恰恰是我参与编写"国际组织与全球胜任力培养"系列教材的初衷。

随着全球化进程走向深入，国际组织多边外交成为我国在全球治理领域的重要实践内容。因此，整套教材中的首本《全球治理视野下的国际组织》在对国际组织参与全球治理的理论体系和典型案例进行梳理的基础上，提炼出国际组织在参与不同领域、不同区域的全球治理时的特征与侧重。

《全球治理视野下的国际组织》一书共有十章，可分为三大篇，即理论篇、专题篇和案例篇。

理论篇是对国际组织和全球治理现有理论研究的综述，包括国际组织与全球化发展的互动关系，全球治理的理论建构与实践路径，以及全球治理发展的未来趋势等；专题篇阐述了当前全球最有影响力的一些国际组织，分析其组织宗旨与行为原则及其在全球治理领域所发挥的作用等；案例篇结合当前全球治理实践中的三个重要行为体——中国、美国和欧盟来分析不同治理主体如何在新时期利用国际组织进行全球治理。

值此中华人民共和国成立70周年之际，该教材结合四川外国语大学外交学专业基础课程《国际组织与全球治理》的具体课程实践，以期合理推演国际组织在国际新格局下的时代担当，同时展现我国国际组织多边外交积极作为的鲜明特色，从而助益我们进一步深化学习新时代中国特色大国外交思想。

借此教材付梓之际，再一次感谢参与教材编写和修订的所有朋友。没有他们的宝贵建议和真诚帮助，仅凭我一人浅薄的学识，实在无法完成教材的撰写工作。最后，也感谢您愿意将宝贵的时间交付给这本教材，希望书中某些内容对您有启发和助益。虽然前期花了较多时间与编辑老师对教材进行反复修改，但书中定还存在很多不足，希望您多多批评指正。

葛静静
2019年8月

目录

理论篇

第一章 国际组织概述 / 003
 第一节 国际组织的概念与分类 / 004
 第二节 国际组织的机构与运行 / 007
 第三节 国际组织的形成与发展 / 014

第二章 全球治理概述 / 024
 第一节 全球治理的概念及方式 / 025
 第二节 全球治理的思潮及范式 / 038
 第三节 全球治理的目标及前景 / 057

第三章 国际组织与全球治理 / 065
 第一节 全球治理的框架建构和经验验证 / 066
 第二节 国际组织的制度供给和公共合作 / 079
 第三节 全球治理体系和治理主体的互动模式 / 084

专题篇

第四章 国际组织的政治安全功能 / 091
第一节 集体安全思想与联合国实践 / 093
第二节 区域安全联盟与上海合作组织 / 103
第三节 国际协调机制与八国集团 / 112

第五章 国际组织的经济合作功能 / 130
第一节 国际组织与国际贸易机制 / 131
第二节 国际组织与金融机制 / 144
第三节 国际组织与援助机制 / 155

第六章 国际组织的法律协调功能 / 169
第一节 国际组织的法律人格及能力责任 / 171
第二节 国际刑警组织与跨国刑事警务合作 / 181
第三节 联合国经社理事会与人权的国际保护 / 186

第七章 国际组织的公益环保功能 / 198
第一节 世界自然基金会与全球环境治理职责 / 199
第二节 世界卫生组织与全球公共卫生合作 / 206
第三节 联合国教科文组织与世界公民教育发展 / 212

案例篇

第八章 新型国际关系下中国的全球治理观 / 227
第一节 全球治理版图中的中国"坐标" / 229

第二节　"人类命运共同体"擘画人类未来　　/　241

　　第三节　"一带一路"倡议与全球治理新路径　　/　252

第九章　特朗普时期美国的单边主义转向　　/　264

　　第一节　霸权下的美国及其在全球治理中的角色　　/　266

　　第二节　"美国优先"政策下的美国全球战略收缩　　/　275

　　第三节　全球能源治理与美国全球领导力维护　　/　284

第十章　"良政"理念下欧盟的务实外交　　/　304

　　第一节　世界格局深刻变革中的欧洲地位　　/　306

　　第二节　有效多边主义与欧盟全球治理路径　　/　314

　　第三节　全球气候治理与欧盟影响力"外溢"　　/　325

理论篇

第一章 国际组织概述

国际组织是"许多不同的层次之间联系的网络、规则和机构"。

——罗伯特·基欧汉　约瑟夫·奈

章节导读

★ 学习目标
- 了解国际组织的概念内涵与基本分类；
- 了解国际组织的基本架构和运行机制；
- 了解国际组织的发展历程与发展趋势。

★ 内容概要

"21世纪将是国际组织的世纪。"在当今世界各国高度相互依赖的背景下，国际组织在国际社会中扮演的角色已越来越重要。而随着中国综合国力的不断增强，中国也愿意通过参与国际组织等多边平台来更好地贡献中国力量，在维护国家利益的同时力促国际体系朝着更加公正合理的方向转变。但现实情况是，目前我国对于国际组织的研究尚不够深入、全面。如何增进我国对国际组织的理解，加深对国际组织的研究，仍是当前亟需解决的重要问题。本章将从国际组织的基本知识入手，分别对国际组织的概念与分类、国际组织的机构与运行、国际组织的形成及发展做详细介绍，使读者能够对国际组织有初步了解，同时也为本书其他章节的展开做个铺垫。

★ 章前思考

请扫描左下方二维码并观看纪录片《重返联合国之路》。视频结束后，请结合视频内容尝试回答下列问题：

1. 谈谈你所认为的国际组织是什么样的？什么样的组织能被称为国际组织？

2. 通过观看影片，你觉得联合国具备怎样的国际地位和影响力？中国为什么需要恢复在联合国的合法席位？

第一节 国际组织的概念与分类

一、国际组织的概念

在 20 世纪，国际组织（International Organizaitons，简称 IOs）以其不断扩充的数量规模、日益强大的行为能力和逐步完善的组织体系，引起众多国际问题专家和外交事务人员的高度关注。

然而，国际组织到底是什么？由于国际组织种类繁多，且涉及面较为宽泛，中外学者对这一最基本的学理概念往往莫衷一是，因而很难对其下一个准确而权威的定义。

传统的定义多从其构成要素出发，认为国际组织是跨越国界的一种多国机构，是国家间为了实现特定的目的和任务，根据共同同意的国际条约而成立的常设性组织。[1] 然而，我们不难发现，当今世界存在的一些国际组织似乎很难满足该定义。以大家熟知的"八国集团"为例，它并不存在常设性机构，但仍然被公认为是典型的国际组织。因此，国际组织也呈现出一定灵活多变的特点。

简单来说，国际组织的定义可以分为广义和狭义两大类。

---

[1] 严声毅主编：《当代国际关系》，上海：复旦大学出版社，1996 年版，第 254 页。

广义上的国际组织定义认为：国际组织是一种跨越国界的以促进国际合作与理解为目标的多国机构，凡是两个以上的国家，其政府、民间团体或个人，基于某种目的，以一定协议形式创设的各种机构，均可称为国际组织，其涵盖了政府间组织和非政府间组织以及跨国公司。[1]

而狭义上的国际组织仅指国际法意义上的国际组织，且仅指政府间的国际组织。《国际组织年鉴》也认为："国际组织是两个以上的国家政府，通过签署符合国际法的协议而组成的国家联盟或国家联合体，具有常设体系和组织机构，其宗旨是通过成员国合作实现共同目标。"

同时，我们也注意到，随着全球化的深入发展，非政府间国际组织的重要性日益增长，在国际舞台上发挥的作用也越来越大。因此，我们倾向于用宽泛的概念来界定国际组织的范围：只要满足多国行为主体构成和国际行为特征，具有一定的协议形式，具有非营利性特点的组织都可以被认为是国际组织。[2]

二、国际组织的分类

除了对国际组织的概念进行界定外，对国际组织的类型进行分析也是认识国际组织的有效途径。由于国际组织数量众多、形式各异、目的有别，学术界对国际组织类型的划分也有许多标准。

一般来说，最主要的划分方法是按照主体构成情况和成员的法律地位，将国际组织划分为政府间国际组织和非政府间国际组织。前者得到成员国的支持与授权，其成员代表主权国家政府；后者通常是民间的社会、宗教、经济等组织的国际联合。[3] 这样的分类方式既简单实用，又能促进人们对于国际组织内涵的理解，因而成为目前学术界最常采用的

---

[1] 饶戈平主编：《国际组织法》，北京：北京大学出版社，1996年版，第10—11页。
[2] 郑启荣主编：《国际组织》，北京：高等教育出版社，2017年版，第16页。
[3] 郑启荣主编：《国际组织》，北京：高等教育出版社，2017年版，第20页。

国际组织分类法。

政府间国际组织是由两个以上的主权国家组成的一种国家联盟或国家联合体，该联盟或联合体由其成员国政府通过签订符合国际法的协定而成立，并且具有常设体系或一套机构，其宗旨是依靠成员间的合作来谋求符合共同利益的目标。[①] 一般来说，政府间国际组织的成员必须是主权国家的政府抑或是代表本国的官方机构，如人们熟知的联合国、欧洲联盟等；但也有一些特别的国际组织允许非国家成员加入，但需特别注意的是，这些成员需以地区经济体或单独关税区的身份加入，并且需获得所在国的允许，如世界卫生组织、亚太经合组织等。这些政府间国际组织不仅能满足成员国开展合作的需要，还能对成员国的国内政策甚至国际局势产生影响。

非政府间国际组织则有两个显著特点，即成员的非官方性与活动领域的广泛性。前者是因为非政府间国际组织不是经过政府间协议而成立的，其成员主要由非官方人士或团体组成，但不排斥各国政府参加其活动。非政府间国际组织主要将其活动领域集中于经济、技术、环保、人道、体育、宗教等方面，具有很大的广泛性。[②]

除了按照主体构成情况和成员的法律地位来划分国际组织类型之外，国际上还有多种划分国际组织类别的标准。如按照组织成员的构成范围，可划分为普遍性国际组织与封闭性国际组织，其分别以联合国和欧洲联盟为典型代表；按国际组织的形态，可划分为传统的协定性国际组织和论坛性国际组织，上文提到的联合国是前者的代表，而二十国集团则是后者的代表；按成员国的地理范围，还可划分为全球性的国际组织和地区性的国际组织，如世界卫生组织、亚太经合组织等，这里不做赘述。

[①] 饶戈平主编：《国际组织法》，北京：北京大学出版社，1996年版，第14页。
[②] 王勇、方建伟：《非政府间国际组织略探》，《当代法学》2002年第7期，第89页。

第二节 国际组织的机构与运行

一、国际组织的机构

(一) 国际组织的行政机构

国际组织的行政机构是国际组织正常运行不可或缺的一部分。常见的国际组织机构有议事与决策机构、执行与司法机构、行政与管理机构等,有时一些国际组织中还会出现特殊的专门与辅助机构,这些行政机构的正常运转保证了它们所属国际组织的有序运转。

国际组织的议事与决策机构一般以"大会""代表大会"等形式存在,其成员由国际组织中各个成员派出代表而组成。同时,它还是国际组织决策和审议机构。大体来说,国际组织的议事与决策机构的职能主要有以下几项:制定方针政策、审查预算、接纳新成员、选举行政首长、选举执行机关成员并执行其报告、制定及修订章程、就有关事项提出建议或做出决策、实行内部监督等。[1] 需要指出的是,一般此种议事与决策机构所做出的决议会因决议性质的不同而发生变化,由其做出的决议多是建设性的、监督性的,而不是具有强制性约束力的。

以上海合作组织为例,其议事与决策机构是成员国元首理事会。成员国元首理事会一般负责研究、确定上合组织框架内多边合作的战略、优先领域和基本方向,通过上合组织重要文件。元首理事会每年举行一次,通常由成员国按国名俄文字母顺序轮流举办。举行例行会议的国家为本组织主席国。[2]

(二) 国际组织执行与司法机构

国际组织一般还设有执行机构,用来执行国际组织议事与决策机构

---

[1] 郑启荣主编:《国际组织》,北京:高等教育出版社,2017年版,第98页。
[2] 郑启荣主编:《国际组织》,北京:高等教育出版社,2017年版,第98页。

的决议，一般以"执行局""理事会""执行委员会"的形式存在。它的职能主要是执行最高权力机关的有关决定，处理本组织管理范围内的事项，提出建议、计划和工作方案并付诸实施。① 机构的成员一般由议事与决策机构推举少数成员国代表组成，此外，也可以按照地域公平原则进行分配或者按照其他特定标准选举产生，还可以由成员国按固定额进行委派。需要注意的是，不同于议事与决策机构，国际组织的执行机构在职能范围内所做出的决议是有一定约束力的。执行机构还可以积极参与大会的决策过程，处理本组织管辖范围内的事项，提出建议、计划、工作方案并付诸实施。②

以国际货币基金组织为例，其执行机构被称为执行董事会，拥有24名执行董事。其中有1/3的人是由在国际货币基金组织里基金份额最多的成员国分别委派，剩下的2/3则由其他成员国按照地域划分形成不同的选区，再进行联合推举，产生代表。

在某些国际组织中，还设有司法机构，其一般专门负责审理法律问题。当出现国际争端时，司法机构也负责通过法律手段来解决。这些司法机构通常有专门的规约规定法院的管辖权、法律适用和司法程序。③这些司法机构中的法官会经过一系列严格的程序来挑选，有完全独立行使职权的权力，且不能代表任何当局。

以位于荷兰海牙的国际法院为例，它是联合国的六大机构之一，同时也是联合国的主要司法机关。它主要有两方面的管辖权：首先，法院需就各成员国行使主权原则而自愿向其提交的争端做出裁决。在这方面，应当指出，截至2010年7月31日，有192个国家成为《国际法院规约》缔约国，其中66个国家根据《规约》第三十六条第二项向秘书长交存了承认法院强制管辖权的声明；其次，联合国大会或安全理事会可就任何法律问题咨询法院意见，经大会授权的联合国其他机关和专门

---

① 梁西，杨泽伟修订：《梁著国际组织法》（第6版），武汉：武汉大学出版社，2011年版，第32页。
② 郑启荣主编：《国际组织》，北京：高等教育出版社，2017年版，第100页。
③ 郑启荣主编：《国际组织》，北京：高等教育出版社，2017年版，第101页。

机构也可就其活动范围内出现的法律问题咨询法院意见。所有决议都必须在出席法官多数同意后才能做出。

(三) 国际组织行政与管理机构

国际组织中的行政与管理机构多被称为秘书处,一般是为其他机构提供行政与管理服务,执行其他机构制定的政策和计划方案,具有多种职能,如财政、会务、调研等。此机构的最高长官一般被称为秘书长或总干事,由大会选举产生,在任期内履行该国际组织规定的职能,且对外代表该组织。该机构及其首脑的主要任务是处理国际组织中的各种日常行政和管理工作,协调组织中各常设机构的活动并为其提供各种服务。①

以位于纽约的联合国秘书处为例,它是联合国的行政与管理机构,为联合国其他机构服务并负责处理联合国的各种日常事务,执行其他机构制定的方案与政策。最高长官为联合国秘书长,由联合国安理会推荐产生,任期5年,可以连任。

(四) 国际组织专门与辅助机构

有时,国际组织内部还会根据一些规定与实际情况设立专门与辅助机构。这类机构多数是技术性、咨询性委员会,讨论、研究各主要机构职能范围内的技术性问题,提交报告、建议或草案,协助、辅助主要机构工作。② 通常,这类机构由成员国组成,但因为各个国际组织的职能范围不同,也可由部分成员国组成,抑或由政府代表或个别专家组成。它可以是临时的,也可以是常设的;可以是区域性的,也可以是世界性的。国际组织的专门与辅助机构形式多变灵活,负责大量具体实际的工作,是维持国际组织运转十分重要的一个部分。

---

① 梁西,杨泽伟修订:《梁著国际组织法》(第6版),武汉:武汉大学出版社,2011年版,第32页。
② 郑启荣主编:《国际组织》,北京:高等教育出版社,2017年版,第103页。

二、国际组织的运行机制

要维持国际组织的正常运转，必须使其按照一定的规则与原则来运行。这些规则与原则涵盖了多个方面，如决策、资金管理、人事管理等。

（一）国际组织的决策机制

国际组织的决策机制作为国际组织决策过程的核心，直接影响国际组织决策的效率与效力。一般来说，表决是国际组织决策时最常见的方式。关于表决有多方面的问题，但主要集中于两个方面——投票权的分配与表决权的集中问题。

如何分配投票权是行使表决权的基本问题。如今，国际组织内部盛行的是一国一票制和加权投票制两种。一国一票制是指不论组织内成员国的地位、综合实力如何，它们的投票权都是平等的。这种投票制度以联合国大会的投票机制最为典型。加权投票制则是根据国际组织内部自行规定的规则与标准给予成员国不同的票数或者投票权。这种投票制度以国际货币基金组织的投票机制为典型。

自19世纪以来，国家主权原则不断深入人心。因此，一般来说，加权投票制在整体的国际组织决策机制中并没有取得主导地位，一国一票制才是国际组织决策机制中的主流。

表决权的集中是表决的有效结果，主要包括全体一致同意、多数通过制、协商一致和少数否决等方式。[①] 全体一致同意以一国一票制为基础，要求国际组织的任意文件需经过所有成员国的全体同意才能生效，此国际组织所产生的议案也需经过成员国的一致同意才能通过。多数通过制与全体一致同意类似，也采取一国一票制。不同的是，国际组织采取多数通过制时，所做的决议和产生的任何文件只需经过成员国的多数同意便可生效。协商一致指的是对于国际组织内部所议事项做出的决议

---

① 郑启荣主编：《国际组织》，北京：高等教育出版社，2017年版，第105页。

草案，在经过成员国广泛的协商之后，如果没有成员国给出明确正式的反对意见，那么该项决议草案即可不经过投票而通过生效；而如果出现了明确正式的反对意见，那么就需采用投票的方式。少数否决制在联合国安理会的表决程序中可以见到。它指的是在常任理事国拥有一票否决权的条件下，对于任何议案草案，即使有14个理事国同意，只要有一个常任理事国反对，该决议草案便无法通过生效。

在国际组织的实际表决方式中，全体一致同意与多数通过制是主流。但随着国际组织的不断演进发展，全体一致同意的方式因要求严格，已经逐渐不能满足国际组织在实际工作中的需求。因此，为在保持表决严谨性的同时提高效率，多数通过制已成为国际组织表决时的常规做法。但需要注意的是，在一些涉及原则性的政治性问题上，还需全体一致同意。

（二）国际组织的执行程序

国际组织的执行程序包括会议制度、国际组织成员的加入和退出、国际组织决议的具体执行等方面的程序。[1]

在一般情况下，国际组织要想开展活动，成员国政府要想表达某种意愿，采取的方式都是召开会议之后再做出决定。国际组织各机关所召开的各种会议主要包括三种类型：经常会议、定期会议和特别会议。[2]经常会议是指国际组织中一些持续执行职能的机关因需要而在必要时立即举行的会议。以联合国安理会为例，它在《议事规则》中规定："除第四条所提及的定期会议外，安全理事会的会议应由主席在他认为必要时随时召开，但两次会议的相隔时间不得超过14日。"定期会议指的是国际组织在每年间隔一段时间举行会议，开展工作。特别会议指的是在某些特殊情况出现时，为了处理这些情况以防事态恶化，国际组织可在举行定期会议之外，再举行紧急会议或特别会议。

---

[1] 郑启荣主编：《国际组织》，北京：高等教育出版社，2017年版，第106页。
[2] 梁西、杨泽伟修订：《梁著国际组织法》（第6版），武汉：武汉大学出版社，2011年版，第33页。

国际组织成员的加入和退出也是国际组织执行程序的一部分。国际组织成员的加入是指将一些本来为非组织成员的国家吸收为成员国，以使组织的影响力扩大，工作效率得到提高。非国际组织成员国想要加入国际组织，一般需通过志愿成员制和强制成员制两种方式。志愿成员制指的是主权国家拥有权力来决定本国是否加入国际组织，而决定不参加的国际组织中的规章条约不会对这些国家产生强制的约束力，国际组织本身也不能给这些国家强行规定义务。国际组织成员的退出就是指组织内成员退出国际组织，一般由除名的方式呈现。

国际组织决议的执行由国际组织中的行政管理机构来完成，这里不做赘述。

（三）国际组织的人事制度

为了保证国际组织的公平性和独立性，它拥有一套严密的人事制度。这里将从国际组织人员的聘用、分类、薪酬等方面做出说明。

为了保证国际组织的公正性和工作效率，国际组织一般会要求其所有职员以"国际公务员"的身份为本组织服务，对本组织负责。国际组织一般从各国公民中招聘组织所需的国际公务员。在国际组织内部的人员应保持中立，不为任何政府或本组织之外的机构组织服务，也不应接受它们的指示与命令。在组织之外的公众场合活动时，组织内部人员的言行举止也应与国际组织自身定位相符。

按照不同的标准，可将国际公务员划分为不同的类型。按职位性质来划分，国际公务员可分为高级官员、业务类官员和一般事务类人员。高级官员 D 级（Director）分为 D1、D2 两个级别，要求有多年丰富的工作经验，年龄一般在 50 岁以上；业务类官员 P 级（Professional）分 P1 到 P5 五个等级；而一般事务类人员 G 级（General Service）分 G1 到 G7 七个等级，主要由秘书、服务和安全人员构成。除此之外，国际公务员按职位、地域性质，可分为受地域分配限制和不受地域分配限制；按合同种类，可分为长期合同、定期合同和临时合同。

各个国际组织的薪酬不尽相同，但基本上是基本工资加上补助。以联合国职员薪酬为例，同一级别职员的薪酬是相同的，都由联合国大会决议决定，但补助则会视地域和职员自身家庭状况的不同而有所不同。单身初级职员的年薪约 5 万美元，P5 级别的职员则在 8 万美元以上，且所有职员每年享受 2 个月左右的带薪假期，此外还可报销 2 年一次的回国探亲费用，子女在世界上任何学学校的教育费用都可报销 75%，但上限是 9000 美元。[①] 除这些之外，国际职员在医疗保险和养老保险等领域所享受的待遇也较为优厚。

（四）国际组织的资金管理

国际组织都具有中立性与独立性，因此在财政和预算上，国际组织也是相对独立的。国际组织资金管理的独立性主要体现在它能不受成员国的支配，独立掌握和分配资金，且能自由地决定本身的收入和支出。但国际组织也会出台财政预算，由各成员国组成的全体会议审议通过。

国际组织的收入来源有多种方式，其中，成员国按照法定摊派比例缴纳的会费是国际组织最主要的收入来源。缴纳比例一般按照各成员国的国民收入总额或支付能力，并参照其他相关因素来决定，但某些国际组织也采用平均分摊的方法。为在体现国家主权平等原则的同时也照顾某些发展中国家，国际组织有时会规定国家承担会费的比例区间。以国际货币基金组织为例，它的收入来源以各成员国认缴的份额为主。份额是成员国在加入国际货币基金组织时必须认缴的一定数额的款项，它根据成员国的国民收入、黄金和外汇储备、进出口贸易额和其他经济指标来共同确定。它既是国际货币基金组织的最大资金来源，也是决定成员国投票权和借款权的最重要因素。

国际组织第二个资金来源的渠道则是富国和个人的资助，例如成员国就某些特别费用所做的自愿捐款。[②] 除此之外，国际组织还可通过税

[①] 郑启荣主编：《国际组织》，北京：高等教育出版社，2017 年版，第 109 页。
[②] 梁西，杨泽伟修订：《梁著国际组织法》（第 6 版），武汉：武汉大学出版社，2011 年版，第 36 页。

金收入和营利性收入获得资金。税金收入主要包括组织内部人员的薪金税，营利性收入主要包括借款、广告收入、出版书刊和营业所得等。

为了维持国际组织的正常运行和活动，国际组织不可避免地会产生经济支出。经济支出的比重与国际组织的大小、活动范围和所属类型有关。当然，国际组织的正常开支既包括日常开支，也包括为了应对紧急情况而设立的特别开支。特别开支一般由成员国的自愿捐款组成。

第三节　国际组织的形成与发展

国际组织是国际政治和经济发展到一定阶段的产物，它以国际关系的演变为基础，与社会的发展有着紧密联系。同时，它的发展也经历了一个历史过程。19世纪出现的欧洲协调、国际行政联盟和海牙体系成为国际组织产生的三大基础。20世纪两次世界大战之后出现的国际联盟和联合国成为国际组织发展史上的里程碑事件。如今，国际组织的数量日益上升，活动范围不断扩大，在全球气候变暖、生态平衡、裁军军控、维和救灾、艾滋病防治、教育科技、人权等领域发挥了不可替代的作用，在一定程度上缓和了无政府状态所导致的集体行动困境。

一、形成基础

19世纪以来，随着工业革命的开展及近代国际格局的形成，国家之间尤其是欧洲国家之间的交往日益紧密，直接导致了世界上第一批国际组织的诞生。此时期产生的欧洲协调机制是国际组织产生的直接推动力，国际行政联盟成为现代国际组织的先导，海牙体系则为国际组织的发展提供了原则基础。

欧洲协调机制是国际组织产生的直接推动力。欧洲协调机制又称欧洲协调会议机制，它以1814年英、奥、俄、普签订的四国同盟条约为基础，是欧洲各主要大国用会议外交的方式处理欧洲内部以及有关欧洲事务的一种定期协商制度。此机制维护了1815年维也纳会议结束至

1853 年克里米亚战争爆发以来近 40 年的欧洲和平，并且其影响一直延续到第一次世界大战爆发，前后持续了整整一个世纪之久。① 这种制度规定缔约国在处理紧急国际问题时要举行会议，协商一致，以维护欧洲的和平。欧洲协调机制不仅对国际组织的形成与发展产生了深远影响，也为后世的国际组织运行提供了有价值的借鉴。

此外，欧洲协调机制自身所具有的一些特性，也为后期国际组织的形成提供了重要借鉴。首先，它规定缔约国之间应定期举办会议，以使多边交往更加稳定和常态化。在欧洲协调机制存在期间（1814 年维也纳会议至 1914 年第一次世界大战），缔约国曾举办过 30 多次大型国际会议。② 虽然这些会议无正式章程和常设机构，但均较为灵活，可随时召开，因此在化解国际危机方面有着较高的效率。

其次，欧洲协调机制奉行集体反应和协商一致的决策原则。这种"克制"的协商方式实际上是一种"大国协调—小国陪衬"的方式，大多问题都由俄、英、普、奥四强商议决定。不过，这种将大国放在协调核心的方式确实在一定程度上使欧洲大陆各国间保持了近百年的稳定和平关系。后来，许多国际组织也借鉴了这种"大国协调"方式。

第三，欧洲协调机制从实际需要的角度出发而在会议程序中创新了议事规则。比如，1815 年欧洲反法联盟在维也纳会议中签订的《最后议定书》就是国际组织发展史的一大进步。它不仅确立了新的欧洲统治秩序——维也纳体系，同时对外交人员的地位和待遇等问题做了详细安排，从而使多边国际会议在形式上日臻完善，为日后国际组织的运作提供了可供效法的规章制度。

第四，欧洲协调机制注意多边会议的技术性工作，从而为后世创下可循的先例。最早出现的国际行政组织——莱茵河委员会和多瑙河委员会也是欧洲协调的产物。创立于 1816 年的莱茵河航运中央委员会标志

---

① 郑启荣主编：《国际组织》，北京：高等教育出版社，2017 年版，第 69 页。
② 张丽华：《国际组织的历史演进》，《东北师范大学学报（哲学社会科学版）》2003 年第 5 期，第 66 页。

着国际组织的诞生，其宗旨是协调封建君主国之间在政治、经济和宗教等方面的关系，主要工作是保障莱茵河及其支流的航运自由与安全。1856年，巴黎会议上商议设立了第一个多瑙河委员会，以多瑙河作为国际航运水道对沿岸国家进行控制，这也是第一次由国际组织来确保多瑙河的自由航行。

进入19世纪后，世界上出现一批致力于在各国的经济、社会、科学、文化等公共事务上开展多边合作的国际组织，它们又被称为国际行政组织、国际行政联盟或万国联盟。这些国际组织的出现，使得国家之间在多个方面的合作成为可能。除上文提到的莱茵河委员会与多瑙河委员会之外，著名的国际行政组织还包括国际铁路货运联盟、国际电报联盟、万国邮政联盟等。

作为现代国际组织的先导，国际行政联盟为现代国际组织的发展做出有价值的贡献。它的出现标志着国际社会和国际合作有组织化的开端，从而把国际关系推向更广、更深的领域。[①] 首先，这些国际组织加强了国家间政府的合作和交往，为国家间讨论和处理共同关心的问题提供了交流渠道，并且可以交换情报、制定公共政策、协调行动，从而促进专门性和技术性的国际合作。其次，国际行政联盟创立了常设机关——国际事务局，它成为当代国际组织秘书处的前身，使此前不相衔接的国际会议制度化。[②] 最后，国际行政联盟还把以前是一体的大会和理事会分成两个机关，分别扮演决策机关和执行机关的角色。这样做极大地提高了国际组织的工作效率。国际行政组织的产生和发展为现代国际组织的发展打下了基础，并提供了丰富且有价值的经验和教训。

产生于1989年的海牙体系为国际组织的发展提供了原则基础。海牙体系产生于两次海牙和平会议，在国际法的发展、寻求和平解决争端和减少战争伤害等方面做出贡献，也为国际组织逐步制度化奠定了原则

---

① 李铁城：《联合国五十年》，北京：中国书籍出版社，1996年版，第6—7页。
② 郑启荣主编：《国际组织》，北京：高等教育出版社，2017年版，第72页。

性基础。海牙体系在以下几个方面进行了有益的创新：第一，成员分布的广泛性。两次海牙会议的参加国超出了欧洲的地域范围，几乎包括所有的独立国家。第二，成员国之间的平等性。在海牙会议上，国际社会才正式确立了一国一票的平等投票权，小国第一次被正式承认与大国处于平等地位。第三，确立了和平解决国际争端的原则。在海牙会议上确立的此原则不仅增加了各国的国际责任感，还使与会国达成重要共识，即国家争端并不是当事国之间的私事，还会影响到整个国际社会，因此非当事国也有权介入争端，促使有关国家用和平手段解决国际争端。最后，进行了表决制度的创新。海牙会议仍以全体一致为表决原则，但对会议的表决程序进行改进，产生了准一致的表决机制、不记弃权票的一致原则。

二、国际组织的发展

进入20世纪后，随着资本在全球范围内的快速扩张，原来以欧洲国家为中心的国际体系扩展至全世界，在这样的背景下，国际组织也得到极快发展，进入加速发展期。

国际联盟是世界上第一个普遍性的国际组织，在国际组织发展史上拥有重要地位。它以维护和平与安全为宗旨，而它的成立也标志着国际组织的发展进入一个新的时期。国际联盟在第一次世界大战的基础上诞生，但也是一战之前各个国际组织发展的产物。在一战中，参战国损失巨大，各国人民都处于水深火热之中。各国的和平人士为了维持来之不易的和平，纷纷开始设计防止战争再次爆发的方案，而这也为国际联盟的成立提供了舆论基础。

国际联盟的主要机构有全体大会、行政院和秘书处。此外，国际常设法院（又称国际常设裁判法庭）是国联体系内的一个带自主性的机构，其职权在于审理各国提出的一切案件，并可就行政院或大会提出的事项发表咨询意见。国际联盟的其他附属机构有国际劳工组织、世界卫生组织、知识产权合作委员会、难民委员会等。[1] 国际联盟和19世纪产生的欧洲协调机制相比,发展程度有所提高,它不仅拥有法人资格,而且对国际安全问题规定了原则,形成了一套正式的决策程序。国联大会由全体会员国组成,其有权处理"属于联盟行动范围以内或联系世界和平之任何事件"。大会是在之前各种外交会议的基础上进一步稳定和完善的,其成立也标志着国际会议外交方式制度化的最终确立。行政院是国际联盟中最重要的机关,类似于欧洲协调,但更加严密。行政院的职权范围与大会有重复的地方,但除此之外,它还享有开除国家成员资格、分配委任统治地等职权。行政院的决议一般来说需要一致通过,这也体现了"集体一致"的原则。但需指出的是,这种做法也降低了国联的工作效率。秘书处是国际联盟的事务机关,其成员由国际联盟任命,对国际联盟负责,以保持职员的国际性和独立性。

国际联盟在处理国际事务中发挥了一定的作用,但由于其本质是英法等西方国家维护自身国际体系主导权的工具,加之其本身具有制度缺陷,所以在面对一些事件,如大国的侵略行动时,它难以产生具有强制性的制约。如在1931年"九一八事变"发生后,国联的集体安全机制并未发挥应有的效用,进而削弱了国联的权威性。1946年4月18日,国际联盟不复存在,之后正式被联合国代替。

联合国的成立是世界反法西斯战争胜利的结果。1945年10月24日,《联合国宪章》开始生效,联合国也正式宣告成立。《联合国宪章》的制定和联合国的诞生是现代国际关系史上的一件大事,也是二战后规划和平体制的一项重大成就,它反映了各国民众的和平愿望。[2] 它的宗旨便是维持国际和平与安全;发展国际上以尊重人民平等权利及自决原则为根据之友好关系;促进国际合作,以解决国际上属于经济、社会、文化及人类福利性质之国际问题;构成一个协调各国行动之中心,以达成上述共同目的。

---

[1] 人民网,http://www.people.com.cn/GB/historic/0110/720.html,2019年6月26日访问。
[2] 郑启荣主编:《国际组织》,北京:高等教育出版社,2017年版,第80页。

综上所述，联合国是世界上最有普遍性、权威性和代表性的政府间国际组织。它不仅负责在政治上维护世界和平与安全，而且在经济、社会、文化、教育、卫生、环境、发展和人权等领域进行着有价值的工作，因此联合国成为众多国际组织的核心，促进了国际组织的发展。

进入21世纪以来，国际格局正在经历深刻变革，这不仅影响着国际社会的发展方向，更影响着国际组织的发展方向。具体来说，国际组织的发展趋势具有以下几个特点。

首先，发展中国家的参与度会越来越高。国家在国际组织中的话语权与其国家实力和对国际组织的贡献有关。近年来，随着新兴经济体的崛起，发展中国家的国家实力迅速增强，因此想在国际组织中寻求更多的话语权。这主要体现在，一些发展中国家联合起来，要求改革国际组织的规则以加强发展中国家的地位和话语权。除此之外，发展中国家也增进了彼此之间的合作，建立了一些以发展中国家为主的国际组织。由此可见，随着发展中国家的不断进步，国际组织的权力结构与国际形态必然会发生改变，推动国际社会及国际格局产生变化。

其次，国际组织自身的合作将会得到进一步加强。随着全球化和国际合作的不断深入发展，国际组织将会在合作水平、制度化建设、影响力和规模上不断发展，并通过加强彼此间的协调合作来提高国际组织参与全球治理的能力。[①] 以联合国为例，它在致力于加强政府间国际组织合作的同时，也不断鼓励广大非政府间国际组织之间友好合作，发挥各国际组织的优势，防止资源浪费，以进一步提高全球治理的能力。未来国际组织发展的方向是通过加强自身的水平和促进彼此间的协调来提高影响力。

第三，区域性国际组织会加强彼此合作的深度和广度。一直以来，相邻地区和相似国家之间由于共同点较多，它们达成合作的可能性更大，因此区域性国际组织的发展前景十分明朗。但是，随着它们合作的不断加深，区域的一体化进程也随之加速，由此对成员国的影响和限制也会加强，进而削弱国家主权的作用，改变一些国际传统准则。

---

① 郑启荣主编：《国际组织》，北京：高等教育出版社，2017年版，第84页。

最后，非政府间国际组织的影响会进一步增强。非政府间国际组织数量众多、机制灵活，且规避了主权壁垒，因而拥有政府间国际组织没有的优势，在国际关系中能起到既不同于主权国家也不同于政府间国际组织的作用。随着时代的不断进步，非政府间国际组织在国际关系中的地位还会进一步提高，作用也会进一步加强。

本章练习

一、请根据自己的理解，将下列国际组织的标志与名称一一对应连接起来。

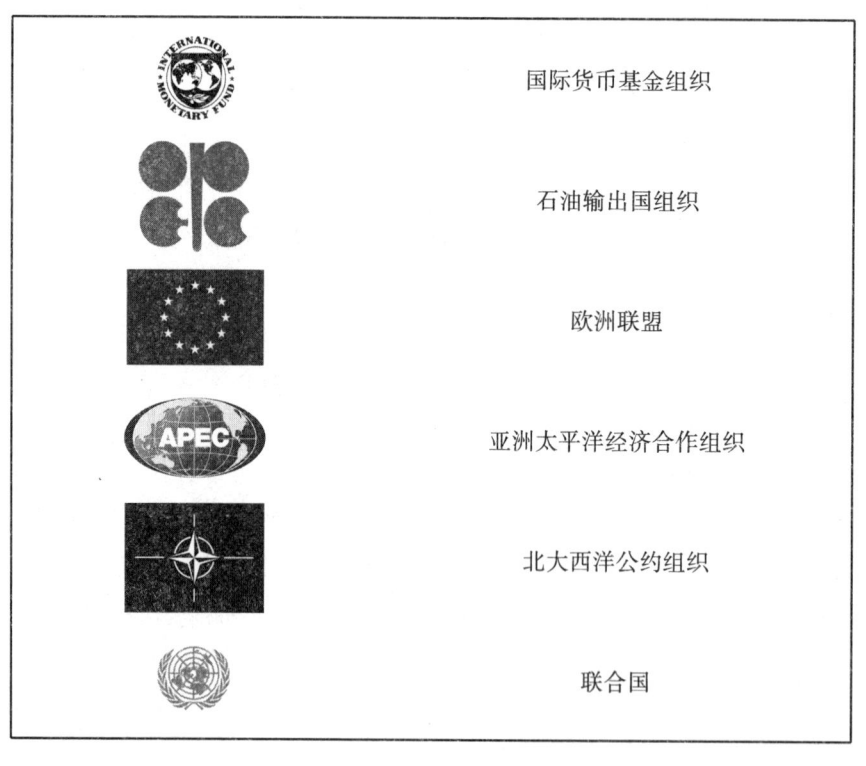

（国际货币基金组织徽标）	国际货币基金组织
（OPEC徽标）	石油输出国组织
（欧盟旗帜）	欧洲联盟
（APEC徽标）	亚洲太平洋经济合作组织
（北约徽标）	北大西洋公约组织
（联合国徽标）	联合国

二、请根据本章内容补全下列空格。

1. 根据传统的定义，国际组织是_____的一种多国机构，

是国家间为了特定的目的和任务，根据共同同意的国际组织而成立的_____。

2. 如果按照国际组织的主体构成情况和成员的法律地位来划分，那么可以把它们分为_____和_____。

3. 非政府间国际组织有两个显著的特点，即_____与_____。

4. 常见的国际组织机构有_____、_____、_____。

5. 国际组织的执行程序包括_____、_____、_____等方面的程序。

6. 国际组织的收入来源有多种方式，其中，_____是国际组织最主要的收入来源。

三、请根据所学内容判断下列表述的正误。

1. 国际组织的议事与决策机构所做出的决议一般具有强制性约束力。（   ）

2. 某些国际组织中设有司法机构，这些司法机构中的法官会经过一系列严格的程序来挑选，他们是有完全独立行使职权的权利，且不能代表任何当局。（   ）

3. 国际组织一般从各国公民中招聘组织所需的国际公务员。在国际组织内部的人员应保持中立，不为任何政府或本组织之外的机构服务，也不接受它们的指示与命令。（   ）

4. 富国和个人的资助是国际组织最主要的收入来源。（   ）

5. 国际联盟是世界上第一个普遍性的国际组织，在国际组织发展史上拥有重要地位。（   ）

6. 随着发展中国家的不断发展，国际组织的权力结构与国际形态必然会发生改变，推动国际社会及国际格局产生变化。（   ）

四、请与班上小组成员一起讨论下列问题。

1. 请说明国际组织产生的背景、原因和条件是什么？

2. 试分析广义和狭义概念的国际组织分别具有哪些特征，同时分别列举两种类型中的典型国际组织？

3. 不同理论流派的学者是如何认识国际组织的本质的？

4. 国际组织有哪些行政机构？它们又是如何运作的？

5. 国际组织在未来国际关系发展中具有怎样的意义？

参考书目

Andreas Hasenclever, *Theories of International Regimes*, NY: Cambridge University Press, 1997.

LeRoy Bennett & James K. Oliver, *International Organizations*, NJ: Prentice Hall, 2001.

Armstrong David, *The Rise of the International Organization*, London: Macmillan Education Ltd, 1982.

Friedrich Kratochwil & John Gerard Ruggie, "International Organisation: A State of Art on the Art of the State", in Friedrich Kratochwil & Edward D. Mansfield, *International Organization and Global Governance: A Reader*.

Chiara Martini, "States' Control over New International Organization", in Walter de Gruyter, Global Jurist Advances.

Donna M Mertens & Craig Russon, "A Proposal for the International Organization for Cooperation in Evaluation" in Elsevier Inc, *American Journal of Evaluation*.

李铁成主编：《走进联合国》，北京：人民出版社，2008年版。

蒲俜：《当代世界中的国际组织》，北京：当代世界出版社，2002年版。

饶戈平：《全球化进程中的国际组织》，北京：北京大学出版社，2005年版。

郑启荣主编：《国际组织》，北京：高等教育出版社，2017年版。

张贵洪主编:《国际组织与国际关系》,杭州:浙江大学出版社,2004年版。

刘宏松:《国际组织的自主性行为:两种理论视角及其比较》,《外交评论》2006年第89期。

刘莲莲:《国际组织理论:反思与前沿》,《厦门大学学报(社会科学版)》2017年第5期。

张小波:《国际组织研究的发展脉络和理论流派争鸣》,《社会科学》2016年第3期。

赵冠峰:《国际组织分类方式新探》,《同济大学学报(社会科学版)》2010年第6期。

第二章 全球治理概述

> 治理是各种各样的个人、团体——公共的或个人的——处理其共同事务的总和。这是一个持续的过程,通过这一过程,各种相互冲突和不同的利益可望得到调和,并采取合作行动。这个过程包括授予工人的团体或权力机关强制执行的权力,以及达成得到人民或团体同意或者认为符合他们的利益的协议。
>
> ——英瓦尔·卡尔松 什里达特·兰法尔

章节导读

★学习目标

- 了解全球治理的概念内涵与理论来源;
- 分析全球治理的主要内容与实践方式;
- 展望全球治理的未来前景与机遇挑战。

★内容概要

全球化进程的深入发展和新兴技术的飞速革新在加深了国家间的相互依赖的同时,也使得全球性问题逐渐凸显。气候变化、金融危机、恐怖袭击、跨国犯罪、毒品走私等问题越来越成为摆在各国面前的重要挑战,当前的国际社会比历史上任何时候都需要通过加强多边合作来化解全球性危机和挑战。然而,近年来发生的英国脱欧、美国保护主义倾向等"黑天鹅事件",却让人们对全球化潮流以及全球治理的效率产生了质疑。

本章在梳理"全球治理""世界秩序"等概念的基础上,进一步探讨在全球化时代民族国家如何参与到全球治理体系中。当前全球治理的现状是怎样的?可能存在的问题及挑战有哪些?是否存在公共产品缺失、治理规则真空的问题?在原有体系无法有效应对时代挑战的情况下,全球治理主体需做出怎样的调整?这些都是本章所需要探讨的问题。

第一节 全球治理的概念及方式

一、全球治理的概念

(一)全球治理的提出

全球治理是顺应世界多极化趋势而提出的旨在对全球政治事务进行共同管理的概念。

首先,全球化的深入发展为全球治理的提出提供了时代背景。一方面,当今世界已日渐成为一个"你中有我,我中有你"的整体,各行为体之间日益紧密的相互关联也客观地要求彼此之间进行全球性的合作;另一方面,人类之前对困难的处理方式和解决手段已无法应对最新显露的问题,世界急需新的治理理念和治理手段。

其次,全球治理理论需要进一步完善,以匹配现实世界的真实需求。原有的治理理论和科学范式已难以解释全球化时代的新现象,也难以解决全球交往出现的新问题,更难以有效地应对新技术革命领域发生的变革。所以,突破传统学科界限,开拓新的全球知识领域和跨学科研究路径,提出新的理论范式与观点解析,乃至创建新的全球学科的任务,便提上了人类知识发展的重要议程。

最后,全球治理行为体的多元化促进全球治理的发展。在国际社会联系日益紧密、全球化进程日益深化的情况下,国际非政府组织、跨国公司、国际组织以及一些公民社团,甚至是个人行为体的影响力越来越大,治理主体的多样化趋势愈加明显,这既丰富了国家的治理功能,也使得全球治理的内涵更加丰富。这些非国家行为体治理能力的增强,为更加广泛、深入的全球治理的实现创造了条件,有助于优化全球治理结构,提高全球治理行动的权威性和合法性。①

> *国际非政府组织即INGO(international non-governmental organizations),是非官方的、民间的组织,其成员不是国家,而是个人、社会团体或其他民间机构。国际非政府组织不是由各国政府派官方代表组成,而是由宗教、科学、文化、慈善事业、技术或经济等方面的民间团体组成的。国际非政府组织可分为四类:
> 1. 全球性的单一功能组织;
> 2. 全球性的多功能组织;
> 3. 区域性的单一功能组织;
> 4. 区域性的多功能组织。
>
> *跨国公司主要是指发达资本主义国家的垄断企业,其以本国为基地,通过对外直接投资,在世界各地设立分支机构或子公司,从事国际化生产和经营活动。

(二)全球治理的概念

全球治理理论的基石是对其概念的界定。投身于全球治理研究的学者们从各自的学术背景出发,难免会产生理解和认识上的不同,造成学术界对全球治理尚无统一定义的局面。而明确全球治理的要义同样是正

---

① 蔡拓、杨冬雪、吴志成:《全球治理概论》,北京:北京大学出版社,2016年版,第3页。

确理解全球治理的途径,只有这样才能更好地理解全球治理的内涵,有利于后续研究的开展。

1. 关于全球治理的界定

在关于"治理"的各种定义中,联合国开发计划署的定义颇具代表性和权威性。该组织于2007年发表的《治理指数:使用手册》研究报告指出,治理是一套价值、政策和制度的系统,其中,一个社会通过国家、市民社会和私人部门之间,或者各个主体之间的内部互动来管理经济、政治和社会事务。它是一个社会通过自身组织来制定和实施决策,从而相互理解、取得共识、采取行动的过程。治理由制度和过程组成,通过这些制度和过程,公民和群体可以表达自身的利益诉求,减少彼此之间的分歧,履行合法权利和义务。规则、制度和实践为个人、组织和企业设定了限制,并为其提供激励。治理有社会、政治和经济三个维度,可以在家庭、村庄、城市、国家、地区和全球各个人类活动领域运行。[1]

如同"治理"的概念,"全球治理"同样存在许多不同的定义。当前引用最为广泛的定义来自联合国框架下建立的全球治理委员会,它在联合国成立50周年之际发表了名为《天涯若比邻》的研究报告,指出全球治理"是个人和机构、公共和私人管理一系列共同事务方式的总和,它是一种可以持续调和冲突或多样利益诉求并采取合作行为的过程,包括具有强制力的正式制度安排"。[2] 全球治理委员会的定义同时概括出全球治理的特征:全球治理的主体包含公共部门和私有部门的行为体;通过各行为体之间的相互合作与协调来管理全球事务;全球治理既是一个实现良治的活动过程,也是一套由规则和规范所构成的机制或制度,并且全球治理对参与的主体具有指导和限制作用;全球治理也依赖于各个不同层面的行为体持续不断地合作与协调互动,因此全球治理

---

[1] United Nations Development Programme, *Governance Indicators: A Users' Guide,* 2nd Edition, 2007, p. 1.

[2] The Commission on Global Governance, *Our Global Neighbourhood: The Report of the Commission on Global Governance,* Oxford University Press, 1995, chapter 1.

是一个复杂的发展过程。①

全球治理同广泛的治理存在一定区别。"治理首先是各国之间，尤其是大国之间的协议与惯例的产物。这涵盖政府的规章制度，也包括非政府性机制，后者是谋求以它们自己的手段实现它们的愿望、达到它们的目标。"全球治理"可以在没有政府的正式授权和具体批准的情况下贯彻实施某些集体项目"。"各种政府间组织，以及由非政府组织或跨国公司推动的非正式调节程序也都包括在这种治理之内，所以它既是各国参加国际谈判的产物，也是由个人、压力集体、政府间组织和非政府组织形成的混杂联合的结果。"②

2. 全球治理的要义

全球治理的要义是除了其概念外，理解全球治理理论的关键要素。俞可平认为，全球治理有五个要素：全球治理的价值、全球治理的规制、全球治理的主体、全球治理的客体以及全球治理的结果。③ 具体来说，可以理解如下：

（1）全球治理的价值

全球治理的价值是其提倡者希望达到的目标，这些价值目标已经超越了国家、种族、宗教、意识形态等方面，是一种普世的、理想的价值选择。这些价值可以汇集世界上尽可能多的人共同承担治理责任，满足拥有不同文化背景的文化群体的治理需求，全球治理的正当价值基础可以弥合人们之间的价值冲突，推进全球治理的精神建构任务。④ 全球治理委员会还认为，全体人类都应该秉持共同的核心价值，其中就包括对自由、正义、生命和公正的尊重以及爱心、正直、和谐等观念。全球治理委员会的报告同时规定了详细的权利和义务：安全生活、公平待遇、

---

① 叶江：《试论欧盟的全球治理理念、实践及影响——基于全球气候治理的分析》，《欧洲研究》2014年第3期，第73页。
② ［瑞士］彼埃尔·德·塞纳克伦斯，冯炳昆译：《治理与国际调节机制的危机》，《国际社会科学杂志（中文版）》1999年第1期，第94页。
③ 俞可平：《全球治理引论》，《马克思主义与现实》2002年第1期，第25页。
④ 任剑涛：《在一致与歧见之间——全球治理的价值共识问题》，《厦门大学学报（哲学社会科学版）》2004年第4期，第5—12页。

谋生和谋取幸福的权利、和平解决争端、参与各级治理、平等的知情权、平等分享全球共同利益。而相应地，人们也要遵守一定的自身义务：尊重他人的安全、为全球利益做出贡献、促进性别平等、可持续发展、保护共同的资源、维护子孙后代的利益、努力消除腐败、保护人类文化和知识遗产等。[1]

(2) 全球治理的规制

全球治理的方式既允许实行正式的强制管理，又要求行为体之间进行民主协商谈判妥协；既采取正统的法规制度，有时也强调一些非正式的措施。[2] 俞可平认为，良好的全球合作规制是保证全球治理效率的基础，"是维护国际社会正常的秩序，实现人类普世价值的规则体系，包括用以调节国际关系和规范国际秩序的所有跨国性的原则、规范、标准、政策、协议、程序"。[3] 全球合作规制对于全球治理意义重大，不仅因为国际规制理论是全球治理理论的主要根源之一，同样也因为国际规制可以促进全球治理的实现，为全球治理提供基本原则与规范，而其演化发展出的国际组织也是全球治理过程中最积极和最主动的参与者。[4] 虽然全球治理的价值是充满理想主义色彩的，不过基于各个国家不同的文化背景和迥异的发展路径，单一的治理方式并不适合每一个国家和行为体效仿并实施，而是需要在尊重现实条件的基础上兼顾多方的利益。

(3) 全球治理的主体

全球治理主体是制定和实施全球规制的组织机构。虽然主权国家及其政府是重要的治理主体，但治理主体正在突破一国治理的范围，不同领域、不同层级的行为体，如个人、团体组织、次国家、国家、超国家

---

[1] The Commission on Global Governance, *Our Global Neighborhood: The Report of the Commission on Global Governance*, chapter 2.
[2] 吴志成、潘超：《全球化视阈中的治理理论分析》，《理论探讨》2006年第1期，第102页。
[3] 俞可平：《全球治理引论》，《马克思主义与现实》2002年第1期，第14页。
[4] 王乐夫、刘亚平：《国际公共管理的新趋势：全球治理》，《学术研究》2003年第3期，第55页。

等正在构成日益复杂的治理网络结构。[1]

目前,全球治理中最重要的主体依旧是主权国家,但是在全球治理的主体越来越多元化的时代背景下,主权国家的地位也越来越让渡给其他主体,一些其他全球治理的主体也日益受到关注。"全球公民社会是介于国家和个人之间的跨国活动领域,其基本的组成要素是国际非政府的民间组织。"[2] 除了次国家治理主体外,当前存在的一些超国家行为体与国际规制也对全球治理产生越来越大的影响,比如由当前世界最重要的国家和地区组成的联合国、二十国集团、北约组织、世界贸易组织、国际货币基金组织、世界银行等,这些超国家行为体已经越过主权国家的传统边界,在全球治理的体系中产生直接的影响。[3] 安东尼·麦克格鲁认为治理主体可以分为四类:全球与地区的超国家行为体、主权国家行为体、跨国层次的行为体、次国家层次的行为体。[4] 这四种类型不仅包括很多全球治理主体,并且它们均在不同领域发挥作用,进而影响着全球治理机制的形成。

(4) 全球治理的客体

全球治理的客体就是全球治理的对象,是已经产生了重大影响的国际性问题,这些问题可以分为以下五类:其一是全球安全,包括国家间或区域间的武装冲突、核武器的生产与扩散、大规模杀伤性武器的生产和交易、非防卫性军事力量的兴起等;其二是生态环境,包括资源的合理利用与开发、污染源的控制、稀有动植物的保护;其三是国际经济,包括全球金融市场、贫富两极分化、全球经济安全、公平竞争、债务危机、跨国交通、国际汇率等;其四是跨国犯罪,例如走私、非法移民、毒品交易、贩卖人口、国际恐怖活动等;其五是人权问题,例如种族灭

---

[1] 蔡拓、杨冬雪、吴志成:《全球治理概论》,北京:北京大学出版社,2016年版,第10页。

[2] 俞可平:《全球治理的趋势及中国的战略选择》,《国外理论动态》2012年第10期,第8页。

[3] 俞可平:《全球治理引论》,《马克思主义与现实》2002年第1期,第26页。

[4] Anthony McGrew, "Power Shift: From National Government to Global Governance?", In David Held, ed., *A Globalizing World? Culture, Economics, Politics*, Routledge, 2004, p. 137.

绝、对平民的屠杀、疾病的传染、饥饿与贫困以及国际社会的不公正等。① 面对这些问题，各个独立的主权民族国家已经难以独自解决，因此各行为体之间应该多加合作，共同承担全球治理的责任。

（5）全球治理的效果

面对全球治理的效果，各行为体要在"互信、互利、相互依存的基础上进行持续不断的协调谈判、参与合作、求同存异、化解冲突矛盾、维持社会秩序，在满足各参与行为体利益的同时，最终实现社会发展和公共利益的最大化"。② 目前学术界达成的共识即是——欧盟的实践代表着全球治理领域的最高水平，其首要意义就在于治理方式的转变和制度上的创新。20 世纪 50 年代以来，尤其是《马斯特里赫特条约》签订后，欧洲一体化进程中经济货币联盟的实现、单一货币——欧元的启动和向政治联盟的迈进，使得欧盟中的个体、成员国政府、政策制度和组织架构面临许多新的挑战，欧盟日益扩大的经济政治决策能力导致其在制度安排与组织形式方面已超越普通的国际组织。③ 欧盟的这种发展状况说明，传统民族国家政府的职能和对国内事务管理的权力以及活动的能力都在减弱，这也间接地改变着传统民族国家的内部制度职能。例如，欧盟的内部成员国日渐在诸多领域让渡自己的管理权力，并且根据欧盟的需求和治理要求调整本国的治理模式与有关政策。

欧盟构建的全球治理规制无疑是一种典范，研究全球治理的学者们也希冀在全球范围内构建一个有效合理的治理体系，尽管目前的国家行为体在面对全球治理问题时，其影响力和功能均有所不同，但是凝聚一个追求平等、自由、博爱、人道的普世价值的理想，却始终贯穿在人们的心中。

---

① 俞可平：《全球治理引论》，《马克思主义与现实》2002 年第 1 期，第 26 页。
② 吴志成、潘超：《全球化视阈中的治理理论分析》，《理论探讨》2006 年第 1 期，第 102 页。
③ 蔡拓、杨冬雪、吴志成：《全球治理概论》，北京：北京大学出版社，2016 年版，第 13 页。

二、全球治理的基本领域

基于自身具有的理论优势，全球治理在政治、经济、文化、社会等领域都有所应用。目前，全球治理的应用范围可具体划分为以下几个领域。

（一）全球经济治理

全球经济治理是以一部分或全体主权国家为主体进行超越国家主权的经济合作和共治，包括合作行为和行动、建立和运行合作机制、创造相关的理念和构想。[①] 全球经济治理的兴起与世界经济的曲折发展密切相关，每一次国际经济危机都会严重威胁国际社会的和平稳定，造成国际秩序的混乱。世界需要经济的善治，好的经济治理可以有效减少全球经济中的不稳定和不平等因素。[②] 当前全球经济治理关注的主要内容有：全球宏观经济治理、全球金融治理、全球贸易治理、全球产业治理、全球会计治理与全球贫困治理。[③] 全球经济治理对于维护全球经济的稳定发展和缩小全球收入差距发挥着重要作用。

全球经济治理在近些年的发展主要表现为治理内容和治理机制的产生与变迁。例如，二十国集团的成立就为全球经济治理机制改革带来了新动力和新契机，推动了全球治理理念从"西方治理"向"西方和非西方共同治理"的转变。自此，中国等新兴市场国家和其他发展中国家可以利用该平台更有效地捍卫自身权益，从长远来看，这也将极大地促进全球政治经济格局向多极化方向发展。虽然二十国集团已经是全球经济治理的主要制度和重要协作平台，但它还存在诸多弊端，诸如工作效率较为低下、小国的作用极其有限、成员国意见分歧而导致治理成效不

[①] 周宇：《全球经济治理与中国的参与战略》，《世界经济研究》2011年第4期，第26页。

[②] ［英］奈瑞·伍兹：《全球经济治理：强化多边制度》，《外交评论》2008年第6期，第95页。

[③] 陈伟光、申丽娟：《全球治理和全球经济治理的边界：一个比较分析框架》，《战略决策研究》2014年第1期，第27—29页。

佳等。① 而近年来以中国为代表的新兴大国在世界经济治理中的作用日趋显著，标志着新兴国家除了要继续保证本国的经济发展外，还要承担一定的国际经济治理责任，需要有更开阔的视野、更长远的眼光，并从战略高度来思考和设计制度功能、规范内容和组织治理结构，从而助力于建设更为公正、合理的国际秩序。②

(二) 全球环境治理

全球环境治理指的是为应对生态环境的挑战，国际社会包括主权国家、国际组织和公司企业等在内的各种行为体，通过谈判、协调与妥协等方式进行合作，以稳定国际环境秩序，进而保护全球生态环境与资源的进程。③ 这个领域主要关注"资源的合理利用与开发、污染源的控制、稀有动植物的保护，如国际石油资源的开采、向大海倾倒废物、空气污染物的越境排放、有毒废料的国际运输、臭氧衰竭、生物多样性的丧失、渔业捕捞、濒危动植物种的灭绝、气候变化等"。④ 全球环境治理的主体包括主权国家政府、各种国际政府间与非政府间组织、各种全球公民社会组织等。目前主要的全球环境治理规制包括联合国环境规划署、联合国内其他专门组织、世界卫生组织、绿色和平组织、世界自然基金会等。⑤ 全球环境治理发展已取得一系列成绩，目前根据全球环境治理的规制可以收集评估环境信息；相关国际组织通过采集和提供有关环境状况的信息加以分析和解释，设定全球环境治理议程。这些国际规制也有利于合作框架的建立，促进多元主体的参与。⑥

尽管国际社会在全球环境治理议题上达成了一定共识和一些合作，

---

① 王国兴、成靖：《G20机制化与全球经济治理改革》，《国际展望》2010年第3期，第12—14页。
② 曲博：《金融危机背景下的中国与全球经济治理》，《外交评论》2010年第6期，第65页。
③ 卢静：《透析全球环境治理的困境》，《教学与研究》2010年第8期，第73页。
④ 俞可平：《全球治理引论》，《马克思主义与现实》2002年第1期，第18页。
⑤ 蔡拓、杨冬雪、吴志成：《全球治理概论》，北京：北京大学出版社，2016年版，第25页。
⑥ 薄燕：《全球环境治理的有效性》，《外交评论》2006年第12期，第58页。

但是治理的路程任重而道远，全球生态环境依旧在恶化，例如全球变暖仍在加剧、极端气象灾害频繁发生等。由于环境治理的跨国性和全球性特征，"任何一个国家都没有足够的能力独自对付整个生态系统受到的威胁。对环境安全的威胁只能由共同的管理及多边的方式和机制来应对"。[1] 同时，全球环境治理领导的失衡与相关制度的碎片化导致全球环境治理赤字问题，造成现有国际规制无法有效协同应对环境危机。[2] 基于此，在全球环境治理问题上，还需要进一步完善和落实相关规制，以共同应对这一现状。

（三）全球安全治理

全球安全治理也是全球治理的重要领域之一。目前，国内学术界对于全球安全治理的涉猎和研究不多，相关成果也较少。直至2009年，国内学术界才逐渐出现有关安全治理的讨论。造成这一现象的原因，除了有关全球治理的理念与理论推广工作已经基本完成外，还包括当时的恐怖主义、海盗、公共卫生等问题突发，需要更具解释力度的理论。[3] 在全球化时代，安全问题日益复杂多变，公共安全问题也越来越突出，这就需要各国密切配合以应对国际社会出现的危机。正如埃尔克·克拉曼所认为的，冷战后，原有的跨大西洋安全架构出现重大变化，北约已经不存在曾经苏联的安全威胁，但一些非传统安全议题却日益影响本地区的稳定，传统的安全研究框架也不能适应这种变化，这就需要用全球安全治理来指导这一领域的发展。[4]

英国学者埃米尔·科什纳在关于全球安全治理的定义上的观点被广泛应用，他认为全球安全治理是"一种国际规则体系，涉及不同权威针

---

[1] 世界环境与发展委员会，王之佳等译：《我们共同的未来》，长春：吉林人民出版社，1997年版，第394页。

[2] 于宏源、王文涛：《制度碎片和领导力缺失：全球环境治理双赤字研究》，《国际政治研究》2013年第3期，第38—51页。

[3] 徐进、刘畅：《中国学者关于全球治理的研究》，《国际政治科学》2013年第1期，第107—108页。

[4] Elke Krahmann, "Conceptualizing Security Governance," *Cooperation and Conflict*, Vol. 38, No. 1, 2003, pp. 5–26.

对议题的协调、管理和规制，公共和私人部门的干预，正式和非正式的安排，且其目标是指向特定的政策结果"。[①] 中国学者则认为安全治理"是新的安全理念、安全体制、安全主体、安全运行与安全维护的能力总和及其实现"。[②]

全球安全治理之所以能够成为分析新的安全议题的理论框架，主要基于以下三个原因。首先，当今世界，国家行为体不再是对国际社会产生威胁的主要来源，一些非国家行为体逐渐成为国际安全威胁的新来源；其次，一些非国家行为体在当代安全治理的议题上正在取代国家原有的主导地位；最后，国家也不再是安全的主要提供者，一些非国家组织也可以在一定范围内提供安全资源。[③] 而目前的全球安全治理也集中在以下三个方面：其一是全球安全问题，即当前世界面临的主要安全威胁与挑战；其二是全球安全治理的各种机制和制度安排层面，"包括有关原则、规范及法律、法规的建立以及采取的相应战略、决策和行动"；其三是全球安全治理的主体，由于安全问题的复杂多元性，目前治理主体已经包含政府、国际组织、非政府组织、商业企业部门及大众媒体等各种行为体。[④]

全球安全治理也包括传统安全问题和非传统安全问题，冷战结束以后，非传统安全问题日渐成为国际社会安全威胁的主要来源，非传统安全的主体与客体更具有多元性的特征，也更具有不确定性与突发性的特点，"主要存在于非军事领域，在个体、群体、国家、地区以及全球层面威胁人类生存、发展、稳定、安全，是具有跨国性、地区性乃至全球

[①] Emil Joseph Kirchner, "Regional and Global Security: Changing Threats and Institutional Responses," in Emil Joseph Kirchner and James Sperling, eds., *Global Security Governance: Competing Perceptions of Security in the 21st Century,* Routledge, 2007, p. 3.
[②] 崔顺姬、余潇枫：《安全治理：非传统安全能力建设的新范式》，《世界经济与政治》2010年第1期，第88页。
[③] Elke Krahmann, "American Hegemony Or Global Governance? Competing Visions of International Security," *International Studies Review,* Vol. 7, No. 4, 2005, p. 537.
[④] 李东燕：《全球安全治理与中国的选择》，《世界经济与政治》2013年第4期，第42页。

性的威胁，以及由此引发的安全观念和制度安排的变化"。① 因此，非传统安全也已经成为全球安全治理的重要组成部分。全球安全治理不仅正在成为当代安全研究的新理论与新方法，而且为世界各国抵御安全威胁提供了全新的视角和范式。②

（四）全球公域治理

全球公域治理也日益成为全球化时代必须面对和处理的问题之一。当前全球公域治理议程处于资源、环境与生态、安全等并驾齐驱的格局，资源方面的治理目标是实现合理管理和公平分配，避免掠夺性开发；环境与生态的治理对象有所交叉，但前者也包括对太空碎片、网络环境等领域的治理；安全治理主要处理自然灾害带来的威胁与在太空、网络空间领域实施军控以及公共安全治理的部分议题。③

当前，全球公域治理主要分为四个部分。首先是网络空间治理，关注互联网基础设施、域名、网络安全、网络犯罪等问题。网络空间治理伴随着信息时代的来临而发展，特别是 2013 年斯诺登曝光美国"棱镜计划"后，国际社会对网络安全和网络公平的呼声高涨，网络空间成为最有待治理的人类公域。虽然网络空间只是虚拟的人类社会，但其同国家主权、个人隐私、全球公平等方面有着千丝万缕的联系，仍有待于进一步厘清，避免因治理不善而造成争议。其次是太空治理，冷战期间美苏两个超级大国曾经投入巨额资源展开太空军备竞赛，主导了太空公域的开发，但冷战后太空公域不再被少数国家所垄断，不少国家开始启动太空探索项目，阻止太空军备竞赛也成为当前太空治理的主要目标之一。再者是极地治理，南极和北极是当前地表仅存的未开发领域，由于二者拥有丰富的矿藏资源与生物资源，围绕二者的主权之争也愈演愈

---

① 刘中民：《非传统安全问题的全球治理与国际体系转型——以行为体结构和权力结构为视角的分析》，《国际观察》2014 年第 4 期，第 58 页。

② 蔡拓、杨冬雪、吴志成：《全球治理概论》，北京：北京大学出版社，2016 年版，第 27 页。

③ 张茗：《全球公域：从"部分"治理到"全球"治理》，《世界经济与政治》2013 年第 11 期，第 63—65 页。

烈。北极理事会和《南极条约》是目前主要的极地公域治理的制度架构,但二者都存在不足,尚无法有效制止极地主权之争,有时也难免成为少数大国控制极地的政治工具。最后是公海治理,公海是全球公域的重要组成部分,目前《联合国海洋法公约》《捕鱼及养护公海生物资源公约》《制止危及海上航行安全非法行为公约》等国际公约构成公海治理的国际法基础,保障了公海航行自由、资源保护与海上安全,但公海的资源被过度开发、大范围污染、海盗猖獗等问题仍在挑战现有的治理机制。[1]

上述四个领域在当前全球治理领域的实践中都具有独特的代表性,但全球治理在这些年的发展中也呈现出诸多问题,受到很多外在因素的制约,并且存在一些亟待解决的问题。第一,各民族国家在全球治理体系中的极不平等地位严重制约着全球治理目标的实现。富国与穷国、发达国家与发展中国家不仅在经济发展程度和综合国力上存在巨大的差距,在国际政治舞台上的作用也极不相同,西方七国/八国集团(G7/G8)在很大程度上左右着全球治理的进程,它们与广大发展中国家在全球治理的价值目标上存在很大分歧。第二,美国是目前世界上唯一的超级大国,冷战结束后它加紧奉行单边主义的国际战略,对公正而有效的全球治理造成了直接损害。第三,目前已有的国际治理规制一方面还很不完善,另一方面也缺乏必要的权威性。第四,全球治理的三类主体都没有足够的普遍性权威来调节和约束各种国际性行为,从而对国际秩序进行合理的规范。第五,各主权国家、全球公民社会和国际组织各有自己极不相同的利益和价值,很难在一些重大的全球性问题上达成共识,这一现状对全球治理的效益造成内在的制约。最后,全球治理机制自身也存在许多不足,如管理、合理性、协调性、服从性和民主性方面都存在不足。[2] 上述制约因素并不能立刻得到解决,需要长期的认真对

---

[1] 蔡拓、杨冬雪、吴志成:《全球治理概论》,北京:北京大学出版社,2016年版,第28页。
[2] [英]托尼·麦克格鲁:《走向真正的全球治理》,俞可平主编:《全球化:全球治理》,北京:社会科学出版社,2003年版,第145页。

待，同时还需要各国学者推动全球治理理论的创新发展，更需要国际社会紧密合作，共同推动全球治理的实践。

第二节 全球治理的思潮及范式

一、全球治理的思潮

全球治理的目标就是要实现对全球公共事务的处理，通过管理、影响的方式，达到调控社会资源，在最大程度上维护公共利益的结果。在全球治理的理论来源中，最核心的是公共权力的概念。同时，全球化理论也是全球治理产生的重要依托。在全球化动态的发展中，人类政治生活的形式和国际社会中民族国家的作用都发生了巨大变化，这些变化皆引起传统治理方式的变革。

（一）公共权力理论

1. 公共权力体系

公共权力的最大特点就是其公共性，在公共权力体系内，国家是最高形式的公共权力，是具有强制性的特殊的公共权力，各种权力的影响范围和程度有所不同。[1] 正如恩格斯所说："在阶级对立还没有发展起来的社会和偏远的地区，这种公共权力可能极其微小，几乎是若有若无的。"[2] 国家产生以后，社会便和国家融合在了一起，以往的社会自治权被包含在国家权力之中，并且始终处于在国家权力的控制下。这个时候，社会自治权依旧存在，但随着时代的发展和社会的逐渐成熟，社会内部那部分用来处理一定范围公共事务的权力的作用和影响变得越来越重要。同时，国家也没有失去对这部分的影响，在社会治理中，国家和社会发挥着各自的作用，所以公共权力体系中就包含国家权力和社会自

---

[1] 蔡拓、杨冬雪、吴志成：《全球治理概论》，北京：北京大学出版社，2016年版，第32页。

[2] 《马克思恩格斯选集》（第4卷），北京：人民出版社，1972年版，第174页。

治权两个部分。

2. 公共权力的概念及其特征

所谓公共权力，是指基于社会共同体同意或者某种形式的认可，由公共管理主体掌握并实施的以管理公共事务、增进公共利益为目的的权威性力量。总而言之，公共权力具有以下六个特征。[1]

第一，主体的多样性。社会在从传统模式转变为现代模式的进程中，其中一个显著特点就是公共事务管理的主体呈现出越来越多元化的特征。随着政府职能的转变和社会公民意识的提高，社会、政府和市场之间的关系也发生了较大变化，政府不再独立地提供公共服务，也不再孤立地提供社会公共产品，而是通过其他民营化、市场化的方式与其他公共事务管理主体共同承担和分享管理的责任与义务。学者们普遍认为，公共管理的主体不只有政府，还应该包括各种非政府组织、非营利性的民间组织、公共组织等。这其中既有政府授权并委托其行使一定职能的非政府组织，也包括介于政府、企业、个人三者之间，为其提供服务、促进沟通、进行监督的社会中介组织，还有在一定地域范围内形成的社区团体组织，以及为了实现会员的共同诉求而按照其章程制度开展活动的社会团体和非营利组织。[2]

第二，权力性质的公共性。公共权力与其他权力的显著区别就在于其公共性。公共权力在现实中的应用是以公共事务管理为表现的，因此公共权力公共性的现实表现与公共事务管理的过程是不可分割的。[3] 首先，公共权力的运行主体具有公共性。国家和社会二者共同构成公共事务管理的主体，所以这二者具有不同于其他领域组织的公共性。其次，公共权力管理的客体和对象也具有公共性。公共管理的客体和对象均是

---

[1] 蔡拓、杨冬雪、吴志成：《全球治理概论》，北京：北京大学出版社，2016年版，第32页。

[2] 王玉明：《公共事务管理主体的多元化》，《江西行政学院学报》2001年第2期，第19页。

[3] 王乐夫、陈干全：《公共管理的公共性及其与社会性之异同析》，《中国行政管理》2002年第6期，第13页。

公共事务，它们都具有浓厚的公共性特征。最后，公共权力的执行观念具有公共性。通常意义上，管理目标大体上是经济和有效率的实现方案，而公共权力的价值观更加关注公平、正义、平等以及民主等领域；而公共事务管理的最终目标，则是要实现民众共同的利益诉求。

第三，秉持的观念是公共利益。我们首先要关注到的是，公共利益可以作为判定公共权力和国家权力不同的重要区别，同时，实现公共利益的诉求也是形成公共权力的基本驱动力。而公共利益不仅表现在对国家的利益诉求上，也不仅存在于单一领域内；决定公共利益构成要素的不是需求者人数的多少，而是"是否具有社会分享性"；判定公共利益，要综合考量动机、过程和结果三个视角，重点在于结果。[①]

第四，基本职能是对公共事务的管理。通常来讲，公共事务是一个与私人事务相对的概念，指的是事关社会全体成员共同利益的公共物品和公共服务的相关活动。公共事务着重强调的是在人类社会和国家的发展历程中产生的私人"管不了、没法管、管不好"的社会性事务。只要有公共事务存在，公共性就客观存在。[②]

第五，提供公共物品。公共物品是一种在消费上具有不可分割性（即共同性）、非竞争性和非排他性（即共享性），从而不可能完全通过市场、私人提供，更多地是通过集体行动、公共组织提供，因而在财产关系上具有公共性的物品。[③] 公共物品的产出是公共权力的最终结果，公共物品不是单一的物品形式，它具有多样化和多层次的特点，这也从侧面证明了公共利益需求的多样化和多层次特征。

第六，承担的义务为公共责任。公共权力的来源和法治原则都表明，公共权力在本质上要求公共事务管理主体承担相应的公共责任。社会契约论者从自然权利出发，经过社会契约这个中间环节，最后推导出国家和政府的公共权力来自于人民的授予和委托的结论；从法治角度而

[①] 陈庆云等：《论公共管理中的公共利益》，《中国行政管理》2005年第7期，第17页。

[②] 张康之、王喜明：《公共性、公共物品和自利性的概念辨析》，《行政论坛》2003年第8期，第8—10页。

[③] 汪辉勇：《公共性：公共管理文化的价值追求》，《求索》2004年第6期，第73页。

言，有什么样的权利就应当承担相应的义务，行使何种权力就应该承担相应的责任，权力无法脱离责任而单独存在，否则，这种权力就是非法的、不合理的。① 所以在这样的境况下，公共权力的行使主体就必须承担公共责任。

针对以上概括，我们基本可以总结出：公共权力的主体包括政府机构以及其他相关的非政府组织、社区组织等多元化主体；权力具有明显的公共性特征；基本职能是对公共事务的管理，价值诉求也是为了实现公共利益的最大化；最终的产品为提供公共物品；要行使公共权力，就要具有明确的公共责任意识并承担相应的义务。

（二）社会与国家关系中的治理理论

理解社会与国家关系的变迁是了解和掌握治理理论的必要条件，在当今世界全球化的背景下，社会与国家的内涵发生了很大变化，国内政治和国际政治越来越紧密地联系在一起，与以往相比，国家的意义范围开始缩小，社会的意义范围开始变大。在全球化的基本背景下，国家处在基于广泛交往的普遍联系中，新的情势决定了国家不再是意义自足、自我定义的最高实体，而成为世界体系中的一个结构要素，成为国际政治格局的一种成分或力量，因而从根本上讲其是作为普遍交往和复杂联系的网上元素而存在的，并且在互动格局中发挥作用。② 相应地，在反映这种现实变化的逻辑形式中，国家不再是政治生活目的体系的最高或最后的考虑，也不是社会生活内容和意义的上限，而成为政治与社会生活诸多规定中的较高环节或诸环节中的一个。③

与国家内涵的变迁相对应的则是社会意义的变化。从总体上说，现代社会呈现出公共空间与私人空间的分离、角色的多元化与差异性、工作与私人生活相分离等特征；这些特征已经和正在使传统社会的同质性

---

① 蔡拓、杨冬雪、吴志成：《全球治理概论》，北京：北京大学出版社，2016年版，第34页。
② 康健：《全球化背景下社会意义的放大》，《理论与改革》2001年第1期，第10页。
③ 蔡拓、杨冬雪、吴志成：《全球治理概论》，北京：北京大学出版社，2016年版，第35页。

及其统一、稳定的文化系统解体,在这一过程中,政府组织为日益增加的、多元化的公众提供服务。① 美国伦理学家库珀说过:"曾经公民们希望政府能够平等公平地对待每一位公民,不过现在的人们对此的看法已经改变,有时候人们希望政府在选举权、就业机会和司法公正等方面平等地对待每一个公民,但有的时候又希望政府在伤残保障、赞助行为等方面区别对待每一位公民。政府标准化的政策、程序与多样化的、敢于直言表述自己观点的公民之间的关系越来越不相称了。"②

在全球化进程中,国家与社会关系的演进实际上是一个不断寻求社会整合机制的过程,其总的趋势是以市场经济的契约性社会整合为方向。③ 而当今世界自由市场的进一步发展、政府职能的进一步转变,会使这种契约性的整合机制越来越牢固,所以说在全球化日益深入的今天,社会意义的扩大和国家意义的缩小带来的二者之间的纠缠与融合,是一种无法避免的趋势。

(三) 治理理论

治理理论也是全球治理领域的重要思潮之一,是当今学术界的热门研究问题之一。治理理论的主要内容包括以下几个方面。

第一,在治理的各种定义中,全球治理委员会的表述具有很大的代表性和权威性。

该委员会于1995年对治理做出如下界定:治理是或公或私的个人和机构经营管理相同事务的诸多方式的总和。它是使相互冲突或不同的利益得以调和并且采取联合行动的持续过程。它包括有权迫使人们服从的正式机构和规章制度,以及种种非正式安排。而凡此种种,均由人民

---

① 蔡拓、杨冬雪、吴志成:《全球治理概论》,北京:北京大学出版社,2016年版,第35页。

② 李玲艳:《从当前社会问题看公共治理转型》,《中国行政管理改革》2014年第1期,第49页。

③ 杨龙芳:《改革全能政府,构建市民社会:当代中国政府与社会关系发展变革的基本途径》,《宁夏大学学报(人文社会科学版)》2004年第3期,第13页。

和机构或者同意，或者认为符合他们的利益而授予其权力。①

治理有四大特征：治理不是一套规则条例，也不是一种活动，而是一个过程；治理的建立不以支配为基础，而以调和为基础；治理同时涉及公、私部门；治理并不意味着一种正式制度，而确实有赖于持续的相互作用。② 治理理论认为，在公共管理中，不只有政府一个主体，第三部门和私人部门还有其他的社会组织都参与其中。斯托克指出："治理意味着一系列来自政府但又不限于政府的社会公共机构和行为者。它对传统的国家和政府权威提出挑战，政府并不是国家唯一的权力中心。"③ 他还认为，现实中的政府具有很复杂的结构，地方政府、中央政府和国际层面的政府之间包含的不同职能的部门构成非单一的层级和多中心的决策体制。罗伯特·利奇也指出："治理涉及的不仅包括中央政府、地方政府、其他的公共权力，还涉及在公共领域内的志愿部门、社区组织甚至是一些私人的部门。"④ 所以说，治理从政府转向社会的过程，也是政府的管理职能社会化的过程，那些社区组织、非政府组织、私人部门等社会组织成为公共管理的一部分。

第二，治理是参与公共管理的主体行动者们在开展合作的过程中形成的合作网络，其特征是行动者们的网络化合作关系。

公共治理主体的多元化特性，促使公共管理向着网络化的方向发展。D. 凯特指出："治理是政府和社会力量通过面对面的合作方式组成的网状管理系统。"⑤ 这就意味着，参与其中的不同管理主体在合作中能够互相调整目标，协作解决冲突，追求共同利益的最大化。

关于治理，还有以下几点值得关注：首先，网络管理的运行机制是

---

① 俞可平：《治理与善治》，北京：社会科学文献出版社，2000 年版，第 270—271 页。
② 俞可平：《治理与善治》，北京：社会科学文献出版社，2000 年版，第 270—271 页。
③ ［英］格里·斯托克：《关于治理的五种观点》，《国际社会科学月刊》1998 年第 50 期，第 35 页。
④ Robert Leach and Janie Percy - Smith, *Local Governance in Britain*, Palgrave, 2001, p. 75.
⑤ D. Kettle and Sharing Power, *Public Governance and Private Markets*, Brookings Institution, 1993, p. 115.

协商与合作。公共行动者通过合作机制，交流信息，共享资源，谈判目标，减少分歧，以防止机会主义行为的危害，并努力增进合作意向，在改善互动关系的过程中创造双赢局面。其次，建立多种伙伴关系是网络管理的两大基本内容。最后，"游戏的管理"和"游戏规则的管理"是网络管理的两大基本内容。前者指通过"激活网络"、冲突管理和优化行动环境等手段直接改善网络中的互动关系；后者则意味着重塑网络关系，即在现有网络无法解决问题时重建或改变网络的制度安排。行动者的数量、网络成员的分布状况、网络的封闭程度、网络管理费用、利益冲突和管理者的权力与技能等因素都是影响网络管理绩效的重要变量。①

第三，治理理论再次定位了政府在网络管理中的角色、地位和作用。

政府在治理过程中的角色扮演和地位研究一直是治理理论的重要内容之一，治理理论认为，政府依旧是公共管理领域中不可或缺的环节，同时也是最重要的行动者。在公共管理的过程中，政府通过影响有利于培养信任和开展合作的道德合约、行为规则和治理机制的确立，使各行动者获得重新建构网络、有效采取集体行动的互动能力。这意味着，在社会子系统治理失败的时候，政府有责任采取最后的补救措施，以保证网络的凝聚力和社会制度的完整性。此外，在日益复杂化和不稳定的社会里，政府在治理过程中的角色正发生着重大的转变。② 就如被誉为"政府再造大师"的戴维·奥斯本指出的："政府要在公共管理中扮演催化剂和促进者的角色，就要学会'掌舵'，而不是'划桨'。"③

除此之外，治理理论还描述了网络管理中的组织问题、文化问题等

---

① 蔡拓、杨冬雪、吴志成：《全球治理概论》，北京：北京大学出版社，2016年版，第37页。

② 蔡拓、杨冬雪、吴志成：《全球治理概论》，北京：北京大学出版社，2016年版，第37页。

③ [美]戴维·奥斯本、[美]特德·盖布勒，周敦仁译：《改革政府》，上海：上海译文出版社，1998年版，第125页。

相关议题。不过在众多议题当中，我们也需要看到，治理理论并非一套万能的理论，它并不能直接替代国家，也不能代替市场发挥资源配置作用。在实际中，有效的治理一定要建立在国家和市场的基础之上，同时治理也存在失效的可能。用英国兰卡斯特大学著名的社会学教授鲍勃·杰索普的话来说，"治理的要义就在于：治理的目标定在谈判和反思的过程之中，要通过这两点做后期的调整。就这个意义而言，治理的失效可以理解为是相关各方对原定目标是否仍然有效出现争议，然而却没能重新给出新的目标所导致"。[1]

总的来说，治理理论以全新的思维回应了当代人类生活的变革。从近代"统治—解放"的政治到"治理—生活"的政治变迁，体现了公共权力运动发展的内在规律，当公民权利真正成为公共权力唯一的合法性源泉时，"治理—生活"的政治才真正有利于市场秩序，政府制度才会内生于市场秩序，所以治理理论更体现了现代的政治文明精神。[2]

（四）全球化理论与全球治理

全球化理论在过去几十年中成为一个很重要的理论流派，对世界经济政治的发展都有着重要影响。当各主权国家面对世界众多问题治理乏力的情况时，寻求一种合适的跨国机制就显得极为重要。正如赫尔德所说，"现有的以民族国家为中心的治理方式无法应付全球化带来的各种问题"。[3] 这就说明当今世界需要一种新的全球制度安排，在这样的情况下，全球化治理应运而生。

要想弄明白全球化的内涵，首先就要看到全球化的以下几种表现形式。

第一，经济全球化。经济全球化的表现形式之一是贸易的全球化。

---

[1] ［英］鲍勃·杰索普：《治理的兴起及其失败的风险：以经济发展为例的论述》，《国际社会科学杂志（中文版）》1999年第1期，第41页。

[2] 蔡拓、杨冬雪、吴志成：《全球治理概论》，北京：北京大学出版社，2016年版，第40页。

[3] ［英］戴维·赫尔德等，杨雪冬等译：《全球大变革——全球化时代的政治、经济与文化》，北京：社会科学文献出版社，2001年版，第22页。

目前来看，大部分国家都已加入世贸组织，全球至少有 95% 的市场已经开放，即使是一些敏感行业的开放度也在 95% 以上。① 其次则表现为生产的全球化和金融的全球化。据《世界投资报告（2014）》显示，2013 年，全球外国直接投资重现增长，流入量增长了 9%，达到 1.45 万亿美元。联合国贸发组织预测，全球外国投资流量在 2014 年可升至 1.6 万亿美元，2016 年将进一步增加到 1.8 万亿美元，这些增长将主要来自发达国家。戴维·赫尔德和安东尼·麦克格鲁指出："尽管如今的经济全球化发展很不平衡，但它也并非只存在于发达国家之中，而是涵盖着所有的大陆和地区。"②

第二，政治全球化。政治全球化指的是政治关系在空间和时间上的扩展与延伸，以及政治权力和政治活动跨越现代民族国家的界限而无处不在的这样一种历史过程。③ "尽管政府和国家仍然理所当然地是强有力的行动者，但是它们现在必须和一大群其他机构和组织共享全球竞技舞台。国家受到无数跨越不同空间范围的政府间组织（IGOs）、国际机构和体制的挑战，同时还不得不面对诸如欧盟那样的超国家机构、众多的非国家主体或超国家实体，例如多国公司、跨国压力集团、跨国职业协会、社会运动等，它们都紧密地参与了全球政治。此外，许多次国家主体和压力集团也参与了全球政治，它们的活动经常被卷入国际政治舞台。"④

政治全球化还如罗伯特·基欧汉和约瑟夫·奈所说，"几乎所有形式的全球化都有政治意义——这些正是我们这些国际政治学者所最感兴趣的。例如，世界贸易组织（WTO）、《不扩散核武器条约》（NPT）、

---

① 张晓群：《经济全球化如何引致政治全球化》，《生产力研究》2004 年第 3 期，第 23 页。
② David Held and Anthony McGrew, eds., *Governing Globalization*, Polity Press, 2002, pp. 2 – 3.
③ 蔡拓、杨冬雪、吴志成：《全球治理概论》，北京：北京大学出版社，2016 年版，第 42 页。
④ ［英］戴维·赫尔德等，杨雪冬等译：《全球大变革——全球化时代的政治、经济与文化》，北京：社会科学文献出版社，2001 年版，第 69 页。

《关于消耗臭氧层物质的蒙特利尔议定书》、联合国教科文组织（UNESCO）等，都是为应对经济、军事、环境和社会全球化而创设的"。[1] 戴维·赫尔德等人也指出："环境污染、毒品、人权问题和恐怖活动是急剧增加的跨国政策问题关注的中心，而这类跨国政策的制定超越了领土管辖权和现存的全球政治同盟，并要求进行国际合作，以便有效地解决问题。"[2]

第三，文化全球化。随着当今互联网世界的信息流动范围越来越广，以及社交软件的广泛应用，全世界的人民越来越紧密地联系在一起，人们通过互联网等方式知道了别的国家的人在使用什么牌子的手机、听什么样的流行歌曲、怎么安排自己的生活、拥有什么样的思维方式。这种信息流通的方式扩大了人们的视野，增加了人们对于生活的选择。这种信息的传播历经了几十年，发展到今天，我们会发现全世界人民的生活方式、文化观念开始变得更加趋同，且这种一致表现在思维方式、价值观念、行为模式等领域。

由经济、政治、文化带来的全球化浪潮构成我们这个时代一个独特的表现形式，全球化势必会深入发展，而其深度和广度也会进一步加深和扩大。

如果从全球化与全球治理的角度来阐述，全球治理规则也是不可忽略的议题。随着全球化的发展，以往由国家治理的局面已经发生较大变化，很多超国家行为体纷纷在各种国际事务中发挥作用。如大多数国家的海洋法是伦敦的国际海事组织（IMO）拟定的；航空安全法是蒙特利尔的国际民营航空组织（ICAO）拟定的；食品标准是罗马的粮食与农业组织（FAO）拟定的；知识产权法是日内瓦的世界贸易组织（WTO）和世界知识产权组织（WIPO）拟定的；机动车辆标准是根据设在日内

---

[1] ［美］罗伯特·基欧汉、［美］约瑟夫·奈，门洪华译：《权力与相互依赖》（第3版），北京：北京大学出版社，2002年版，第279页。

[2] ［英］戴维·赫尔德等，杨雪冬等译：《全球大变革——全球化时代的政治、经济与文化》，北京：社会科学文献出版社，2001年版，第70页。

瓦的欧洲经济委员会（ECE）的标准拟定的。① 越来越多的文献指出，制定和执行全球公共政策的重大问题往往是在一个规模越来越大的政治网络中发生的：这个网络包括各种跨政府组织，如巴塞尔银行业监管委员会（BCBS）、金融行动特别工作组（FATE）；三方合作组织则是由公共部门、企业部门和非政府组织构成的跨国组织，如亚太经合组织（APEC）等。② 与此相关的还有：全球水资源合作组织、全球数据定值存储委员会、全球疫苗和免疫联盟等。这些网络的职能包括：制定政策日程、发布信息、制定标准、建立和执行政策程序——如由金融行动特别工作组采取的反洗钱措施、对抗艾滋病的全球行动等。③

我们不难发现，由于"全球资本主义市场经济体系持续扩张，环保和人文发展等议题迅速扩散，各类国际组织、非政府组织（NOGs）、跨国企业集团和多国籍公司等机制日趋活跃，对于国际关系乃至于对国家和次国家政府角色的认知，已经出现明显的变化"。④ 此外，全球治理在当代国际关系中的迫切性，与全球化过程中涌现出的大量全球问题有着直接关系，而全球问题所引发的全球危机则是全球治理机制产生的最直接原因。⑤ 面对全球危机和全球治理的难题，仅靠相关国家的政府是不够的，还需要各种国际组织、国际非政府组织、公民社会等行为体来共同应对。

---

① ［英］戴维·赫尔德、［英］安东尼·麦克格鲁编，曹荣湘、龙虎译：《治理全球化：权力、权威与全球治理》，北京：社会科学文献出版社，2004年版，第15页。
② 蔡拓、杨冬雪、吴志成：《全球治理概论》，北京：北京大学出版社，2016年版，第52页。
③ ［英］戴维·赫尔德、［英］安东尼·麦克格鲁编，曹荣湘、龙虎译：《治理全球化：权力、权威与全球治理》，北京：社会科学文献出版社，2004年版，第17页。
④ 刘坤亿：《全球治理趋势下的国家定位与城市发展：治理网络的解构与重组》，"城市外交与全球治理"学术研讨会论文，中国台湾义守大学公共政策与管理学系主办，2001年12月14日。
⑤ 蔡拓、杨冬雪、吴志成：《全球治理概论》，北京：北京大学出版社，2016年版，第53页。

二、全球治理的范式

之前有关全球治理的研究对象通常是国际组织、跨国公司等主体，研究它们在国际规制方面做出的贡献，形成以多层治理和多元治理为标志的全球治理理论。[1] 随着社会进入新的时期，原有的治理研究范式发生了新的变化，新时期的全球治理理论呈现出全球主义、国家主义和跨国主义三种新的研究范式。[2]

（一）全球主义范式

全球主义是一个经常被使用的概念。全球主义范式的全球治理理论强调全球契约关系，致力于全球层面的价值共识和公共舆论，推动建立自上而下的全球治理体制，并试图通过具有强制力的法律和有约束力的全球宪章、条约实现有效治理的目标。[3]

全球主义范式的理论基点是全球主义。[4] 所谓全球主义，是一种与国家主义不同的世界整体论和人类中心的文化意识、社会主张、行为规范，它不仅是一种理论指向，也是一种具有实践操作和构建现实的规范。与国家主义不同的是，全球主义在指导思想上要求摆脱"国家中心论"，取而代之以"人类中心论"和"世界整体论"。[5]

罗马俱乐部关于全球主义的见解最为著名，罗马俱乐部主席奥雷利奥·佩西不止一次谈及人类共同体与主权国家的关系，他指出："在人类全球帝国时代，通向人类解放道路的一个主要障碍是国家主权原则。它作为人类政治制度的基础，根深蒂固，已成为文化发展停滞和因此陷

---

[1] 蔡拓、杨冬雪、吴志成：《全球治理概论》，北京：北京大学出版社，2016年版，第53页。

[2] 参考自张胜军：《全球治理的三个特点》，《学习时报》2012年12月3日，第2版。

[3] 蔡拓、杨冬雪、吴志成：《全球治理概论》，北京：北京大学出版社，2016年版，第54页。

[4] 全球主义的相关论述参见蔡拓：《全球主义与国家主义》，《中国社会科学》2000年第3期，第17页。

[5] 蔡拓、杨冬雪、吴志成：《全球治理概论》，北京：北京大学出版社，2016年版，第54页。

入困境的典型病症。"① 著名历史学家汤因比认为,"国家主义——对地方民族国家集团力量的崇拜——是西方脱离基督教时代的主要宗教"。今天"必须剥夺地方国家的主权。一切都要服从于全球的世界政府的主权"。② 美国学者莱斯特·布朗则在他1973年出版的《没有国界的世界》一书中阐述了随着全球一体化进程的加快,各国间的冲突将被合作与共同体意识所取代,因而传统的国界已不复存在的思想。③ 跨国公司问题专家雷蒙德·弗农提出民族国家已成为"时代的错误,跨国公司的挑战使国家主权的作用日渐式微"的观点。④ 概括而言,很多西方学者认为:"在民族国家的决策中,对狭隘国家利益的忠诚越来越松弛,而且正在被对全球利益的忠诚取而代之。"⑤

一些政治家也对全球主义表示过认同。前联邦德国总理、社会党国际主席勃兰特在其所主持的关于发展中国家和发达国家经济关系研究的报告中指出:国际社会已经出现一种新的认识苗头,即认为人类正在成为一个统一的社会,因此"我们的目的应该是实现一个建立在契约而不是地位、协商一致而不是强制基础上的全球社会"。⑥ 联合国前秘书长加利也于1992年撰文表示:"使用了几个世纪的绝对的排他式的主权学说已不再成立。"⑦

---

① [意] 奥雷利奥·佩西,薛荣久译:《人类的素质》,北京:中国展望出版社,1988年版,第183—184页;[日] 池田大作、[意] 奥锐里欧·贝恰,卞立强译:《二十一世纪的警钟》,北京:中国国际广播出版社,1988年版,第129页。

② [英] 汤因比、[日] 池田大作,荀春生等译:《展望二十一世纪》,北京:国际文化出版公司,1985年版,第213、217页。世界环境与发展委员会,王之佳、柯金良译:《我们共同的未来》,长春:吉林人民出版社,1997年版,第49页。

③ [美] 莱斯特·布朗:《没有国界的世界》,转引自田志立:《全球开放论》,北京:东方出版社,1990年版,第77页。

④ 苏长和:《非国家行为体与当代国际政治》,《欧洲》1998年第1期。

⑤ [美] E.拉兹洛,李吟波等译:《决定命运的选择》,北京:生活·读书·新知三联书店,1997年版,第135页。

⑥ 国际发展问题独立委员会:《争取世界的生存》,北京:中国对外翻译出版公司,1981年版,第7—10页。

⑦ [埃] 布特罗斯·加利:《加强联合国》,《外交评论(外交学院学报)》2004年第3期,第10—13页。

全球主义的思想也出现在一些国际社会的重要文献中，在这个领域里，最具有代表性和说服力的则是国际社会对环境与可持续发展的认识。1972年联合国人类环境会议是人类就环境问题召开的第一次世界性会议，这次会议的非正式报告鲜明地阐述了只有一个地球的思想。报告指出："我们已进入人类进化的全球性阶段，每个人显然有两个国家，一个是自己的祖国，另一个是地球这颗行星。"[1] 该报告认为，世界的相互依存空前加强，环境的统一性日趋凸显，在这种情况下，人类必须学习并确立一些新的知识，即"关于分享主权经济和主权政治的伙伴关系的新意识；关于必须超出狭隘地忠顺于部族和国家的老传统，而忠于更广大的全人类"。[2]

全球主义作为一个理论，各学者和学术界已经给出相当充分的界定和描述，而关于全球主义到底该如何践行，各国学者也有自己不同的见解。英国学者罗伯特·斯基德尔斯基主张建立"全球契约"。他认为，当前"我们面临着世界政府与解体二选一的局面"，国际社会不得不打造"全球契约"，"否则，全球化的政治经济体就会开始解体"。[3] 法国学者阿塔利则主张建立"全球政府"。他认为，目前"全球化已经进入一个新的极端，各种国际法规和准则也在逐步趋同，特别是对于人类的价值观，基本有了较为一致的看法，也有合法性得到国际社会普遍认同的联合国等国际机构，目前应该思考成立全球性民主政府问题"。[4] 美国的伊恩·布雷默倡导确立一个世界领导者，他指出："在当今世界，从全球经济稳定到气候变化治理，再到防止网络攻击和恐怖主义以及确保粮食和饮水安全等，诸多挑战已经超越国家边界，国际合作的需求从

---

[1] [美]芭芭拉·沃德、[美]勒内·杜博斯，《国外公害丛书》编委会译校：《只有一个地球：对一个小小行星的关怀和维护》，长春：吉林人民出版社，1997年版，第17页。

[2] [美]芭芭拉·沃德、[美]勒内·杜博斯，《国外公害丛书》编委会译校：《只有一个地球：对一个小小行星的关怀和维护》，长春：吉林人民出版社，1997年版，第251页。

[3] Robert skidelsk, "After the Crash: The future of Globalization," *Global Politics and Strategy*, Vol. 54, No. 3, 2012, p. 9.

[4] [法]雅克·阿塔利，应强译：《建立全球政府的十个方向》，《第二届全球智库峰会会刊》2011年6月，第21页。

未像今天这样巨大。毫无疑问,合作只有在领导者指挥下才能有效展开。"①

而国际刑事法院的成立与运作实现了超越国家直接管辖个人的普遍管辖权,其代表了全球法治和全球主义范式全球治理理论的一贯主张,这就是建立在全球公民社会之上的"共识"——"主权取决于它保护个人权利的责任,任何国家失去了这个责任,其他的主权国家就可以运用国际权威保护和维护个人的权利。"②

(二)国家主义范式

在国家主义范式看来,在全球治理的过程中,国家这一行为体仍然占主导性地位,国家之间的相互合作、协作依旧是实现全球治理目标的最有效手段和最佳途径。

国家主义范式的理论基点也是国家主义。③ 国家主义是针对两个参照系而言的:其一,以个人为参照系,指的是在主权国家内个人与国家的关系要以国家为中轴;其二,以全球为参照系,强调的是在国际社会中主权国家与人类共同体的关系要以国家为中心。以个人为参照系的国家主义也可称为国内政治意义上的国家主义。这种国家主义推崇国家理性,认为国家有独自的利益,为了追求和维护国家的利益,国家(或国家的代表)可以采取任何手段、形式。国家的权威是毋庸置疑的,它拥有全面的、最高的权力。以全球为参照系的国家主义是国际政治意义上的国家主义,这种国家主义是由《威斯特伐利亚和约》所奠定的。威斯特伐利亚体系不仅是近代国际关系史上的第一个国际体系,也是国际关系史上第一次以条约的形式肯定国家主义的国际体系,从而使国家主义具有了某种法律的意义。与此同时,格劳秀斯在其名著《战争与和平法》中提出了领土完整、国家独立、主权平等等重要原则,从理论上阐

---

① [美]伊恩·布雷默,孙建中译:《零国集团时代:谁是新世界格局中的赢家和输家?》,北京:新华出版社,2013年版,第4页。
② 张胜军:《全球治理的最新发展和理论动态》,《国外理论动态》2012年第10期,第23页。
③ 全球主义的相关论述参见蔡拓:《全球主义与国家主义》,《中国社会科学》2000年第3期,第17页。

述了国家主义。之后,无论是维也纳体系、凡尔赛—华盛顿体系还是雅尔塔体系,都重申并贯穿了处理国际关系的国家中心主义原则。

值得注意的是,在全球化的浪潮中,广大发展中国家出于对自身国家经济、政治、文化利益的保护,特别是对当今国际秩序不平等、不公正的抵制与反对,表现出对国家主义的强烈认同。这一点也通过学者的理论得以体现。埃及著名新马克思主义者萨米尔·阿明针对全球化特别是经济全球化指出:全球化已侵蚀了民族国家的权力,这是资本对国家的进攻,它反映了"资本主义经济管理的全球化空间与其政治和社会管理的民族空间的分裂"。他认为,这种分裂不能用单一的市场方式克服,而需要"市场加国家"。也就是说,自由主义撇开国家的观点是乌托邦,国家的作用不可或缺,"脱离政治和国家的经济是不存在的"。[1]

大国之间的协调治理则成为国家主义范式在全球治理中的实践代表。理论上,可以把以联合国为代表的所有政府间国际组织的活动视为国家主义全球治理理论的实践,这是因为国际组织建立时确立的宗旨和目标并不是为了全球的利益,而是为了维护各自的国家利益以及自身利益;实际上,更加符合此理论主张的国际机构是1975年为了应对石油危机而成立的"七国集团"(G7)和1997年俄罗斯加入后的"八国集团"(G8)以及后来的"二十国集团"(G20)。这是因为在G7、G8、G20的议事日程中,经济危机和粮食危机等全球性问题一直占据着重要位置。[2]

新兴大国内部加强合作、对话与协调,是冷战后全球治理出现的又一新现象。新兴大国在冷战后的崛起,为全球治理体系改革提供了新的动力。据IMF统计,2011年新兴经济体与发展中国家按购买力平价计算的国内生产总值达到38.63万亿美元,在全球经济中的比重占49%;到2016年,金砖国家的国内生产总值将达到20.04万亿,占全球产出

---

[1] [埃]萨米尔·阿明:《五十年足矣》,转引自王列、杨雪冬:《全球化与世界》,北京:中央编译出版社,1998年版,第231—251页。
[2] 蔡拓、杨冬雪、吴志成:《全球治理概论》,北京:北京大学出版社,2016年版,第60页。

的比重将增至23.3%。[①] 可以看出，新兴国家正在渐渐成为全球经济的重要支撑力量，虽然目前新兴国家内部还没有成熟的合作机制，效力还很有限，但新兴国家多层次、多领域的合作对国际社会有着重要的意义。

总的来看，G20顺应了形势发展，发达国家与发展中国家共同参与全球经济治理，是国际社会在应对全球性问题、提供全球公共物品上的制度创新，也反映了新兴经济体日益崛起的经济实力和平等参与全球治理的需求。金砖国家（BRICS）则完全是新兴大国进行内部合作、协调以及参与全球治理的初步尝试。在现实运作中，大国协调治理的框架中也充满了博弈，G7既想让新兴大国分担全球治理的责任，又不愿让渡治理权，甚至不愿给予新型大国形式上的平等权而逐步丧失领导全球治理的权威性。鉴于西方大国内部已经存在较为成熟的协调机制，新兴大国参与全球治理特别是全球经济治理才刚刚起步，因而在可见的未来，上述新兴大国内部的对话协调机制以及新兴经济体与发达国家共同组成的G20，将会与西方大国内部的协调机制G7/G8平行存在，履行各自不同的职能。[②] 这就从客观上要求新兴大国加强彼此之间的交流，创新合作机制，加强协调，改进全球治理，推动全球治理体系朝着更加公平、合理的方向迈进。

（三）跨国主义范式

跨国主义不同于前面提到的国家主义范式和全球主义范式，是全球治理理论的新发展，只不过发展还不完善，尚处于起步阶段。

跨国主义范式的理论基点是跨国的行动主义（activism）。一般而言，跨国的行动主义被认为是一系列的动员过程，这一过程往往涉及跨国或者全球性议题，通过多国的参与者形成集体目标，并旨在实现多国

[①] International Monetary Fund, *World Economic Outlook 2013: Hopes, Realities and Risks*, World Economic and Financial Surveys, April 2013, p. 172.

[②] 韦宗友：《非正式集团、大国协调与全球治理》，《外交评论》2010年第6期，第105页。

政府、国际政府间组织或者其他国际行为体的目标。[1] 跨国的行动主义是应对国际权力结构发生的变化和国际规范的新发展而产生的新的全球治理思路，其理论内涵主要包括以下几个方面。[2]

第一，以宏观的历史眼光审视人类社会的发展，认清当代国际关系已远非国家间的关系，必须在全球政治的框架内研究各种国际关系行为体的交互作用。

第二，自觉认同主权的相对性，探究全球化时代主权的要旨和新的表现形态。经济主权开始被分享，主权与人权的统一观影响越来越大，国际法和国际组织对国内事务的干预趋于"硬化"，这些基本事实标志着主权的绝对性正逐步让位于主权的相对性。但是，主权毕竟是主权，它有质的规定性，其不可或缺的作用也不容否认。主权的要旨恐怕还是自主性，即不受威胁、不被强制地处理国内外事务。至于哪些事务是纯粹的国内事务，他国无权问津；哪些事务可能国际化，以共享主权、对话合作的方式处理，恰恰应该认真研究，仔细区分。

第三，按照民主化的原则改造国际组织，强化国际机制。既然有更多的问题与事务已不得不依托国际社会去协调、解决，就应尽快从主权是否要让渡的疑惑与争论中摆脱出来，紧紧抓住国际组织与国际机制的民主化问题。这里包括改革原有的国际组织和机制，创建新的国际机制与制度。逐步淡化国际组织与国际机制中的国家本位主义，赋予地方共同体、社区直至公民个人更多的选择自由，在此基础上重构国际组织与国际机制，强化国际法、国际机构的作用，可能是一个方向。在此过程中，问题肯定不少，但按照全球民主的思路协调主权国家与国际社会的关系，大概是迄今为止最好的选择。

第四，尊重和认可民族国家在国际体系中的独特地位，同时重视国

---

[1] D. Della Porta and R. Marchett, "Transnational Activism and the Global Justice Movement," in G. Delanty and S. Turner, eds., *Handbook of Contemporary Social and Political Theory*, Routledge, 2011, pp. 428–438.

[2] 前三点内容的相关论述参见蔡拓：《全球主义与国家主义》，《中国社会科学》2000年第3期，第17页。

际体系中多元化行为体的力量。在相当长的时期里，民族国家仍然是人类社会生活的支点，任何急于全面超越国家主义的观点与行为都是违背现实的。但同时，21世纪的国际权力结构也在发生着扩散，权力正在从所有的国家向非国家的行为者扩散，因而使世界变得更加复杂。[1]

第五，认识到新形势下的国际合作或者制度形态开始发生深刻的变化，全球治理的合作模式也更加多样化，"意愿者联盟"、非正式制度安排、伙伴关系等不断发展。自上而下的非正式性的"意愿者联盟"和小集团制度安排与自下而上的公私合作伙伴关系，因具有灵活性和软约束性的特点，更利于在实践中推行，在一定程度上弥补了全球治理面临的困境。[2]

跨国网络则是跨国行动主义实践过程中的重要行为体。这个网络可以在几个国家同时设立机构，并集中关注一个特定的国际议题，在追求共同目标的前提下通过国家层面和超国家层面的联合行动或社会动员等形式支持或者反对相关的国际议题。跨国网络以自愿的、横向的合作为特征，以相互信任为核心，具有不对称性等特点。事实上，这些网络并非故步自封，流动性和灵活性是其两个主要特点，因而跨国网络能够有效地适应社会变化并超越组织之间的界限。[3]

目前的跨国网络具有不同的表现形式：其一是跨国政府部门网络；其二是主要由跨国非政府组织和跨国公民社会团体参与而形成的跨国社会网络；其三是借助市场规律和市场力量而产生的有利于解决全球问题的市场机制。从一定意义上说，跨国行动主义范式的全球治理实际上灵活利用了世界上现有的权力机制、市场机制和社会机制及其内在规律，

---

[1] Joseph. Nye, "Global Power Shifts in the 21st Century," 2010, http://www.sweetspeeches.com/s/699 - joseph - nye - global - power - shifts#ixzz24v3IVoph. 转引自卢静：《全球治理：模式转变》，朱立群等主编：《全球治理：挑战与趋势》，北京：社会科学文献出版社，2014年版，第16页。

[2] 朱立群：《全球治理：现状与趋势（代序）》，朱立群等主编：《全球治理：挑战与趋势》，北京：社会科学文献出版社，2014年版，第5页。

[3] See. M. Diani and D. McAdam, eds., *Social Movement and Networks: Relational Approaches to Collective Action,* Oxford University Press, 2003.

尤其是其对于市场机制、社会机制内在规律的巧妙运用，使得许多难以突破的问题得到一定程度的化解或缓和。[1]

总的来看，跨国主义范式的全球治理正在当代全球治理实践中不断展现其活力，并仍有巨大的理论发展空间，尤其是当全球主义范式和国家主义范式的全球治理实践遇到阻力或陷入停顿时，跨国主义范式的全球治理往往能够发挥特殊作用，取得实质性突破；但是该理论也不是万能的，在现有以主权国家为主导的国际秩序中，无论是其实践效果还是理论影响力都比较有限。[2]

第三节　全球治理的目标及前景

一、全球治理的目标

全球治理顺应了世界历史发展的内在要求，有利于在全球化时代确立新的国际政治经济秩序。从理论上说，它打破了社会科学中长期存在的传统的两分法思维方式，即市场与计划、公共部门与私人部门、政治国家与公民社会、民族国家与国际社会；它把有效的管理看作是两者的合作过程，力图发展起一套管理国内和国际公共事务的新规制和新机制，强调管理就是合作，认为政府不是合法权力的唯一源泉，公民社会同样是合法权力的来源；它把治理看作是当代民主的一种新的现实形式，所有这些都是对政治学和国际政治学研究的贡献，具有积极的意义。[3]

除此之外，体现公正与法治也是全球治理的重要目标之一。[4] 人类一直在追求公正、公平、社会正义等价值理念，全球治理议题覆盖全

---

[1] 张胜军：《全球治理的三个特点》，《学习时报》2012年12月3日，第2版。
[2] 蔡拓、杨冬雪、吴志成：《全球治理概论》，北京：北京大学出版社，2016年版，第65页。
[3] 俞可平：《全球治理引论》，《马克思主义与现实》2002年第1期，第31页。
[4] 相关论述详见蔡拓、杨冬雪、吴志成：《全球治理概论》，北京：北京大学出版社，2016年版，第435—436页。

球,并服务于全球,它理应是多元行为体广泛参与、平等对话、积极尽责的过程与活动,以实现人类的共同利益。但是,全球化的不平衡扩大了世界的贫富差距,使富国更富,穷国更穷。现有的国际秩序与国际体系仍由发达国家主导,因而在政治框架和制度设计上对发达国家更有利,赋予其更多的权力和利益。这种状况一方面导致广大发展中国家缺少实际治理的能力,另一方面制约甚至剥夺了它们表达意愿的权利,进而损害其利益,扼杀其积极参与全球治理的热情。所以,全球治理中的不公正不仅造成利益的分化与对抗,使实现人类共同利益成为泡影,更严重的后果是可能葬送本来就较脆弱的共同价值、共同伦理、共同文化,导致各国对全球治理认同的破灭。这就说明,全球治理中的公正性问题是现实的政治问题、法律问题,要求我们从实践上给予高度的重视,并着力于具体的政策和制度的设计与保障。

全球法治是全球治理获得合法性的来源,同时又是具体指导和规范全球治理,使其走向善治的保障。从合法性来源上来看,国际法,包括国际法基本原则、国际强行法和国际法具体法律制度,都是全球治理的依据,制约着全球治理。这是因为,国际法或者属于人类社会理性的结晶与价值的共识,构成了最基本的"国际公共秩序",体现出国际社会的"公共利益";或者基于国家同意,其成为全球治理参与者的基本行为规范与道德要求。从善治的角度讲,国际法促使全球治理走向"法制化",成为维护国际社会基本秩序所必须遵守的最基本法则。同时,在全球法治中,其还需发挥协调、惩罚等作用。[①] 不过,全球治理的现实层面表明,当今世界还没有达成真正的共识,全球法治的理念受到国家本位、国家自利、国家同意等传统观念的束缚,其实际作用远未硬化,所以才会出现忽视甚至公然违背国际法的现象,而这也说明,要想继续完善全球治理的实践,为人类谋求更多的福祉,还有更长的路要走。

---

① 刘志云:《全球治理与国际法:相互依赖中的互动》,蔡拓、刘贞晔主编:《全球学的构建与全球治理》,北京:中国政法大学出版社,2013年版,第244—266页。

二、全球治理的前景[①]

虽然当前的全球治理体系还存在较多待完善的部分，但值得相信的是，经过世界各国深度的协调与合作，全球治理定会逐渐转变为更加有效、理性且和谐的治理模式，从而为人类公共事务管理开创新的局面。

（一）走向深度全球治理

要想走向深度全球治理，首先要进行治理规则的调整。现有的治理规则严重滞后于全球化现实，不能适应全球化迅速发展和全球性问题大量涌现的现实。治理原则的滞后突出表现为不能适应世界权力结构的变化、安全性质的变化、相互依存态势的变化。当代世界权力结构的重大变化是新兴经济体的群体性崛起，如以金砖国家为代表的新兴经济体在世界经济中的比重迅速提升，地位越来越重要。而现有的国际体系却不能及时反映这种变化并做出调整，于是在关涉全球治理，特别是全球经济治理和发展问题上，传统的治理体制与机制难免失灵，因此原有的管理国家间威胁的机制与规则也不再适用。全球化时代的相互依存是一种具有整体性，即从双边的、局部的、区域的治理机制走向全球性治理机制的设计与管理，但是现有的治理机制却缺乏对这种全球性相互依存的认知，因而难以达到应有的治理效果。

其次是治理对象的调整。这是针对当前的全球治理机制大都属于外部或替代治理机制，很难扩展和深入到国家内部而言的。将治理对象向深度调整，就意味着全球治理要深入各国内部，对各国的内政进行调整，以解决大量的跨国性、全球性问题。如2008年国际金融危机爆发后，世界上的主要国家在二十国集团这个合作平台上迅速采取协调行动，相继出台十分相似的金融政策和救市方案，这就是典型的深度全球

[①] 本节内容详细参见蔡拓、杨冬雪、吴志成：《全球治理概论》，北京：北京大学出版社，2016年版，第437—441页。

治理方案。它把治理的触角和功效指向对内政的协调，突破内政不可侵犯的束缚。世界贸易组织所要求的成员国之间贸易政策的透明化与对等核查、最惠国待遇的日益普遍化等，都是治理涉及内政的案例。显然，指向内政协调的深度全球治理目前还很欠缺，但它确实是发展的方向与趋势。如果不能在这方面有更多突破，全球治理的困境就难以摆脱。

最后是治理目标的调整。治理目标的调整是指从立足国家利益最大化转向共存共赢、争取人类共同利益。在这个意义上，治理目标的调整本质上是治理价值、理念的调整。如前所述，全球治理必须以全球主义为价值基点，如果把全球治理仅视作追求和实现国家利益最大化的途径、手段，完全以国家的自利性视角与要求对全球治理进行功利性选择，只讲获利不讲付出，只讲权力不讲责任，那么就背离了全球治理的宗旨，事实上也不可能进行真正的全球治理，既损害了人类共同体，也必然损害自身。即使在某些时段、领域和具体问题上，国家的利益要求与人类共同体的要求可能不完全合拍，那也应该以博大的胸怀给予支持，这才是全球化时代各个行为体特别是理性国家的风范与选择。随着文明的进步，我们相信全球治理的目标会更多地向这一指向凝聚。

（二）走向有效全球治理

全球有效治理就是指在治理的主体与模式方面着力于主体多元、定位明确、尊重现实、提高实效的治理。有效全球治理必须是当代国际关系行为体，无论是国家、政府间国际组织还是全球公民社会，全员参与的治理。如果不能克服参与的赤字，使所有国家，特别是为贫困、能力、结构性不合理所制约的广大发展中国家都参与全球治理，那么就不可能实现有效治理。同样，调动全球公民社会的参与积极性，从制度上保障其广泛参与，特别是创造条件使广大发展中国家的 NGO 都投入到全球治理的事业中，才是保障有效治理的基本要求。除此之外，要注意精英与大众参与的平衡与协调，充分倾听大众参与的呼声和要求，尊重大众参与的作用,这对于提高治理效能同样是非常重要的。

有效全球治理在强调全员参与的同时,还要处理好多元主体的定位与相互关系问题,构建起最有效、最符合实际的治理模式。全球治理的多元主体可分为国家行为体与非国家行为体两大类。坚持国家本位,容易片面强调国家的主宰作用,主张以国家治理和国际治理模式来处理当代国际事务。倡导社会本位,又容易片面强调 NGO、公民社会、跨国公司等非国家行为体的主导作用,主张以社会治理和公民模式来回应全球化等问题。这两种主张及其治理模式都因片面性而在实践中陷入困境。因此,国家必须认识到自身的局限,自觉认同非国家行为体在全球治理中日益重要、不可或缺的作用,心甘情愿地与非国家行为体分享共同参与、管理人类公共事务的权力。反之,非国家行为体也要理性地承认国家的主导作用,反思社会本位的偏颇,主动协调好与国家的关系。唯有如此,才能形成真正有效、可行的国家主导下的多元行为体协同共治的治理模式,开创全球治理的新局面。

(三) 走向理性与和谐的全球治理

所谓理性的全球治理,就是指在价值理性、制度理性和实践理性指导下的全球治理。理性的要义在于强调人拥有区别于动物的思维和思考能力,能够运用智力,以推理方式得出符合逻辑的结论;能够开展头脑风暴,综合运用各方面知识,对真理进行探究,对客观事物和社会发展做出符合实际的评判、定位与选择。理性的作用可能被忽视,也可能被夸大。在政治与社会因素介入后,理性还可能被扭曲、压抑、扼杀。因此,价值理性强调对价值持中的理解与认同,坚持全球主义的价值基点,但又不唯全球主义,充分肯定国家主义的现实意义与作用,倡导全球主义观照下的国家主义,以这种理性的、实事求是的价值与思维指导全球治理。制度理性强调国家主导下的全球共治的运行模式与制度设计,既尊重现行国际治理中已有的体制与机制,发挥国家在治理中的正能量,又着力于跨国家、超国家的机制构建,扶植以 NGO 和全球公民社会为代表的社会性力量的崛起和成长,从而保障全球治理的制度框架与治理效力,更好地满足全球问题的治理需要。实践理性坚持实事求是、统分并存、起点与过程的协调。我们不难看出,理性的全球治理是一个高标准的全球治理,它对于矫正当下全球治理中的混乱、困惑、低效是一剂良药,也是一面镜子和一种愿景。

和谐的全球治理就是讲法治,重公平正义、平等宽容,不断增强人类共同体意识的全球治理。

全球治理必须以法律为依托,以国际机制为依据,否则任何一个问题的治理,任何一项治理活动与过程的开展就无从谈起。只有大家都遵循法治,通过各种法律规则、规范和机制进行对话、协商,才能形成和谐的局面。和谐不代表没有矛盾、冲突与战争,而是在尊重法律的基础上达成的稳定状态,它排除暴力和非理性的、无视法治的对抗与争吵。法治规约下的和谐是最基本的、最基础的和谐,要进入更高层次的和谐就必须重视关系的和谐,即构建平等宽容、立足于公平正义的伙伴关系。全球法治对全球治理的意义不言而喻,但全球法治所体现的规则治理是一种基于利益考量的治理。而事实表明,仅有利益的考量,恐怕很难解决诸多全球性问题,必须同时关注关系治理。[1]

和谐的全球治理的更高境界是价值与理念的和谐,也就是自觉地认同并不断强化人类共同体意识。规则能否真正得到遵守,伙伴关系能否真正建立,在很大程度上受到价值与理念的制约。如果不能跳出现实主义的思维,摆脱国家主义的束缚,始终坚持国家自利性至上的立场,将实现和维护国家利益与权力当作处理国际关系的第一要义、参与全球治理的第一原则,那么和谐的全球治理将永远是一句空话。只有放开眼界看世界,认清人类文明的大走势,更自觉地培育利他意识,更坚定地认同人类共同体的理念,才可能走向真正意义上和谐的全球治理。这的确是理想,但并非不可实现,这是基于对人类的要求和期冀,需要不断地凝聚共识,从而一步步实现这种美好的愿景。

---

[1] 参见秦亚青:《关系与过程:中国国际关系理论的文化建构》,上海:上海人民出版社,2012年版。

本章练习

一、根据自己的理解简要分析下列问题。

1. 试着在总结全球治理现有理论的基础上，提出有哪些理论可以进行更新？

2. 你认为当前全球治理的现状如何？是否存在较为严峻的挑战？

3. 为了保障全球治理的有效性，你认为可以从机制和制度的层面进行怎样的变革？

二、将班上同学按照题目中的不同标准分成若干小组，并以小组活动的方式共同解决下列问题。

1. 请自由组合成若干组，每组成员的数量保持一致。每组分别代表主权国家、NGO、跨国公司等参与国际活动的行为体，试从各自行为体的角度来讨论全球治理机制化的程序问题。

2. 首先请所有同学对全球治理的不同领域进行限定并以不同的治理领域为特定组别，接着每位同学根据自己的兴趣选择加入的组别。在分组结束后，请以小组为单位分享各自的治理想法，并从可行性、损益比、预期成果等角度探讨如何将治理理念落实到操作层面。

3. 请自由组合成三个小组，每组针对"海洋污染"这一问题，试着从不同的全球治理范式中整理出有针对性的解决措施。

三、结合本章内容以及下方所提供的学习材料回答问题。

材料一

请扫描左侧二维码观看短片《老外看中国｜库恩：中国将开辟新的全球治理模式》，并尝试回答以下问题：

1. 结合视频内容谈谈你对全球治理的理解是怎样的？
2. 视频中谈到的全球治理新模式包括哪些内容？
3. 针对中国参与全球治理的内容，你有哪些新的想法？

材料二

请扫描左侧二维码阅读新闻《习近平总书记的全球治理思想》，并尝试回答以下问题：

1. 试总结习近平总书记的全球治理思想的主要内容。
2. 请结合本章内容分析总书记为什么会形成这样的全球治理思想？

参考书目

Patrick Bayer & Christopher Marcoux & Johannes Urpelainen, "When International Organizations Bargain," in Duke University Press Journal, *Journal of Conflict*.

Davorin Lapaš, "International Organization as a Party to an International Dispute," in Faculty of Law of University of Zagreb, *Collected Papers of Zagreb Law Faculty*.

Klaus Dingwerth & Philipp Pattberg（2006），"Global Governance As a Perspective on World Politics," *Global Governance*, No. 12.

吴文成：《选择性治理：国际组织与规范》，上海：上海人民出版社，2017年版。

［美］亚历山大·温特著，秦亚青译：《国际政治的社会理论》，上海：上海人民出版社，2008年版。

汤蓓：《试析国际组织行政模式对其治理行为的影响》，《世界经济与政治》2012年第7期。

薛澜：《迈向公共管理范式的全球治理：基于"问题—主体—机制"框架的分析》，《中国社会科学》2015年第11期。

张丽华：《非零和博弈——国家主权和国际组织关系的再思考》，《社会科学战线》2004年第2期。

张胜军：《全球深度治理的目标与前景》，《世界经济与政治》2013年第4期。

第三章　国际组织与全球治理

应当彻底改变事事与领土相关的看法，对治理时间向度的重视程度要不亚于空间向度，要把权威向亚国家、跨国、非政府的层次转移看作正常变化，而且要在治理的所有层次上突出边界的渗透性。

——詹姆斯·N. 罗西瑙

章节导读

★ 学习目标
- 熟悉全球治理体系的构建与变迁；
- 厘清全球治理机制的方式与效力；
- 了解全球治理主体的类别与途径；
- 运用所学知识解决当前治理问题。

★ 内容概要

当今世界已经步入一个以全球化为特征的新时代。正如吉登斯在《超越左与右》一书中所说，全球化不仅是一个经济现象，更是一个时间、空间以及个人经验重构与转型的过程。[1] 譬如，曾经关于社会政策的讨论大多聚焦在主权国家和公民权保护等问题上，而在全球化的背景

---

[1] Anthony Giddens, *Beyond Left and Right,* Polity Press, 1994. 转引自林卡、胡克、周弘：《"全球发展"理念形成的社会基础条件及其演化》，《学术月刊》2018 年第 9 期，第 101 页。

中，则需要进一步考察相关政策理念得以形成并流行的社会基础和历史必然性。

当然，这种转型也不可避免地对全球治理的状态、机制和规则产生变革影响。当前，全球治理机制的运作已经逐渐呈现多元化和多样化的状态，其中，国际组织作为国家间交往的重要"媒介"，成为国际社会处理多边事务，构建国际秩序的重要助推力。全球化本质的复杂性特征，也使得越来越多的国家意识到"通过国际组织外交，可以充分表达立场、消除矛盾、增进了解，促进价值理念、文化形态、对外政策的有效传播"。①

★ 章前思考

请结合所学内容并查阅相关资料来回答下列问题：

1. 说出三个你所熟知的国际组织并详述其在全球治理体系中发挥的作用。
2. 谈一谈中国等新型经济体的崛起对于全球治理体系构建的影响。
3. 你认为当前全球治理体系中存在哪些不足？并给出你的建议。

第一节　全球治理的框架建构和经验验证

一、全球治理体系的内涵

全球治理超越了传统的民族国家视域，将民族国家与超国家、非国家和跨国家关系联系在一起，形成一种新的复合体式的合作解决全球事务的复杂、多维的结构与进程。目前学术界对全球治理的核心概念的理解也不尽相同。国际关系现实主义的学者如戴维·赫尔德与安东尼·麦克格鲁就是从权力、权威的视角，以国家利益实现的旨趣来看待全球治

---

① 转引自陈朋亲：《国际组织外交与"一带一路"建设》，《云南大学学报（社会科学版）》2019年第4期，第139页。

理和国际合作;① 自由主义的学者从制度视角，以制度嵌入国际组织机制的方式来理解全球治理，在新自由制度主义看来，国际组织实质上就是"许多不同的层次之间联系的网络、规则和机构"，② 是增进国家间共同利益的功能性工具；③ 建构主义则从文化观念视角，以规范内化和制度实践的文化认同建构和共识实现的方式来理解全球治理。建构主义提出国际组织的性质和宗旨反映的是国际关系中寻求合作的行为体的一种集体身份和认同，例如八国集团和七十七国集团分别被称为"富人的俱乐部"和"穷人的工会"。④

与上述主流理论观点不太一样的是，中国传媒大学国际关系研究所所长肖欢荣教授通过"责任"与"信任"、"机制"与"制度"、"规则"和"遵从"以及"权威"与"善治"四组核心概念来考察全球治理实践逻辑的观念逻辑基础。其中：责任与信任，是全球治理实践主体的内核与前提；机制与制度，是全球治理实践的载体；规范与遵从，是全球治理实践机制与行为主体的互动和互为模式；权威与善治，是全球治理实践的效能。

第一，责任与信任。"责任"这一概念来源于公共管理，指的是与某一特定职位或机构相连的职责及其需承担的义务。⑤ 20世纪90年代，随着治理成为公共管理研究中的重要研究主题，责任性也成为"善治"的重要要素，也自然成为全球治理中参与主体的重要特质内涵。多元行为体共同参与解决复杂性和重要性的全球问题，这在很大程度上体现了全球公共的价值使命和道义责任。⑥ 此外，责任性与信任性特质对于主

---

① ［英］戴维·赫尔德、［英］安东尼·麦克格鲁著，曹荣湘、龙虎等译：《治理全球化：权力、权威与全球治理》，北京：社会科学文献出版社，2004年版，第13—15页。
② 杨广、尹继武：《国际组织概念分析》，《国际论坛》2003年第3期，第53—58页。
③ 张丽君编著：《全球政治中的国际组织（IGOs）》，上海：华东师范大学出版社，2017年版，第7页。
④ ［美］玛莎·费丽莫，袁正清译：《国际社会中的国家利益》，杭州：浙江人民出版社，2001年版，第32页。
⑤ 俞可平：《全球治理引论》，《马克思主义与现实》2002年第1期，第20—32页。
⑥ Elena Sciso, ed. "Accountability, transparency and democracy in the functioning of Bretton Woods institutions," *Cham*, Switzerland: Springer, 2017.

权民族国家行为体特别是主要的大国行为体而言，显得格外重要。

　　近年来，全球治理领域出现明显的全球治理的公共产品供应不足，即所谓的"治理赤字"现象。导致这种现象一个重要原因就在于，作为国际霸权的美国无能、无力和缺少意愿参与全球治理。特朗普总统执政后，开始施行"美国优先"战略并将重心从国际向国内转移：2017年6月从关注气候变化的《巴黎协定》退出；2018年4月无视世界贸易组织的规制，悍然与中国进行贸易战，恶化了2008年金融危机以来业已出现的全球治理危机；2019年2月1日，美国政府宣布2日起暂停履行《中导条约》义务并启动退约程序……自此，美国作为全球治理大国的责任消失殆尽，为地区和全球安全形势增添了新的"不确定性"。

　　与美国的国际霸权缺失相对应的是，作为新兴经济体代表的金砖国家在责任性与信任方面的替代作用尤为突出。金砖国家多年来相互信任、相互结伴，在美国无意、西方无力推动全球治理的情况下，着力推动甚至引领全球治理，体现了全球治理参与主体的责任性和信任关系，在全球经济治理改善方面起到重要作用。2018年的南非峰会上，金砖国家更是提出坚定支持经济全球化和多边主义，旗帜鲜明地反对单边主义和各种形式的保护主义，进而提出高举多边主义旗帜，完善全球治理体系的目标。

　　第二，机制与制度。全球治理的本质就是世界政治社会是如何组织和治理的。当前世界治理的形式主体来源于第二次世界大战后形成的美国霸权治理。这种霸权治理是通过以联合国为主体的政治和安全治理，以世界银行、关贸总协定（后为世界贸易组织）和国际货币基金组织为主体的金融和贸易治理等实现的。此外，在全球治理的实践中，其他的机制治理平台也相继出现，成为全球治理载体的重要组成部分。

　　首先，G20等横跨南北关系的国际机制平台的出现，是当代新兴全球治理机制实践的首要部分。在冷战时代，除了霸权治理组成的各种机制外，为了处理复杂的国际经济等问题，美国组建了工业化国家组成的七国集团，后来俄罗斯加入，形成八国集团，从而对关切八国的重大国际事务等进行大国治理。冷战结束后,八国集团也难以独立协调诸多全球性问题,众多南方国家参与的 G20 适时出现,积极参与全球治理,并发挥越来越重要的作用。

其次,在问题领域,各种协商协作机制平台与公约协定规制不断出现,成为全球治理广度和深度发展的重要载体。最突出的是在环境保护与气候变化领域,从 1997 年的《京都议定书》到 2016 年的《巴黎协定》,气候变化公约虽然不时遇到一些挫折,但共同责任解决全球气候变化已经成为全球共识,并不断取得新进展。

最后,新兴市场国家协作创建新的国际合作机制也成为全球治理机制革新的重要趋势。如前所述,金砖五国机制的出现和发展,特别是在内部合作机制的内涵不断夯实以及平台不断完善的情况下,有效推动了全球治理机制的创新与改革。此外,一些发展中国家的全球治理尝试与实践,比如中国的"一带一路"倡议和"人类命运共同体"实践,均有效促进了全球治理机制的发展,甚或成为全球治理实践载体的重要组成部分。

第二,规范与遵从。规范与遵从是全球治理实践机制与行为主体的互动和互为模式。规范是行为体在一定环境中如何行为的集体预期,成为指引行为体行动的规则网络。在无政府的国际体系中的全球治理,其具体体现就是国际机制或制度规范治理。例如,国际法在国与国的经济、政治与文化交往中界定了各国都应遵从的规范,外交公约规范为各国外交官提供了行为准则,避免了无意识地引发国际争端的情况的发生。国际机制与制度的治理行动,是通过机制与制度规范扩散与遵从方式实现的。温和建构主义学者玛莎·费丽莫将这种规范践行互动方式归结为"适应性逻辑"和"推论逻辑"。[1]

---

[1] [美]玛莎·费丽莫,袁正清译:《国际社会中的国家利益》,上海:上海人民出版社,2012 年版,第 34 页。

> 具体的国际规范可以分为规制性规范（regulation norms）和构成性规范（constitutive norms）。规制性规范是行为的指引或标杆，它澄清了行为体的选择，界定何种情况下的什么行为是合适的。如果行为体的某种行为方式与规范相悖，随之而来的是战略成本上升。如果行为体行为方式与规范一致，行为的成本就更低，而且可能有因遵从规范的额外获益。构成性规范是特定行动的集体意义和行为体的认同。构成性规范通过建构一定认同产生行动权威，即界定特定行为和特定认同。比如，规制性规范反对杀人，而构成性规范将"杀人"的行为者定义为"杀人犯"，从而界定了杀人犯的身份认同。

国际规范之所以重要，不仅因为其影响了全球治理中特定行动路线的成本与收益，还在于其改变了行为体的行动内容，成为行为体行为变化的原因。比如，种族平等的规范使得南非白人政府在国际上受到排挤，从而使其屈从于国际制裁。规范能够改变行为体关于对错的观念，改变个人和社会互动的方式，使得治理得以实现。

第三，权威与善治。一方面，全球治理具有政治权威分散的特征，使得民族国家权威向超国家、跨国家和其他行为体层面扩散和转移，具体体现在权力从国家到市场的扩散、军事权力向经济权力的扩散、权力从国家到社会的扩散、世界政治权力结构的国家中心模式向多中心模式的转化等层面。另一方面，权威与善治作为全球治理实践效用的重要观念，是一对互生互助的关系。多元行为体参与全球治理进程，特别是跨国倡议网络和知识共同体，不断提出治理倡议与议程，促使治理目标良好实现，由此实现善治。善治的效应使得这些行为体不断获得权威，促使权威在国家之外扩散，而全球治理实践所实现善治也会反过来使参与的行为体的权威进一步强化。

21世纪以来，全球治理体系正面临新旧转换的历史节点。随着全球化的深入推进，国际力量对比发生了变化，以中国为代表的新兴市场国家迅速崛起，国际影响力持续扩大，现行的全球治理体系受到越来越多的挑战，国际社会对变革全球治理体系的呼声越来越高。

全球治理体系的变革源于国际力量对比的变化，其演变可分为四个历史阶段：帝国秩序阶段、国联体系阶段、联合国体系阶段和后冷战秩序阶段。

首先是帝国秩序阶段。① 克雷格·墨菲认为，帝国秩序是全球治理的开端。维也纳会议和神圣联盟开启了一个全新的时代，维也纳会议旨在重新划分拿破仑战败后的欧洲政治版图，会议的目的是恢复拿破仑战争时期被推翻的各国旧王朝及封建欧洲秩序，以防止法国东山再起。为了保障和平，维也纳会议开创了一个国际均势体系，会议达成的协议更加精确地规定了外交事务的权利与义务，这些政治行为制度化了国际关系的基本准则。为了维护领土和主权完整，大国通常制定能够维持均势现状的政策。一旦出现国际争端，它们会集体召开专门会议，这就是欧洲协调机制。欧洲协调机制持续了90年，克里米亚战争是这期间唯一的国际战争。由于无法和平解决国际争端，它的合法性很快消解。但不可否认的是，欧洲协调机制在一段时期获得很高的合法性。与此同时，全球治理的制度化在通信和交通领域也得到推进。新的通信技术有力推动了国际合作。电报的发明使得远距离信息传递得以实现，并于1865年成立了国际电报联盟。随后成立的万国邮政联盟和国际无线电联盟有效地促进了全球治理规则的建立。通过签订和批准相关协议，主权国家同意在各自国内实行这些规则。全球治理作为一种规范国际组织的形式，已经变得必不可少。

其次是国联体系阶段。国际联盟成立于1920年1月10日，其目的是平息国际纠纷，促进国际合作和国际安全，以维护一战后的国际格

---

① 转自［美］托马斯·韦斯、［英］罗登·威尔金森，谢来辉译：《反思全球治理：复杂性、权威、权力和变革》，《国外理论动态》2015年第10期。

局。在其存在的 26 年中，国联曾尝试协助调解国际争端和处理国际问题。然而，因为国联缺乏执行决议的强制力，因此未能发挥其应有的作用。此外，作为倡议者的美国最终没有加入国际联盟，更使国联丧失了坚定温和的支持力量。面对 20 世纪 30 年代德、意、日法西斯同盟的形成和对外扩张，由英、法控制的国联竟以牺牲中小国家的领土和主权为代价，推行绥靖政策，使国联陷于瘫痪。第二次世界大战爆发后，国联不可避免地走向破产的境地。[①]

接着是联合国体系阶段。国际联盟虽然在实践中并未起到维护和平的作用，不过其却为建立一种新的"广泛而永久的普遍安全制度"（即联合国）奠定了坚实的基础。战争大大改变了强国的力量对比，曾经公认的六大强国德国、法国、英国、日本、美国和苏联，只有美国和苏联在战后保住了这种地位。对比在战争中受到严重创伤的苏联，美国实际上成了独一无二的世界强国。[②] 这种情况使得美国能够从全球角度来考虑国家利益的契机。美国积极推动联合国的建立，既标志着美国从"孤立主义"走向"世界主义"的完成，也标志着它在全球范围走向霸权主义的开始。美国在联合国大会的主导地位大概一直持续到 20 世纪 60 年代初。有人称这段时间的联大为美国的"表决机器"。进入 60 年代后，随着第三世界的兴起，美国的主导地位就日益下降了。

最后是后冷战秩序阶段。冷战的终结开启了一个新的时代。在联合国之外，全球体制的多样化发展，新的种族和民族主义运动的高涨以及中国、俄罗斯、东欧等新兴市场国家参与世界市场，都要求重构全球治理体制。然而，以美国为代表的西方国家并没有通过全球治理体制的民主化接纳新兴市场的利益和声音，这种冲突对国际和平与安全构成威胁，也促使各国重新思考全球治理体系的构建问题。

虽然全球治理已经成为国际关系研究中的热点，但学者们对于全球

[①] 凤凰网：《1920 年 1 月 10 日 国际联盟成立》，http://news.ifeng.com/history/today/detail_2013_01/10/21039876_0.shtml, 2019 年 3 月 6 日访问。

[②] 中国网：《评美国与联合国关系的历史进程》，http://www.china.com.cn/chinese/zhuanti/295425.htm, 2019 年 3 月 6 日访问。

治理体系的理解仍然存在一些分歧。国内学者在谈到这一概念时，大多将其等同于现行主要国际制度，如陈志敏认为现有全球治理体系包括三个部分：第一部分是反映国际社会普遍意志的国际制度，第二部分是在西方主导下建立的部分国际制度，第三部分是更多地反映西方偏好和利益的国际制度。① 苏长和也认为"全球治理体系包含了从全球到地区层面的各种国际制度"。② 王毅在谈到这个概念时，也基本将其视为由美国为首的西方国家主导建立的各种国际制度。③ 常青则将全球治理体系等同于国际治理体系，认为它"是指包括国际经济金融体系在内的一系列政治、经济、军事等国际制度"。从概念上讲，全球治理体系可以从广义和狭义两个角度来理解。广义的全球治理体系包括全球安全治理体系、全球经济治理体系以及全球公域治理体系三个层次；而狭义的全球治理体系仅指全球公域治理体系。从权力结构的视角来看，全球治理体系与传统的国际体系相比，既有联系也有区别。最重要的是，正是由于全球治理体系的权力结构相对于传统国际体系已经发生明显的变化，这一体系所包含的制度规范也在相应地发生一些重要的变化。

冷战结束以来，伴随着全球化的深度发展，市场和资本的进一步扩张以及大量新兴市场国家和众多非国家行为体的崛起，传统国际体系的权力结构本身正在发生深刻的变化。这种体系建立在反映二战结束时期的权力分配格局之上，其制度核心是以联合国体系和布雷顿森林体系为代表的充分体现国家中心主义的国际制度规范，而诸如环境、网络、太空等全球公域给国家带来的挑战是传统国际体系规则难以成功应对的。国家中心主义的惯性和制度刚性使得传统国际体系中的权力行为体不愿意放弃权力的既得利益，在面对各种全球性挑战尤其是全球公域的挑战时故步自封、行动迟缓，特别是传统强国倾向于利用既有权力优势解决不同治理体系的全球性问题。当越来越多的跨国性事务需要通过全球治

---

① 陈志敏：《全球治理体系的中国式增量改进战略》，《当代世界》2014年第8期。
② 苏长和：《全球治理转型中的国际制度》，《当代世界》2015年第11期。
③ 王毅：《试论新型全球治理体系的构建及制度建设》，《国外理论动态》2013年第8期。

理这种平台来解决的时候，基于传统国际体系权力结构分配而建立起来的各种国际规则出现程度轻重不一的失能，应对措施的错位是造成当前全球治理各个领域进展迟滞的深层原因。

二、全球治理体系的基本结构

全球治理的核心是"治理"。目前，学界对治理概念的阐述引用最多的是全球治理委员会在1995年《我们的全球之家》中所做的界定：治理是各种公共的或私人的个人和机构管理其共同事务的诸多方式的总和，它是使相互冲突的或不同的利益得以调和并且采取联合行动的持续过程。它有四个特征：治理不是一整套规则，也不是一种活动，而是一个过程；治理过程的基础不是控制，而是协调；治理既涉及公共部门，又包括私人部门；治理不是一种正式的制度，而是持续的互动。正如许多学者所指出的，"治理"这一概念的提出本身是为了解决某些领域政府统治的失效，从这个意义上说，全球治理所解决的对象应该是依靠传统的国际合作难以解决的各种全球性挑战，正是因为国家在面临全球治理时权力有限，所以需要探寻规范国家权力运行的治理途径，通过重构国家利益中的自我与他者，构建新型多边合作机制，合理界定国家在多元治理中的地位，在弥补国家权力缺失与供给不足的进程中增加国家对全球治理的需求，引导国家主导的全球治理逐步走出低效均衡的困境。

（一）全球安全治理体系

随着冷战后安全环境的变化以及日益复杂的新安全威胁的出现，安全认知、安全管理体系以及政策安排都发生了深刻变化，即由"统治"到"治理"的变化。中国社会科学院世界经济与政治研究所国际政治理论研究室主任李东燕认为："全球安全治理是一种多边、多层次、多行为体的综合性解决安全问题的合作方式。从联合国组织（包括联合国附属机构、专门机构、相关机构）到各区域组织、非正式集团组织以及与安全相关的非政府组织、研究机构、媒体、企业商业部门等，都是构成目前全球安全体系的组成部分。"① 厦门大学公共事务学院的王伟光从主体、层次、部门与功能、互动方式、重点、目标、理论倾向和方法论八个方面总结了将安全治理引入安全研究所具有的新意。② 可以说，"安全治理"概念更符合多主体共同治理的当代世界，相对于传统的更倾向于国家中心主义的安全共同体概念，安全治理概念引入了多层次或多行为体的分析框架。

从全球安全治理体系的构成来说，其主体不仅包含国家，还包括各种非国家行为体，尤其是在应对新型非传统安全威胁时，国家和非国家行为体进行合作才能获得最佳的治理成效。就客体而言，虽然崔顺姬等认为安全治理主要针对非传统安全，但张安东等则指出"安全治理研究中的安全并非狭义的国家、军事安全，而是广义的综合安全，这是安全研究的基本出发点"。而斯柏林等在讨论不同的安全治理体系时，也把国家之间的战争与均势等都纳入治理范畴。其实，传统安全和非传统安全都是全球安全治理需要应对的问题。

从制度构建的发展趋势来说，全球安全治理体系在传统安全领域仍然需要依靠以联合国为核心、以美国为首的盟国体系为补充的国际合作机制，但这一机制在应对如气候变化、大规模传染病的跨境传播以及恐怖主义等非传统安全领域的挑战时，就显得有心无力。从国际关系的现实发展来看，在应对非传统安全事务的挑战时，必须超越既有的国家间合作机制，通过与众多非国家行为体合作来构建新的全球安全治理体系。

(二) 全球经济治理体系

既有全球经济治理体系是建立在二战结束以后，以美国为首的欧美发达国家主导的一系列国际经济体制之上的，其主要载体有：国际货币

---

① 李东燕：《全球安全治理与中国的选择》，《世界经济与政治》2013年第4期，第40—54页。
② 王伟光：《把治理引入国家安全领域——安全治理研究评介》，《国际关系研究》2014年第1期，第17—30页。

基金组织（IMF）、世界银行（WB）和世界贸易组织（WTO）这三大国际经济机制的支柱。传统上，每年一度的七国集团（G7）首脑会议是大国协调世界经济政策、实现国际经济合作的重要平台。而2008年全球金融危机之后，G20首脑会议取代了原来G7首脑会议的主要功能，成为协调国际上主要经济体宏观经济政策、实现全球经济治理的首要平台。

就主体而言，随着越来越多的新兴经济体成为世界经济舞台上的重要角色，既有全球经济治理体系在宏观经济政策协调方面就显得力不从心，但是这些新兴经济体如何协调配合，以集体身份来推动全球经济治理体系改革，仍需在实践中不断探索和推进。金砖国家的新发展银行和中国倡议成立的亚洲基础设施投资银行正是在这种背景下应运而生的，这些新机制对于协调新兴经济体的利益和立场，推动全球经济治理机制的改革具有重要的现实意义。此外，政界、商界以及学界多领域精英参与的达沃斯世界经济论坛、博鳌亚洲论坛等，则为全球经济治理理念的协调与对话提供了重要平台。当然，在现有世界大格局下，上述新兴治理主体并不会取代以IMF、WB和WTO为代表的传统全球经济治理主体的位置，而只是构成这一体系的重要补充。

需要特别指出的是，以跨国公司为代表的非国家行为体早已成为当今世界经济中举足轻重的角色，一些全球知名跨国公司的经济总量甚至超过一些中等国家的国民生产总值。但在当前的全球经济治理体系中，这些非国家行为体更多的是治理和监管的对象，而较少主动参与相关的制度创设。

从客体来说，全球经济治理体系的目标是维护世界经济的均衡发展。目前，随着全球经济下行，从全球经济治理体系制度构建的发展来看，以三大组织（IMF、WTO和WB）为代表的传统治理机制虽然遭到众多诟病，但仍然发挥着核心作用，而随着G20、金砖合作机制以及亚投行等全球和区域层面的新兴治理机制的不断发展和成熟，全球经济治理体系的机制也在逐步完善。庞中英认为，当前这种机制化的主要问题是非正式的国家之间的政策协调与正式的国际经济机制之间存在的矛盾，如 G7 和 G20 等协调机制对 IMF 和 WTO 发号施令，但这种新旧全球经济治理机制变迁过程中的阵痛是难以避免的。

（三）全球公域治理体系

全球公域（又称"全球公地"）泛指超出单个国家主权管辖范围的、涉及全人类共同利益的公共领域。[①] 目前关于全球公域的具体概念和范畴界定，学术界还没有明确的共识。但这里倾向于采用国际法维度所界定的全球公域范围，即由《联合国海洋法公约》、《关于各国探索和利用包括月球和其他天体在内外层空间活动的原则条约》（简称《外层空间条约》）、《指导各国在月球和其他天体上活动的协定》（简称《月球协定》）、《南极条约》等所确认的公海及国家管辖范围以外的海床洋底及其底土以及该区域的资源（下文简称为"国际海底区域"）、外层空间、南极等领域。[②]

不同学科领域对全球公域性质的学术探讨和研究视角也会有很大不同，目前全球公域的研究范围已经拓展至政治、经济、认知和科学四个维度，这些维度产生的核心理念与原则共同组成全球公域的概念谱系。

表 3—1 不同研究维度对全球公域性质的认知

具体领域学科维度	政治领域	经济领域	认知领域	科学领域
关注领域	国际关系	世界经济	世界共同体	整个生态圈
核心理念	合法性	竞争性	社团主义	关联性

资料来源：根据相关文献整理绘制，可参见：Paul B. Hartzog, "Global Commons: Is Definition Possible?", April 2013, https://www.academia.edu/2757037/Global_Commons_Is_Definition_Possible，访问时间：2019 年 8 月 18 日。

[①] 何曜：《全球治理体系的权力结构变迁及启示》，《浙江学刊》2017 年第 3 期，第 8 页。

[②] 郑英琴：《全球公域的内涵、伦理困境与行为逻辑》，《国际展望》2017 年第 3 期，第 100—101 页。

相对于全球经济治理体系，全球公域治理体系中的主体更趋多元化，虽然国家仍然发挥基础性作用，但其他行为体的影响力大大增强，在某些特定领域或特定议题（如意见领袖在社交网络上，或是一些功能性组织在气候保护和治理传染病传播方面）上，非国家行为体的影响力甚至超过国家。

从制度构建上而言，全球公域的新问题带来的挑战已经远远超出当前国际制度的能力范围，而在成本和收益分配上的认识落差使得相关行为体在制度创设上进展缓慢。例如，自从国际社会认识到全球变暖给地球带来的威胁后，世界各国为遏制全球气候恶化的努力已经持续了20多年，但无论是美国拒绝批准《京都议定书》，还是总统特朗普对全球气候治理的一贯消极立场，都使得全球气候治理领域的前景扑朔迷离。而随着《联合国气候变化框架公约》中确立的"共同但有区别的原则和各自能力原则"在欧美发达国家的压力下不断削弱，这一机制可能会因原则与规则的不一致而趋于弱化。特别是在网络世界这样的新领域，国际制度的创设几乎是一片空白，因而需要各国一道努力，进行相关制度的建立和完善。

与此同时，一些国家为全球治理体系提出了新的建议，最典型的即中国国家主席习近平于2013年提出的"一带一路"倡议，其将国内贫困治理的有效经验融入全球发展治理的制度化进程，以广泛多元的国际合作助推经济增长新理念与包容发展新模式在全球的共享，体现了国家治理与全球治理互动的中国式发展观。全球发展治理体系正经历转型，处在这一进程中的"一带一路"倡议同样面临来自权力结构、运行规制、能力建设与项目合作等方面的深刻挑战。全面建设"一带一路"，推动民生改善与全球发展，需要始终将人类发展共识作为核心建设理念，同共建各国分享中国贫困治理的有益经验，积极搭建联合国主导下的各类发展机制的合作平台，重视发挥基层治理在"一带一路"建设中的支撑作用。借助"一带一路"建设，中国贫困治理经验的示范性效应越发显著，全球治理规范下的经济合作和区域发展更具包容性和可持续性，成为探索全球发展有效治理模式的重要实践。

第二节　国际组织的制度供给和公共合作

全球治理的本质在于提供一种制度安排，而国际组织的制度供给则是该制度中重要的一环。近些年，跨区域公共问题应对中的国际合作状况表明，国际社会远未建立起危机应对合作的有效体制和机制。想要更好地解决国际性公共问题，需着力完善各国际组织的制度供给，使其发挥应有的作用。

以卫生安全问题为例，起始于2013年12月的西非埃博拉危机是二战以后世界卫生史上最严重的公共卫生灾难，受影响的国家数量、疫情传播速度、感染病例数量和死亡人数均超历史之最。世界卫生组织（以下简称"世卫组织"）于2015年5月6日发布的统计数据显示，埃博拉疫情死亡人数已突破1.1万人。其疫情形势严峻，情况复杂，应对难度大，超过疫情国（区域）政府的能力，也令国际社会始料未及。各国政府、世界卫生组织等联合国的专门机构、欧洲联盟委员会和西非国家经济共同体等援助机构以及无国界医生、红十字与红新月会等纷纷投入到抗击埃博拉病毒危机的行列之中。在该疫情的防御行动中，国际社会展示出通力合作以应对跨区域共同问题的决心，同时也暴露出国际合作机制不够完善、缺乏危险预警和危险防控准备等方面的问题。

作为埃博拉危机应对的领导和协调机构，世卫组织采取了有史以来规模最大的应急行动。其开展的工作主要包括：一是汇集疫情数据，评估形势，进行信息通报。世卫组织通过疫情国汇报信息、派出专家组跟踪监测等措施，获取疫情数据并进行分析研判，以确定危机的严重程度和需要国际社会援助的力度，并通过多种形式向外界进行信息通报。二是为疫情国（区域）提供包括资金、人员、技术、培训等在内的各项援助。截至2015年4月21日，世卫组织累计为西非国家募集了3.32亿美元的资金，派出2013名技术专家，帮助疫情国建立5个治疗单位，并为其他组织建立埃博拉治疗单位、社区保健中心和留观中心的过程提供技术支持。三是协调各方抗击疫情的资源与行动。包括：为参与应对埃博拉疫情工作的组织和专家制定疫情应对技术文件和指南，指导合作组织开展工作；协调合作组织在疫情国开展救护工作，合理分配救助资源；协调有能力的专家和组织投入到埃博拉病毒疫苗、药物的研发中；为参与的合作组织提供包括疫苗接种、防护、交通、饮食卫生、医疗设施管理和维护以及电信和安全方面的后勤保障支持。

但世卫组织疫情解决的过程仍暴露出许多问题。如指导协调国际合作能力有限、国际援助力量的作用未得到充分发挥、危机应对初期没有做好舆论宣传工作等问题，降低了世卫组织危机应对效率，扩大了危机造成的损失。因此，应构建以危机所在国（区域）政府为主导、以国际（区域间）组织为领导、以各类国际组织为协助的危机应对合作伙伴关系网络，提升各组织的危机应对能力，建立国际合作的有效制度规范，保障跨区域公共危机应对中国际合作的有效实施。各国（区域）政府应重视危机防范，提升危机应对核心能力；提升国际（区域间）组织在危机应对中的沟通协调能力；将社会力量纳入危机应对的完整体系。

又如，全球气候问题既是环境问题，又是发展问题，其复杂性和严峻性要求联合国在全球气候治理中担负重要责任，特别是在构建专职组织机构、增进全球原则共识、促进全球多边合作等方面发挥主导和引领作用。下面就重点谈谈联合国在全球气候治理中的作用。

其一，奠定组织基础。基于《联合国宪章》的宗旨原则和全球气候治理的现实需要，联合国凭借其独特的资源调集能力和国际影响力，调整和融合原有机构职能，增设部分相关组织机构，为全球气候治理奠定了良好的组织基础。联合国参与全球气候治理的主要机构大致分为以下三类：

第一类为专职性机构，为应对气候变化专门设立的代表性机构。联合国环境规划署专注于环境领域的全球治理、气候适应、气候减缓、气候宣传以及提高公众意识、减少排放量等。1988年，联合国政府间气候变化专门委员会成立，致力于总结气候变化的科研成果，其科学评估报告及专家组会议为国际社会认识和了解气候变化问题提供了权威可靠的科学依据。联大第45届大会设立了气候变化框架公约政府间谈判委员会，为《联合国气候变化框架公约》（简称《公约》）的形成和历次气候大会的召开奠定了基础，迈出了构建全球性气候合作规制的第一步。

第二类为常设性机构，大多为联合国体系中创建较早、职能综合性较强的机构。世界气象组织、联合国开发计划署等机构成为联合国参与全球气候治理的"要员"。随着全球气候治理实践的不断开展，国际海事组织、经社理事会、可持续发展委员会等相关机构也秉持联合国的宗旨和原则，共同推动世界各国关注气候变化问题。

第三类为辅助性机构。例如，全球环境基金将减少温室气体排放作为资金使用的重要方向，旨在推动国际气候谈判合作。世界气候计划合作委员会致力于世界气候研究计划的制定、地球系统中有关气候物理过程的科研活动等。

其二，增进原则共识。全球气候治理是一个多元治理主体参与、多层次互动协作的复杂过程，联合国运用其强大的信息整合能力与舆论影响力，为世界各国在气候变化问题上达成共识进行了全局性的舆论宣传与政治动员。一方面，联合国集合全球专家学者实时、严谨地观测全球气候变化状况，调动全球科学资源开展深度研究与评估，并及时向全世界发布科学报告，成为全球气候治理最重要的权威信息提供者。另一方面，1972年的联合国人类环境会议将环境问题上升至全球政治高度，发起设立"世界环境日"倡议，每年开展一系列主题纪念活动；同时发表《环境现状的年度报告书》，并表彰"全球500佳"，在全球进行广泛宣传教育。

其三，订立国际法律文件。在国际法理基础方面，从《联合国气候变化框架公约》《京都议定书》等基础性国际法律文件的订立，到"巴厘路线图"、《哥本哈根协定》等气候治理实践协定的达成，都展示了联合国在推进全球气候治理多边机制，引领全球气候治理走向的不懈努力。1992年6月，联合国环境和发展大会通过了《公约》的开放签署决议。作为全球首个全面控制温室气体排放、应对全球气候变暖危机的国际法律文件，《公约》以国际环境政治话语对气候变化问题的相关概念进行精要解读，巩固了对全球气候变化问题的科学认识，强调各缔约方应该采取有效而适当的国际应对行动。《公约》提出应对气候变化的五项原则：共同但有区别、充分考虑发展中国家的具体需要与特殊情况、促进可持续发展、以合作促进有利和开放的国际经济体等。《公约》确定的全球气候治理最终目标是：将大气中温室气体的浓度稳定在防止气候系统受到危险的人为干扰的水平，为全球气候治理指明了方向。1997年12月，《京都议定书》作为《公约》的补充获得通过，具体规定了减排温室气体的种类、主要发达国家的减排时间表和额度等。《京都议定书》同时确立了联合履行、排放贸易和清洁发展三大机制，允许附件一和非附件一国家之间通过这些机制实现排放许可转让或购买，从而以较低成本达到减排目标。《京都议定书》将《公约》"共同但有区别"等基本原则落到实际减排任务和目标中，气候治理进程在国际规范层面又向前迈出突破性一步。如果说《公约》是全世界第一个在气候变化问题上国际合作的框架性多边条约，那么《京都议定书》就是全球第一个以条约形式要求承担保护地球气候系统义务的执行性文件，两者共同为21世纪的全球气候治理搭建起基本结构框架。由此，"公约—议定书"模式奠定了联合国参与全球气候治理的法律基石。

其四，构建长效多边机制。联合国以"公约—议定书"模式为法理基础，以世界气候大会、联合国可持续发展大会等多边谈判场所为依托，积极推动专项治理方案的落实，为全球气候治理构建多边机制。

> **你知道吗?**
>
> 《联合国气候变化框架公约》（UNFCCC）是联合国政府间谈判委员会就气候变化问题达成的公约，于1992年6月4日在巴西里约热内卢举行的地球首脑会议上通过。公约于1994年3月21日正式生效。目前，公约已拥有189个缔约国。公约第一次缔约方会议（COP）于1995年在德国柏林召开。会议通过了《柏林授权书》等文件，同意立即开始谈判，就2000年后应该采取何种适当的行动来保护气候进行磋商，以期最迟于1997年签订一项议定书。议定书应明确规定在一定期限内发达国家所应限制和减少的温室气体排放量。

首先，倡导、组织与气候变化相关的国际会议。世界气候大会、联合国人类环境会议、联合国环境与发展会议、可持续发展世界首脑会议以及可持续发展大会，都为各国探讨气候变化问题提供了平台与场所。随着气候治理进程的推进，每年世界气候大会的规模和影响越来越大。气候大会为与全球气候治理相关的各层次、各类别的治理主体提供了发声机会，会场内外的沟通、谈判、争论、交锋也深刻影响着当下应对气候变化问题的实际行为。

其次，巩固"公约—议定书"谈判框架。联合国在复杂情势下始终倡导并坚持"共同但有区别"的原则，围绕公约以及相关协定将全球气候治理主体引向多边治理机制。联合国倡导推动、开展落实的各类发展项目、专项基金等都成为全球气候治理的全局性框架载体。

最后，重视不同治理主体间的多边合作。联合国在筹办气候大会、构建气候治理多边机制的同时，十分重视提高治理各方对国际气候治理合作的长效支持。基于联合国在凝聚气候变化国际共识方面的长期努力，各类机构依托自身信息优势为气候治理建言献策，提出气候变化谈判议题，倡议发起相关国际条约。据不完全统计，在1972—2001年达成的302个与环境有关的国际条约中，至少有一半以上条约的谈判由联合国发起。

第三节　全球治理体系和治理主体的互动模式

全球治理的主体，即制定和实施全球规制的组织机构，主要有三类：（1）各国政府、政府部门及亚国家的政府当局；（2）正式的国际组织，如联合国、世界银行、世界贸易组织、国际货币基金组织等；（3）非正式的全球公民社会组织。全球治理主体的变迁对于全球治理体系的发展影响深远，该体系中的任何行为体只有明晰自身在不同领域的位置，才能更加有效地参与全球治理。

一、政府间关系

随着经济的全球化，国家间相互依存的程度越来越高，政府间的合作在绝大多数国家间已达成共识。当前，在很多领域，各国政府已能采取积极主动的方式寻求相互之间的合作以参与全球治理，如亚太经合组织、欧盟等区域一体化的不断发展就是最好的证明。但国家间依然是相互独立的个体，在国际秩序中，它们之间需要经过一系列的谈判、协商，才能最终达成协议以保证合作的顺利实施。而且，民族国家间的政治斗争和利益斗争在很多情况下阻碍了政府间合作的脚步，所以当前的政府间关系是有制约的合作关系。

二、主权国家与国际性非政府组织间的关系

非政府组织是公民自愿组成的社会团体，它的活动能力高于个人，但低于政府，使非政府组织在加强国家间民众的沟通交流、以民间外交促进官方外交等方面发挥着重要作用。非政府组织中的学术机构，通过著书立说、召开研讨会等方式影响政府决策，成为一条反映民意的重要渠道。而国际非政府组织在影响和制约国家决策，为国家间合作提供沟通桥梁等方面也发挥着独特作用。从当代非政府组织的发展来看，主权国家与非政府组织间存在着密切的关系：首先，跨国公司作为营利性非

政府组织的主要形式，对其母国和东道国以及公司所在地的国家政府的治理都有着很深的影响，而跨国公司本身也要对所在国家负一定的社会责任，其发展也要受到母国和所在国政策的限制；其次，非营利性质的非政府组织与政府的关系也十分密切，它可以给政府提供技术、信息和科学的政策建议，对政府在专业领域所开展的活动具有一定的约束力，比如政府为了社会的整体利益可能要牺牲某些群体的利益，那么就会遭到这些非政府组织的反对；再次，非政府组织在政府无力提供公共物品的方面可以辅助政府，比如非政府组织在救灾和援助方面所发挥的作用是有目共睹的，其中国际红十字会在各国发生重大地质灾害时总会及时地提供援助；最后，非政府组织虽然在社会治理中发挥着重要作用，但任何非政府组织都要受到国家法律的约束，无论是登记、注册还是开展活动，均受到政府的管制。政府与非政府组织间的关系是错综复杂的，既有合作互补，又有制约和依赖。

三、主权国家与政府间国际组织的关系

首先，主权国家是政府间国际组织权力的来源，是政府间国际组织合法性的基础。根据政府间国际组织的定义，它是由主权国家建立的，其职能范围是主权国家在国际领域的延伸，所以政府间国际组织的权力和行为能力都不是与生俱来的，而来源于其成员国的授予，是国家权力的让渡。政府间国际组织的权力来源决定了组织的运作规则：在政府间国际组织中，主权国家占主导地位，政府间国际组织所做出的决议对其成员国的内部和外部关系都有重大影响。随着全球化的发展，政府间国际组织对主权国家的制约越来越明显。从理论上来说，任何一个政府间国际组织所通过的每一项法案都对其成员国具有一定的约束力；任何一个主权国家要加入政府间国际组织，就必须放弃一定的国家权力来遵守国际组织的运行规则。主权国家需通过让渡一定的国家权力来适应国际形势的变化，参与到国际事务中去，加强与政府间国际组织内部成员国间的合作，从而保护和扩大自己的权益。

其次，政府间国际组织是国家利益的延伸。在全球化时代，全球利益往往是与国家利益紧密交织的，这也决定了在应对全球治理问题时，主权国家与国际性组织需要通力合作。尤其是在全球性危机爆发时，政府间国际组织更需要发挥其协调与润滑的作用，促进成员国之间的多边合作、互利共赢。在这个过程中，政府间国际组织实际上也在间接地行使国家权力并延伸其国家利益。

最后，主权国家在全球治理机制中不可或缺。国际性组织在全球治理中扮演着日益重要的角色，但其在特定领域对主权国家发挥影响力也面临一定的限制，但不可否认的是，各种国际性组织效用的发挥仍然离不开主权国家的支持和维护。首先，政府间国际组织基本是以主权国家作为成员展开的；其次，其内部理事会和秘书处在处理日常事务及做出重大决策时，仍需获得成员国的支持；最后，政府间国际组织的规章和决议对其成员国也具有一定的约束力。总的来说，各成员国是政府间国际组织成立和发展的基础，而政府间国际组织对其成员国具有规约的效力。

四、政府间国际组织与国际性非政府组织的关系

政府间国际组织无论是从数量还是发展时间上都不如国际性非政府组织，但两者之间却有很密切的关系：首先，跨国公司作为营利性的非政府组织的主要形式之一，也是全球治理的重要参与者，不仅要受到政府间国际组织的制约，还要受到其他非政府组织的制约。其次，一些非营利性非政府组织也可以参与到政府间国际组织的治理当中，例如世贸组织针对非政府组织参与治理就开放了三种渠道：非政府组织可以参加世贸组织的部长级会议，可以参与对特殊问题的论坛，除此之外，还可以与世贸组织进行广泛的日常接触，以增强彼此之间的合作。政府间国际组织的发展离不开国际性非政府组织的支持和参与，同时两者又有一定的制约作用。

总的来说，在全球治理中，国家行为体、政府间国际组织和国际性非政府组织之间有着错综复杂的关系，它们之间既有矛盾又有协调，既

有冲突又有互助，既相互独立又彼此合作，在公共危机管理领域更是如此。在全球治理的某些领域，主权国家仍然是主导，一些大国更是成为协调各方关系的首要力量，国际组织无法发挥重要的影响力。在一些领域，政府间国际组织具有绝对的强势地位，但是也离不开主权国家的支持，因为国际组织的权力正是国家权力的让渡，离开了主权国家，政府间国际组织就是空壳而已。而全球治理的各个方面无不透露着非政府组织的身影，它们在中间既有协调又有制约，在某些主权国家和政府间国际组织顾及不到的领域，都有它们的存在。所以我们在面对各种各样的全球性危机时，必须充分发挥主权国家、政府间国际组织、国际性非政府组织在不同层次的作用，使它们既相互合作又彼此制约，如此才能达成共识，共同治理，形成国际协作之合力。

本章练习

一、请根据本章内容以及你的理解来补全下列空格。

1. 全球治理体系的演变可分为四个历史阶段：＿＿＿＿＿＿＿、＿＿＿＿＿＿、＿＿＿＿＿＿和＿＿＿＿＿＿。

2. ＿＿＿＿＿＿、＿＿＿＿＿＿和＿＿＿＿＿＿是国际经济机制的三大支柱。

3. 全球公域是指超出单个国家主权管辖范围的、涉及全人类共同利益的公共领域，目前主要包括：公海、太空、＿＿＿＿＿＿、＿＿＿＿＿＿、＿＿＿＿＿＿等领域。

二、请简要分析下列问题并说出你的看法。

1. 试简要分析国际组织参与全球治理的局限性。
2. 根据你的判断，未来全球治理体系将会进行怎样的调整？
3. 结合国际组织的未来发展趋势，试分析国际社会应该加强哪些具体领域的治理力度和效果。
4. 根据你的理解，谈谈中国在哪些治理领域做得比较好？在哪些领域还有欠缺？

三、观看下列视频并与同伴分享你的观后感。

你知道吗？我们常因不够了解国际组织而认为它们是遥远的、疏离的，实际上，一些国际组织往往会展现出我们意料之外的有趣之处。除此之外，国际组织还能成为一段爱情故事的见证者，为自身增添一些浪漫的色彩。请观看下列两个视频并简要谈谈你的感受。

有关联合国的八件趣事：

亚太经合组织见证真爱故事：

参考书目

苏长和：《全球公共问题与国际合作：一种制度的分析》，上海：上海人民出版社，2009 年版。

杨丽、丁开杰：《全球治理与国际组织》，北京：中央编译出版社，2017 年版。

张贵洪：《国际组织与国际关系》，杭州：浙江大学出版社，2004 年版。

吴志成、董柞壮：《国际体系转型与全球治理变革》，《南开学报（哲学社会科学版）》2018 年第 1 期。

专题篇

第四章　国际组织的政治安全功能

国际恐怖主义行为是21世纪对国际和平与安全的一个最严重威胁。
——《联合国宪章》

采取有效集体办法，以防止且消除对于和平之威胁，制止侵略行为或其他和平之破坏；并以和平方法且依正义及国际法之原则，调整或解决足以破坏和平之国际争端或情势。
——《联合国宪章》第一条第一款

章节导读

★ 学习目标
- 熟知联合国在全球治理中的主体地位；
- 理解上合组织在全球治理中的核心关切；
- 了解八国集团参与全球治理的关键路径。

★ 内容概要

我们生活在一个相互依存的世界。从肆虐全球的国际金融风暴到全球气候变暖，从不断恶化的地区冲突到恐怖主义活动的泛滥……在全球化加速发展的态势下，从来没有哪个时代像当今社会这样，各国的经济、政治、安全乃至环境政策的"溢出效应"使得整个世界处于如此牵一发而动全身的地步。

从发展总趋势来看，战争曾经是国家之间解决矛盾的主要途径，而当前国际组织则成为举办国际会议进行国际斡旋的重要方式，是国际社会文明进步的重要见证。本章将结合几个具有典型意义的国际组织来分析国际组织在维护世界和平以及促进人类共同进步方面所具有的重要意义。具体而言，联合国是最具普遍性、最易实现多边主义的国际组织场所；上海合作组织是地域最广、人口最多的跨区域多边综合性安全组织；八国集团是非正式的、协调国际政治和经济的工业化国家的俱乐部。

★ 章前思考

2018年10月24—26日，第八届北京香山论坛在北京顺利举行。论坛由中国军事科学学会和中国国际战略学会联合举办，来自67个国家和7个国际组织的500余名代表围绕"打造平等互信、合作共赢的新型安全伙伴关系"这一主题展开对话交流。

目前，全球秩序继续处于转型期，地区冲突、恐怖主义威胁出现蔓延趋势。其中，恐怖主义是国际和平稳定面临的重要挑战，对恐怖主义威胁的关注已成为许多国家制定安全政策的主要战略考量。2018年10月20日，第五届东盟防长扩大会通过了关于反对恐怖主义威胁的联合声明，这充分说明了国际社会对恐怖主义威胁的清醒认识。

我们需要恢复对多边国际组织的信心，以便在共同威胁面前弥合分歧。在打击恐怖主义问题上进行合作的前提是意图透明、遵守国际准则和惯例、平等相待，以及考虑各国不同的利益。本届北京香山论坛把国际反恐的利益相关方汇聚在一起，提供了一次透明、公开、自由的探讨机会，为各国军队平等互信、合作共赢提供了平台，对促进国际反恐和世界和平有重要作用。

1. 当前国际社会正处于大发展、大变革时期，在你看来，作为"自私理性"的国家，应该秉持怎样的处世原则？

2. 作为联合国常任理事国之一，中国在全球和地区反恐中都发挥着积极而重要的作用。试结合你所了解的内容梳理中国近年来所取得的反恐成果。

第一节 集体安全思想与联合国实践

集体安全的思想是随着资本主义向全球的扩展和战争规模的不断扩大而逐渐发展起来的。从该思想形成的历史来看，其是在维护国际和平与安全的宗旨下，倡导建立一套能够在国家关系中带来理性和秩序的裁决机制。从国际政治的角度来说，联合国作为一个基于大国协调来平衡现实权力的集体安全组织，[①] 它的建立与发展符合当前全球化进程中安全整体化的客观需求。

一、集体安全思想的演变

所谓"集体安全"，是指国际社会所设想的、以集体的力量威慑或制止其内部可能出现的侵略，维护每一国家安全的国际安全保障机制；它要求各国共享安全、共担风险，以国际社会的整体安全求得各国自身的安全。[②] 从此种意义上看，集体安全倡导"人人为我，我为人人"的国际互助氛围，目的是通过充分发挥集体的力量来共同对抗破坏和平现状的侵略或战争行为。[③]

国际社会以"集体安全"代替"单独安全"是一个巨大的进步。随着东欧剧变、苏联解体、美苏对抗的结束，曾经隐藏的各种矛盾纷争及安全问题开始爆发、凸显。全球范围内除了传统军事安全以外的其他种种不安全因素不断涌现外，以主权国家安全为核心的传统国家安全观

[①] 陈晓雨：《联合国集体安全制度改革的前景探析》，《中国市场》2016 年第 5 期，第 200 页。

[②] Charles A. Kupchan and Clifford A. Kupchan, "The Promise of Collective Security," International Security, No. 20, Issue 1, 1995, pp. 52–61.

[③] 门洪华：《和平的维度：联合国集体安全机制》，上海：上海人民出版社，2001 年版，第 187 页。

也受到冲击。区别于传统安全问题的非传统安全，其主体不再局限于主权国家，而是扩大到整个世界，甚至包括个人、团体等；其内容也不仅指国家安全和军事安全，而是包括经济、能源、粮食、信息以及卫生等多方面，波及范围具有跨国性，威胁到世界各国和地区。这就需要世界各国采用多边主义的政策，相互通力合作，以对话而非武力的方式解决问题。这种新安全观也催生了"集体安全"制度。

> "新安全观"试图建立一种新的符合世界各国经济、政治、文化等各方面利益的国际新秩序，其是一种综合的、共同的、合作的安全观，倡导依靠集体的力量并通过普遍合作的方式来解决单靠个别国家无法应对的国际性问题。

所谓"新安全观"，是指"由政治和非军事因素引起的、直接影响本国甚至威胁全球其他国家和地区的稳定和发展、安全以及相关的一系列问题的一种新安全观和新的领域"。①"新安全观"在很大程度上摆脱了过去以国家安全和军事安全为核心的安全观思想，而强调各国安全共享、风险共担，以国际社会的普遍性安全求得国家安全乃至人类安全之维护，② 这就与"集体安全"的理念不谋而合，因此孕育并发扬了集体安全思想。

当然，集体安全思想并不意味着仅个别国家或某些国家的联合，而是一种"从整体角度防止或控制战争的国际制度"，是一种在由主权国家组成的国际社会中，用以控制武力的使用、保障和平的组织化措施。就这一制度的法律性质而言，主要表现为"各国共同约定：以暴力改变现状为非法并将受到外交、经济甚至军事等方面的集体制裁"。③

---

① 王帆、卢静：《国际安全概论》，北京：世界知识出版社，2010年版，第24页。
② 陈晓雨：《联合国集体安全机制改革的前景分析》，《中国市场》2016年第5期，第200—203页。
③ 任晓：《从集体安全到合作安全》，《世界经济与政治》1998年第4期，第10页。

《联合国宪章》明确规定了联合国的宗旨，其中第一点便是：维护国际和平及安全；并为此目的采取有效集体办法，以防止和消除对于和平的威胁，制止侵略行为或其他和平破坏行为；以和平方法并依照正义及国际法的原则，调整或解决可能破坏和平的国际争端或情势。支撑这种集体安全思想的是以下基本观念。

（1）所有国际争端都应得到公正、和平、满意的解决；

（2）大多数国家都倾向于和平，而非战争；

（3）只有当某一方有意采取侵略行动，因而"有罪"时，才应有战争；

（4）战争总是由故意侵略者引发的，因此其行为在初期阶段就应得到制止，否则就会蔓延、扩大；

（5）战争不管在何处发生，对所有国家都有着利害关系。如果各国能正确地理解其利益之所在，它们便会加入进来共同制止战争。

二、联合国集体安全机制的建立

第二次世界大战之后，雅尔塔体系建立并确立了国际社会的三种主要集体安全机制，即由联合国、北大西洋公约组织（以下简称"北约"）以及华沙条约组织（以下简称"华约"）这三大国际组织所构建的集体安全机制。后来，随着华约的瓦解以及北约的战略转型，联合国成为当今世界唯一具有领导地位的集体安全机制。

结合《联合国宪章》第七章"对于和平之威胁、和平之破坏及侵略行为之应付办法"以及第五章"安全理事会"的相关说明，我们可以将联合国"集体安全

"大国一致原则"是联合国安理会的一项表决原则，即任何一个常任理事国都享有否决权。根据该原则，程序事项决议的表决采取9个同意票即可通过的方式；而非程序事项（或实质性事项）的决议表决要求包括全体常任理事国在内的9个同意票。

机制"归纳为三个方面的核心内容：第一，对于是否存在任何"和平之威胁、和平之破坏及侵略行为"，判断权只属于联合国安理会；第二，当需要通过武力或武力以外的措施来维护或恢复世界和平时，决定权只属于联合国安理会；第三，由于安理会常任理事国对于非程序性事项可以行使否决权，所以任何授权使用武力或武力以外的措施以维护或恢复世界和平的决议，必须以5个常任理事国都不表示反对为前提，即所谓"大国一致原则"。[1]

联合国前秘书长科菲·安南在2006年将联合国描述为"新生的不成熟的全球性集体安全体系"。[2] 联合国集体安全机制在成立之初就凸显两种主要矛盾。一方面，它是伴随着现实主义认同的出现而产生的，即受制于大国的强权，所采取的政策也必须符合大国的利益，或至少不能直接违背它们中任何一个的利益；另一方面，集体安全机制本身就包含着一种理想化的设想，幻想着某一天联合国安理会演化为一个真正的全球性的安全事务管理机构，而不是个别大国利益的代表者。

> "我们不应该也不能让联合国衰弱下去，重蹈国联的覆辙。世界为国联的失败付出了沉重的代价，今天再也付不起类似的代价了。
> ——哈维尔·佩雷斯·德奎利亚尔

当然，联合国是在继承全球性集体安全机制理念的基础上建立的，其在成立之初便具有相对的进步性。20世纪30年代，法西斯的兴起、国联的崩塌以及第二次世界大战的爆发，这一系列事件都使得包括美国、英国以及苏联在内的决策者们下定决心要重建国际秩序，它们都希望能够在新的国际秩序中设立一个超国家的国际组织来维持国际社会的安定与和平。为了避免重蹈国联在一战结束后的覆辙，同时使新成立的国际组织发挥更大的作用，联合国的创始者们在一开始便使联合国更加具有弹性

---

[1] Arnold Wolfers, "Collective Defense and Collective Security," in Arnold Wolfers (ed.), *Discord and Collaboration: Essays on International Politics*, Baltimore: The Johns Hopkins Press, 1962, p. 45.

[2] Kenneth Anderson, "United Nations Collective Security and the United States: Security Guarantee in an Age of Rising Multipolarity," *Law Reviews & Other Academic Journals*, 2009, p. 91.

和生命力。这种进步性具体体现在如下几个方面：

首先，联合国更注重大国的权威和地位，其内含的"大国一致原则"在很大程度上提高了联合国决策的透明性和国际安全机制的有效性，构成了联合国坚实的基础，比国联更具有现实性而不是空想。"大国一致原则"还强化了大国的利益，使其紧紧团结在联合国周围，缓和了大国之间的冲突，在后来的冷战结束后仍能保持国际秩序不致被完全破坏。

再次，联合国在制度设计和构想上就比国联更具合理性和实用性，尤其是制裁侵略问题上的制裁措施、制裁机制显得更周密、完整，把制裁侵略的决定权赋予安理会，由大国一致投票决定，擅自发动战争的可能性降低甚至几乎不可能。只有通过安理会授权的联合国维和行动才是合法的，才能得到国际社会的承认，并通过《联合国宪章》将集体安全机制制度化、规范化，对于维护国际安全、稳定有着深远的意义。联合国为集体安全机制注入了新的活力，在联合国的主导下，新的国际安全保障体系得到新的发展，联合国集体安全机制得以建立。

三、联合国集体安全机制的架构

联合国集体安全机制是指在联合国主导下，根据《联合国宪章》所成立的维护国际和平与安全的机构和制度的总和，是具有典型性的符合"大国一致原则"的安全机制。该机制包括维护国际和平与安全的一般性原则、关于集体安全义务的规则及法律规范，也包括关于制止威胁和平、破坏和平及侵略行为的规则和程序，以及联合国安全系统职权责任的划分及运作机制。[①]

具体而言，可以从决策机制、维持和平行动以及裁军和军控机制等方面了解联合国集体安全机制的具体运作过程。

（一）决策机制

联合国关于维持和平与安全的决策机制包括联合国大会、安理会、

---

① 王帆、卢静主编：《国际安全概论》，北京：世界知识出版社，2010年版，第59页。

秘书长三个机构。安理会处于绝对的核心地位，其决议具有真正的法律约束力，任何联合国成员国以及非成员国都须依照遵守；大会只是起到一种辅助的作用，其职责是讨论关于维护和平与安全的任何事项，同时可以提请安理会注意足以危及国际和平与安全的情势，并受理安理会提交的相关报告。大会还负有配合和监督安理会工作的职责，其提出的决议和原则对成员国具有规范性和约束力；[1] 秘书长仅仅是发挥协调的功能，其地位和职能被规定在宪章第97条至101条中。[2]

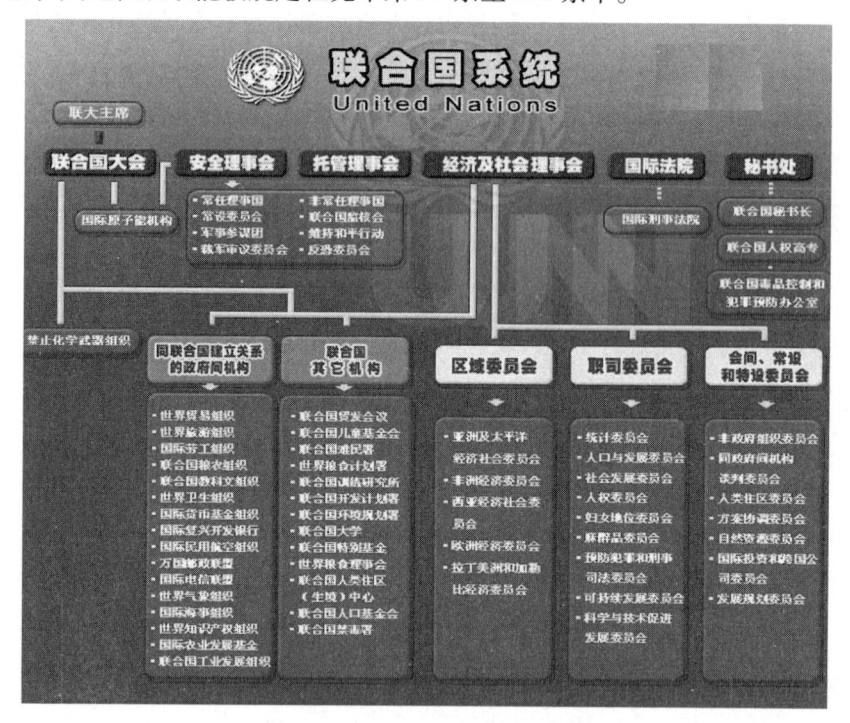

图 4—1　联合国组织架构示意图

资料来源：CRI Online 国际在线 | 新闻中心，http://news.cri.cn/gb/27824/2011/10/12/1545s3399573.htm，2018年12月访问。

---

[1]　工帆、卢静主编：《国际安全概论》，北京：世界知识出版社，2010年版，第259页。
[2]　《联合国宪章》第97条至101条 "秘书长将其所认为可能威胁国际和平及安全之任何事件，提请安全理事会注意"。"秘书长在大会、安全理事会、经济暨社会理事会及托管理事会之一切会议，以秘书长资格行使职务，并应执行各该机关所托付之其他职务。秘书长应向大会提送关于本组织工作之常年报告。"

- 联合国大会（General Assembly of the United Nations，简称联大）是联合国的主要审议、监督和审查机关，由全体会员国组成。大会在制定标准和编纂国际法方面也发挥着重要作用。大会每年9月至12月集中举行常会，并在之后视需要开会。
- 联合国安全理事会（Security Council，简称安理会）的职责是维护国家之间的和平与安全。联合国的其他主要机关只有对会员国提出"建议"的权利，而安理会则有权提出具有强制性的决议，在宪章第25条规定下，会员国必须接受并履行。安理会的决议被称为联合国安全理事会决议。
- 秘书处（Secretariat）从事联合国各种日常工作，为联合国其他主要机关服务。秘书处的职责与联合国所处理的问题一样繁多，范围从管理维和行动到调停国际争端，从调查经济问题及社会趋势到编写有关人权和可持续发展问题的研究报告等。

联合国秘书长是联合国秘书处的长官，是由安理会推荐、联合国大会指定的这一机构的"行政首长"，常被看作是"世界的总管"。依照《联合国宪章》，秘书长可以将其认为可能威胁地区甚至世界和平和安全的任何事项提请安理会关注，并执行安理会、联合国大会和其他主要机构托付的"其他职务"。

表4—1 历届联合国秘书长

历任	名字	国家	上任时间	离任时间
第一任	特里格韦·哈尔夫丹·赖伊	挪威	1946年2月2日	1952年11月10日辞职
第二任	达格·哈马舍尔德	瑞典	1953年4月10日	1961年9月18日死于任上（死于坠机事件）
第三任	吴丹	缅甸	1961年11月30日	1971年12月31日
第四任	库尔特·瓦尔德海姆	奥地利	1972年1月1日	1981年12月31日
第五任	哈维尔·佩雷斯·德奎利亚尔	秘鲁	1982年1月1日	1991年12月31日

续表

历任	名字	国家	上任时间	离任时间
第六任	布特罗斯·布特罗斯-加利	埃及	1992年1月1日	1996年12月31日
第七任	科菲·安南	加纳	1997年1月1日	2006年12月31日
第八任	潘基文	韩国	2007年1月1日	2016年12月31日
第九任（现任）	安东尼奥·古特雷斯	葡萄牙	2017年1月1日	

资料来源：Dag Hammarskj? ld Library,"Who Is and Has Been Secretary - General of the U-nited Nations?", http: //ask. un. org/faq/14625 , 2019年8月16日访问。

联合国关于维护和平与安全的决议及行动需要通过这三个机构相互配合、相互协作才能有效地达成共识并且得以实施。首先，行动的决议需要通过召开联合国大会来商议，由大会主席召集和主持。联合国大会一年一次，由9个理事国代表以及各成员国委派的政府代表参加。同时，安理会在必要时也可以召开单独会议，而且是经常的、不间断的。此外，安理会同样可以在自行决定开会时间的前提下召开一年两次的定期会议。紧接着，由秘书长负责拟定会议临时议程。临时议程要经过享有表决权的会员国过半数表决后才能成为正式议程。正式议程过后则是一般性辩论。一般性辩论作为前期阶段，是联合国大会讨论和处理重大问题的重要准备。接下来，联合国大会针对列入正式议程的事项进行讨论、审议。然后，各国开始讨论决议草案，提出意见或建议并最终形成决策。最后是表决制度，联合国关于和平及安全的有关事项实行的是"一国一票原则"，程序性事项决议需要9个理事国投票赞成通过，非程序性事项则需要9个理事国的赞成票，包括5个常任理事国的同意票才能通过。所谓常任理事国的否决权，其实是遵循了"大国一致原则"，这样通过的决议就包含了五大常任理事国的意志和利益。决议一旦通过立即具有法律约束力，各方包括成员国和非成员国都必须遵照和执行。

(二) 维和机制

联合国维持和平行动是第二次世界大战后的新生事物，《联合国宪章》本无明文规定，是联合国在处理国际上各种争端的实践过程中发展起来的，介于和平调解与运用武力间的一种辅助措施，主要包括部署军事观察团和维持和平部队。[1] 其目的是为了缓和与制止地区冲突，防止局部争端威胁扩大化，维持和平、建立和平和缔造和平。由联合国安理会或大会通过决议，并经当事国同意后派军事部队或观察员部队前往冲突地点，其任务和职责视具体情况而定。[2]

维和行动主要是在遵循《联合国宪章》关于和平解决国际争端的前提下，由联合国领导的非军事行动，是一种政治行为。维和行动必须遵循相关国际法中的基本原则和习惯，不能借助军事手段干预他国内政，要在尊重他国主权的范围内进行维和行动的部署和实施。它有利于世界和平与稳定，在防止局部冲突扩大化方面起到积极作用。自从1948年第一次对巴勒斯坦停战派遣监督组织以来，联合国维持和平行动已经进行了大大小小60余次，截至2006年6月30日已有15个现行的维持和平行动。

联合国向全世界很多地区和国家都派遣过观察团或特派小组，对这些地区的冲突起到缓和与遏制的作用，维和部队也大多履行了其职责。冷战结束后，联合国的维和行动已从传统方式向新的方式转变，从处理国际冲突逐渐向处理国内冲突转化。维和部队不仅履行军事职责，维持停火，监督撤军，而且更多地负责解散一国国内非法武装力量，帮助组建国家正规军队，安顿战后人员。[3]

由于维和行动性质的转变，维和行动自身也日趋复杂化，特别是各种非正式维和力量的加入，无疑给维和行动的实施和管理增加了难度。

---

[1] 王杏芳：《联合国重大决策》，北京：当代世界出版社，2001年版，第55页。
[2] 刘恩照：《联合国维持和平行动》，北京：法律出版社，1999年版，第8页。
[3] 盛红生：《联合国维持和平行动法律问题研究》，北京：时事出版社，2006年版，第57页。

非正式维和力量是一把双刃剑，既能更好地整合维和行动的资源，弥补联合国单一维和行动的不足，但也在一定程度阻碍了维和行动的展开，加上大国单边主义的盛行，联合国维和行动的正常运转也受到牵制。除此之外，维和行动还面临其他挑战和困境，诸如对维和行动法律根据的质疑、秘书长权限问题、维和行动经费和资源缺乏以及维和人员的安全风险等，这一系列问题都严重影响了联合国维和行动作用的有效发挥。[①]

(三) 裁军和军控机制

在国际安全中，军事安全在传统意义上仍然是重要的安全领域。国家作为最为重要的安全行为主体，往往将一国的军事安全放在核心地位，其受重视程度可能超过政治、经济等其他领域。政府作为国家的最高统治机构，其国内职能主要是维持国内和平与秩序，制定法律和发布政策；而外部职责则是通过完备自身军事实力，提高军事防御能力，以抵抗外来入侵，保卫本国的主权和领土完整。很显然，在传统上，衡量一国国力的标准在很大程度上取决于国家的军事实力。无论是一战、二战还是冷战时期的美苏，几乎都以军事实力作为竞争的砝码。同时，现实主义认为，由于国际社会处于一种无政府状态，各国相互不信任和处于敌对状态，所以出于对自身安全的考虑，它们必须积极地扩充自身的军事实力来实现自身生存和安全的目标，这就是所谓的安全困境。[②]

安全困境的逻辑思维导致国家拥有过度的军事力量，积极参与军备扩张和竞赛，威胁国际安全的因素由此不断增加，各国会越发感到不安全，而后又继续扩充军备再次引起不安全因素增多，累积到一定程度就会引发世界性战争，而这些都将恶化国际安全环境。

---

① 赵磊、高心满等：《中国参与联合国维持和平行动的前沿问题》，北京：时事出版社，2011年版，第231页。

② ［俄］B. M 库拉金，纽菊生、雷晓菊译：《国际安全》，武汉：武汉大学出版社，2009年版，第348页。

第二节　区域安全联盟与上海合作组织

一、区域安全机制

二战结束后，国际社会出现了70余年的"长期和平"。但这种所谓的"和平"，实际上是以美苏紧张对峙、核武器的发明及扩散、全球军备水平大幅升级作为背景而出现的。因此，它非但没有使世界变得更加"和平"与"安全"，相反却使得安全危机问题更为突出。

这种突出的问题一方面表现在安全观念上，即传统以国家为中心的军事安全观被打破，一种"扩展了的安全观"被越来越多的人认可和接受。人们开始意识到，没有整个人类的共同安全，单个国家的安全是较为脆弱和没有保证的。另一方面则表现在实现安全的手段上。"新安全观"的概念逐渐扩大和深化后，包含了经济、社会、环境、政治和军事等不同门类的安全，使得该问题变得更加复杂和棘手，已经远远超出一个国家能力所能解决的范围。因此，安全机制作为中观层次解决方案中最具影响的流派之一，得到学界人士更多的关注。

> 安全机制是指国家这一行为者在双边或多边军事关系上或在某个全球共同关注的特定安全问题上达成的相互遵守的协定与规则。
>
> 安全机制的确立并不必然仰赖成员在制度或价值观等方面的一致，与之相反，它常常是在对立的政治世界中寻求对威胁和武力使用的约束与控制。

自19世纪初拿破仑战争结束以来，人类发展史上的第一个安全机制"欧洲协调"应运而生，它所确立的谈判制度和协商精神成为之后各个安全机制所遵从的标准。无论是国际联盟、联合国、北大西洋公约组织、华沙条约组织、欧洲安全合作会议还是上海合作组织，这些安全机制大体都是在"欧洲协调"确立的原则上构建的。尽管这些安全机制存在一定的局限性和不完善，但它们在不同历史时期对维护世界和地区和平都曾发挥了重要的作用。①

与此同时,学者们也从不同的视角丰富着区域安全的内涵。"现实主义"学派强调国家权力尤其是大国权力的作用和国家之间的竞争关系,其关注点依旧放在传统安全领域的军事安全上。因此,其将"区域安全"定位为受到来自一个独特地理区域的一种或更多的外部性持续影响而构建的安全秩序。基于这种理论,构建区域安全将会采用"五种模式或范例",即权力抑制(均势、霸权、联盟)、大国协调、集体安全、多元安全共同体与一体化。

"新自由制度主义"更加关注相互依存和制度构建,强调国际行为体间相互依存程度的加深将导致对区域合作乃至区域制度的需求日益增加。

有别于上述两类观点,"建构主义"者更强调观念的作用,认为结构性因素对区域秩序的决定作用有限。他们坚信,行为主体认同、信任与共识等主体间因素、规则社会化作用以及国家间安全合作关系等,有效决定了区域秩序的独特形式。

随着区域主义与安全区域化的纵深发展,"哥本哈根学派"将分析领域宽泛化的方法与"社会建构主义"的方法进行结合:一是将原本进行安全分析的单位从军事—政治—分析单位向由军事、政治、经济、社会与环境组成的五大领域转化;二是将安全体基本结构中的敌对与友善模式这种由主观作用指导的"观念的支配"结构,过渡到一种实质性"主体间性"② 安全化过程,从而形成"超越古典复合理论安全"的安全认知。

二、上海合作组织的诞生与发展

上海合作组织(Shanghai Cooperation Organization)是由中国、哈萨克斯坦、吉尔吉斯斯坦、俄罗斯、塔吉克斯坦、乌兹别克斯坦于

---

① 许正:《大湄公河次区域安全机制构建研究》,苏州大学2017年博士学位论文,第1页。
② 所谓"主体间性",即行为主体之间以及行为主体内部基于安全主体认知共享程度的互动行为。

2001年6月在中国上海成立的永久性政府间国际组织，也是第一个以中国城市命名的国际组织。

2015年7月10日，上海合作组织成员国元首理事会第15次会议在俄罗斯乌法举行，乌法峰会通过了关于启动接收印度、巴基斯坦加入上合组织程序的决议。

2017年6月1日，中国外交部发言人华春莹在例行记者会上表示，印度和巴基斯坦将在阿斯塔纳上合组织峰会上成为正式成员。这是上合组织自2001年成立以来首次扩大。目前，上海合作组织已成为人口最多（人口规模占全球40%）、地域最广（涵盖中亚、南亚、西亚、东南亚）、潜力巨大（经济规模占全球20%）的跨区域多边综合性组织，① 为维护地区安全稳定、促进共同发展繁荣做出重要贡献。

> 上海合作组织的前身是"上海五国"会晤机制。其宗旨是：加强成员国之间的互相信任与睦邻友好；鼓励成员国在政治、经济、科技、文化、教育、能源、交通、环保和其他领域的有效合作；联合致力于维护和保障地区的和平、安全与稳定；建立民主、公正、合理的国际政治经济新秩序。

纵观上海合作组织成立18年的发展不难发现，其在制度化的道路上也取得了长足进展。制度化程度的提高能够显著地增强上合组织的有效性，同时为该组织在多边安全领域合作中发挥效力奠定坚实的基础。

无论是处于萌芽初期还是当前深入推进时期，上海合作组织都呈现出较为稳定的发展态势，并在这一过程中逐渐形成独具特色的内部合作机制。这一机制发展到如今已经十分完善，主要包括会议机制（国家元首会议、政府首脑会议、外长会议、各部门领导人会议）、常设机制（秘书处、地区反恐怖机构）、专业机制（观察员代表团、银行联合体、实业家委员会、上海合作组织论坛）以及对外机制（观察员国、对话伙伴国）。②

---

① 冯峥、薛理泰：《逆向"外溢"：上海合作组织的安全合作与扩散》，《西安交通大学学报（社会科学版）》2019年1月，第1—8页。

② 范宝权：《上海合作组织中的共同利益因素》，《江南社会学院学报》2016年第2期。

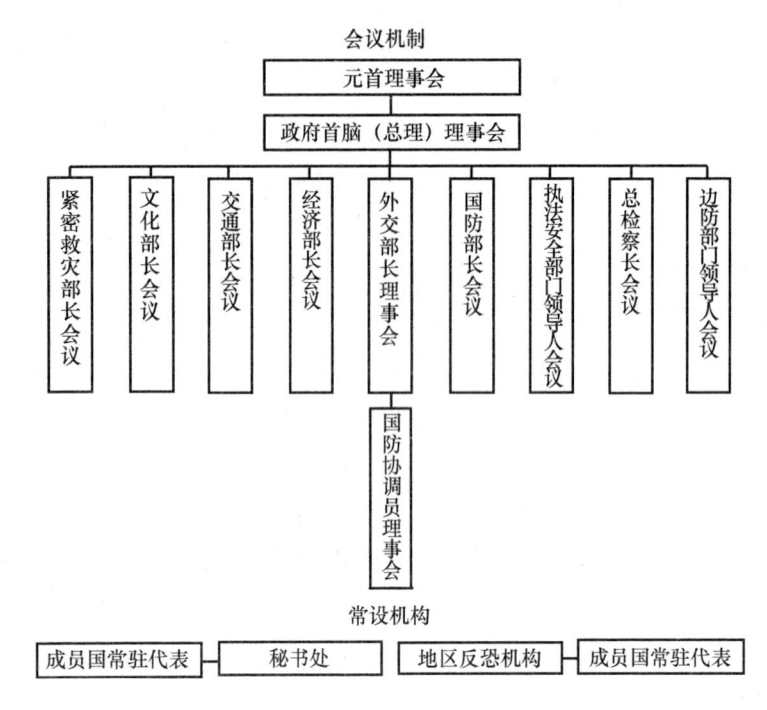

```
                          会议机制
                         ┌─────────┐
                         │ 元首理事会 │
                         └─────────┘
                              │
                    ┌──────────────────┐
                    │ 政府首脑（总理）理事会 │
                    └──────────────────┘
```

紧密救灾部长会议 ｜ 文化部长会议 ｜ 交通部长会议 ｜ 经济部长会议 ｜ 外交部长理事会 ｜ 国防部长会议 ｜ 执法安全部门领导人会议 ｜ 总检察长会议 ｜ 边防部门领导人会议

国防协调员理事会

常设机构

成员国常驻代表 — 秘书处   地区反恐机构 — 成员国常驻代表

图4—2　上海合作组织框架图

资料来源：上海合作组织秘书处网站，参考自 http: //intl. ce. cn/zhuanti/2013/shzz/bjkkshzzjs/201309/04/t20130904_ 1366987. shtml，2019年8月20日访问。

　　任何组织都需要有一定的机构才能运转起来，才能为成员国提供交流、议事和决策的场所及渠道。机构的职能则表现为各机构在组织正常运转过程中的工作分工和工作职权。

　　依据职能划分，现代国际组织的机构一般分为五类：议事与决策机构、执行与主管机构、行政与管理机构、辅助工作机构和司法机构。议事与决策机构一般称为大会、国家元首或政府首脑会议等，是组织的最高权力机构，负责全面工作，就重大问题做出决策。执行与主管机构一般称为委员会、理事会、董事会、执行或协调委员会、执行局等，负责具体处理组织承担的专业性问题，为议事与决策机构的工作做先期准备并具体执行其决定。行政与管理机构经常被称为秘书处，其负责人被称为"秘书长"或"总干事"等，负责组织运转的所有后勤事务，向组织

> 提供各项活动的管理服务，并执行各机构制定的方针政策，落实各机构制定的各项活动计划或方案。司法机构在组织中负责审议和处理本组织的各类法律问题，通过司法手段解决国际争端。辅助工作机构是为实现组织的目标、完成各机构职能而根据组织文件设立的从事辅助性质工作的机构，主要表现为各类工作小组或专家组。

上海合作组织各成员国在经济、政治、国家安全以及人文交流等方面都具有或多或少的共同利益，这使得各个国家不断加强相互间的合作，但这种合作并不是随意、无序的，而是建立在一定机制框架内的合作。[①] 上海合作组织成员国所处的中亚地区的政治、宗教、社会文化等情况十分复杂，国家之间也存在一定程度的分歧，但基于合作的前提，各成员国试图通过谈判、沟通、互动等更为高效的方式形成共同的意见，在共同利益的基础上强化国家之安全。

上合组织的制度化进程包括法律原则的出台、制度精神的深化、人员机构的常设化以及组织活动的多样化四个方面。

第一，上合组织出台了一系列声明、宣言及协定。2002 年 6 月 7 日，"上海五国"及乌兹别克斯坦六国签署了《上海合作组织宪章》，明确了组织的基本宗旨与共同原则、合作的基本方向、组织的框架机构；规定了组织的经费来源、成员国的资格、决议程序、执行决议等各个方面的重要内容。此后，六国又陆续签署了一系列具体的协定，如《关于地区反恐怖机构的协定》（2002 年）、《上海合作组织成员国多边经贸合作纲要》（2003 年）、《上海合作组织成员国关于举行联合军事演习的协定》（2007 年）、《上海合作组织成员国政府间国际道路运输便利化协定》（2014 年）、《上海合作组织成员国边防合作协定》（2017 年）等。18 年来，上海合作组织认真遵循这些具体协定，并在组织内部构

---

① 李本、王婉琪：《"一带一路"框架下上海合作组织职能转变及再开发》，《海外投资与出口信贷》2018 年第 1 期，第 46 页。

建起不结盟、不对抗、不针对第三方的建设性伙伴关系。这是国际关系理论和实践的重大创新,为地区和平与发展做出新贡献。

第二,"上海精神"成为上合组织的精神理念。"上海精神"的核心是"互信、互利、平等、协商、尊重多样文明、谋求共同发展",其实质是不结盟、不针对第三方和对外开放。"上海精神"的渊源来自于和平共处五项原则,《上海合作组织宪章》在"原则"一条中明确提出成员国所坚持的原则:相互尊重国家主权、独立、领土完整及国家边界不可破坏,互不侵犯,不干涉内政,所有成员国一律平等。习近平在讲话中也提及"上海精神":"'上海精神'是我们共同的财富,上海合作组织是我们共同的家园。我们要继续在'上海精神'指引下,同舟共济,精诚合作,齐心协力构建上海合作组织命运共同体。"[①] 这一精神试图超越意识形态的对立,摒弃冷战思维,将各国的发展和利益需求作为合作的基础。

第三,上合组织实现人员机构的常设化。2004年1月,上海合作组织常设机构——"秘书处"和"地区反恐怖机构"分别在中国首都北京和乌兹别克斯坦首都塔什干正式启动。在2004年6月的塔什干峰会期间,上合组织的地区反恐机构正式挂牌。常设机构建立后第一年,6个成员国就"为支持常设机构的运转缴纳了350万美元,其中,中俄各认24%,哈萨克斯坦21%,乌兹别克斯坦15%,吉尔吉斯斯坦10%,塔吉克斯坦6%"。[②] 按照上合组织的规定,秘书长每届任期3年。自2004年至2018年,上合组织的5任秘书长依次为来自中国的张德广(2004—2006年)、来自哈萨克斯坦的博拉特·努尔加利耶夫(2007—2009年)、来自吉尔吉斯斯坦的穆拉特别克·伊马纳利耶夫(2010—2012年)、来自俄罗斯的德米特里·梅津采夫(2013—2015年)以及来自塔吉克斯坦的阿利莫夫·拉希德(2016—2018年)。历任

---

① 习近平:《弘扬"上海精神" 构建命运共同体》,《人民日报》2018年6月11日,第3版。

② 王晨星:《美国对上海合作组织的最新认知及原因》,《俄罗斯学刊》2018年第6期,第22—37页。

秘书长的顺利交接也体现出上合组织制度化程度的提高。

第四，上合组织实现了组织活动的多样化，包括各国各级领导间的会晤、专家论坛和反恐演习等。从"上海五国"时期开始，国家元首会晤即成为上海合作机制最基本、最核心的形式。自成立起，上合组织就开始举行理事会会议。按照规定，"理事会会议视需要举行，由理事会轮值主席召集，每年不少于3次，每次会议不超过3天。会议的时间、地点、议题和组织形式，一般应在会议举行前10天通过外交渠道并在协商一致的基础上确定"。[①]

各成员国的政府总理、外交部长、国防部长、安全执法部门领导人、最高检察长、海关总长、边防部队领导人等多层次的会晤协调已形成规模，并在一些重要的部门间建立了定期会晤的正式机制。各成员国的地方政府也积极参与组织活动，建立了从中央到地方的多层次互动机制。组织活动的多样化推动了成员国之间的人员交流，尤其是高级别政府部门官员之间的交流与沟通，这推动着上合组织更好地发挥在地区合作中的作用。

习近平主席在上合组织青岛峰会上的讲话中提出，要继续弘扬"上海精神"，齐心合力构建上合组织命运共同体，从而为建设新型国际关系贡献"上合智慧""上合方案"，即要凝聚团结互信的强大力量，筑牢和平安全的共同基础，打造共同发展繁荣的强劲引擎，拉紧人文交流合作的共同纽带，共同拓展国际合作的伙伴网络。[②]

三、上海合作组织在区域安全上发挥的作用

18年来，上合组织召开的每一次峰会及其所通过的各类决议、公约和发表的宣言、声明等，都印证着上合组织的成长与发展足迹，都彰显了其互利共赢的合作理念和巨大的发展潜力。

[①] 《顺应时代潮流 弘扬"上海精神"：上海合作组织文献选编》，北京：世界知识出版社，2002年版，第20页。

[②] 王芳、孙力：《访上海合作组织秘书处》，《人民日报》2006年6月16日，第5版。

维护地区安全稳定是上合组织合作的优先方向。18年来，上合组织安全领域的合作从最初的打击"三股势力"逐步扩展到战略安全、防务安全、执法安全、信息安全、禁毒、军事演习、武器应用、联合指挥、运输演练、统筹协调和打击跨国有组织犯罪等多个领域，合作领域不断扩展，合作力度也不断加大，为维护本地区和平与稳定做出突出贡献。[1]据公安部国际合作局提供的信息，这些年通过加强安全合作，上合组织成员国共制止了数百起恐怖袭击案件，抓捕了大批国际恐怖组织成员，缴获了大量枪支弹药、爆炸物，摧毁了很多本地区内的武装分子培训基地。上合组织的可持续发展与其一直以来有效的安全合作密不可分。

"安全是发展的前提。没有安全，发展无从谈起。"上合组织的合作"安全为先"，也是习近平主席多年来一直强调的基本主张。上合组织青岛峰会赋予上合组织安全合作以新的内涵，新形势下上合组织安全合作的号角已经吹响。习近平在与上合组织成员国领导人共同会见记者时的讲话中指出，"安全是上海合作组织可持续发展的基石"；在青岛峰会上的讲话中提出，"要践行共同、综合、合作、可持续的安全观"，要"筑牢和平安全的共同基础"。[2]

习近平主席上合组织新安全观的核心，是强调新时期要把握安全合作战略方向；秉持共同、综合、合作、可持续安全观，实现普遍安全；加强安全合作行动能力和维稳能力建设；筑牢和平安全的共同基础，推动上合组织安全合作迈上新台阶。今后，上合组织的重要任务是践行习近平主席提出的新时期上合组织新安全观，进一步深化安全领域合作。

一要注重继续夯实上合组织可持续发展的安全基础，不断丰富安全合作内涵，创新安全合作方式，有效应对安全挑战和威胁，确保新时期安全合作的不断深化。

二要贯彻落实青岛峰会通过的上合组织2019—2021年打击恐怖主

---

[1] Albert E. The Shanghai Cooperation Organization. October 14, 2015, http://www.cfr.org/china/shanghai-cooperation-organization/p10883, 2019年8月16日访问。

[2] http://www.xinhuanet.com/world/2018-06/10/c_1122964503.htm, 2019年8月16日访问。

义、分裂主义和极端主义合作纲要及其他相关的重要合作文件，聚焦影响地区安全的主要威胁，继续精准发力，进一步强化安全领域的务实合作。一方面，加强防务和执法等安全领域的合作；另一方面，促进阿富汗和平重建进程，为此要充分发挥"上海合作组织—阿富汗联络组"的应有作用，切实承担维护本地区和平安全稳定的重任。

三要强化上合组织的安全执法能力建设，并推动形成完备的执法安全合作法律基础。要建立健全安全合作机制，完善上合组织安全部门的会晤机制，开展一系列反恐联合演习和网络反恐联合演习。

四要防范极端思想的传播，采取相应的措施促使上合组织成员国广大青年树立正确的价值观念，自觉抵御极端思想的侵蚀。

中亚地区地缘政治复杂、文化多样、民族和历史问题相互交错，在以往上海合作组织的安全合作方面，各国关注的焦点依然停留在传统的安全领域，主要体现在以下三个方面：一是解决传统的军事安全问题。2017年上海合作组织元首理事会第17次会议召开，各国参会代表共同签署了《反极端主义公约》，进一步完善了上海合作组织安全合作领域的必要法制建设。二是在领土与军事争端的解决方面，依托各方签订的《上海合作组织成员国边防合作协定》《上海合作组织成员国长期睦邻友好合作条约》等，能够通过协商谈判的方式予以解决，维持了这一地区的基本稳定。[1] 三是在安全合作法律和机制构建方面，签订了《反恐怖主义公约》《上合组织成员国元首关于构建持久和平、共同繁荣地区的宣言》、关于应对毒品问题的声明，构建起较为完善的组织运作保障机制。

在"一带一路"所面临的安全问题中，有很多具有跨国家、跨地区乃至全球性的特点，如恐怖主义、毒品问题、难民问题、海上安全问题、气候变化问题等，这些问题的解决具有长期性、持续性、专业性、

---

[1] 王术森：《"一带一路"沿线地区的主要安全问题研究》，兰州大学2018年硕士学位论文，第48—65页。

复杂性的特点。[①] 由此亟需解决：一是各方要秉持协同共进、互利共赢的合作理念，构建及充分发挥地区反恐怖机构执行委员会的作用，严厉打击出现在区域范围内的三股势力；二是本着平等互利的原则，综合运用各国的优势搭建数据共享平台，做到安全领域信息的互通有无；三是在争端解决机制方面，要依托"一带一路"视域下其他领域内的友好合作趋势，通过协商谈判的方式解决争端，实现安全领域合作的深入推进。

第三节 国际协调机制与八国集团

国际货币基金组织、世界银行、世界贸易组织甚至联合国内批准采取的政策，正是在八国集团会议期间，特别是在筹备八国集团首脑会议期间形成的。

——雅克·阿塔利

国际机制（international regimes）可以宽泛地界定为存在于每一个国际关系实际领域的"模式化行为"，也可以较为狭义地界定为能在确定的活动中支配行为者行动的"社会制度，即在一个给定的国际关系领域使行为者的预期汇聚并有助于协调它们的行为的一系列含糊或明确的原则、规范、规则和决策程序"。

国际协调机制是一个包含诸多层次的规范体系。从财政政策协调到应对全球金融危机，从全球环境保护到国际人权保护……各种国际协调机制在国际事务中发挥着越来越重要的作用。在这其中，八国集团无疑是最为引人注目的。

八国集团（Group of Eight）是指由八大工业国——美国、英国、德国、法国、日本、意大利、加拿大及俄罗斯组成的联盟。八国集团并非一个严密的国际组织，最初只是西方发达国家协调经济政策的会议，也曾被称为"富国俱乐部"。

[①] 徐润喆：《"一带一路"背景下上海合作组织发展现状及对策》，《开封教育学院学报》2018年第3期。

经过多年的发展，八国集团的协调议题不断拓展，协调功能日益机制化，已经成为一个以首脑峰会为核心，辅之以部长级、首脑私人代表、专家工作组会议机制的，应对全球重大经济、政治、安全乃至公共问题的强有力的国际协调机制。

随着二十国集团架构的日趋成熟，同时为了彰显新兴工业国家的重要性，二十国集团成员国的领导人于2009年宣布该组织已取代八国集团而成为全球经济合作的主要论坛。2014年3月25日，白宫宣布，奥巴马和七国集团其他国家领导人已决定，将暂停俄罗斯八国集团成员国地位。[①] 虽然如此，八国集团作为政府间经济政治性国际组织，仍然凭借其成员国在政治、经济、军事方面的实力，在全球发挥着重要的国际协调作用。

相比其他国际协调机制主要依照事先确定的规则，通过投票对某一具体国际事务做出协调决策，八国集团更注重在重大决策前形成基于共同利益的基本共识。它通过议题设置，提出决策建议，明确规则制定，并引导围绕在其周围的国际协调机制网络或执行其所形成的决策建议，或推动它们按照八国集团所确立的规则做出决策。这种在世界主要大国共识基础上形成的国际协调机制"软框架"，在当今国际舞台上发挥着至关重要的协调作用。它的形成既是当今国际协调机制变迁的必然结果，更是国际事务相互依存、日益发展的客观需要。同时，八国集团在国际协调机制中的"决策核心圈"作用，也成为当下中国崛起以及更深层次融入国际体系，参与重大国际事务决策时必须直面的外交课题。

一、八国集团国际协调机制的运作

作为一个汇聚当今世界政治、经济、军事力量都名列前茅的8个最强大国家的国际机制，八国集团为了保障自身安全，维护世界和平，对

---

① 《特朗普呼吁让俄重返G7，欧洲盟友和俄罗斯齐说No》，环球网新闻，http://baijiahao. baidu. com/s? id=1602759010038107886&wfr=spider&for=pc, 2019年2月访问。

国际政治领域内的诸多问题给予了高度关注，其议题覆盖了从西方民主和价值观认同到整合俄罗斯，再到发展中国家的人权问题等不同的领域。

（一）七国机制扩员

20世纪70年代中期，原本内部矛盾重重的西方七国——美、英、德、法、日、意、加，为共同应对残酷的冷战格局以及第一次石油危机而组成七国集团（Group of Seven）。七国集团是八国集团的前身（1997年俄罗斯的加入使其转变为八国集团）。

自七国集团诞生之日起，苏联一直对其持强烈批判的态度，但是随着戈尔巴乔夫"外交新思维"的出现，苏联对其的看法发生了巨大的改变。外交新思维试图把所谓的"全人类利益和价值"作为判断国际事务的标准，认为应该坚决抛弃所谓的"资本主义总危机"理论，因为资本主义并未像过去预料的那样迅速走向衰亡，相反，它还有其生存的理由和能力。在这种情况下，社会主义体系和资本主义体系由于"属于一个整体的世界，而且这个世界的特点是越来越相互依存、相互联系和统一"，因此两者是一种辩证统一和矛盾的关系，并且"有着就其内容来说十分相似的进程"。

此外，全球化的快速发展以及1991年冷战的结束，使得七国集团所需要协调的事务范围及领域不断扩大。在这七个工业大国都感到力不从心的情况下，再吸收一个像俄罗斯这样的大国就成为一个一举多得的选择。一方面，吸纳新成员可以更有效地发挥集团在全球治理中的协调功能；另一方面，在推进并主导全球化的进程中，老牌大国俄罗斯也可以对新兴大国形成某种制约。

1994年的那不勒斯峰会上，七国集团吸收俄罗斯为外交政策讨论的完全成员国，参加最后一天的"政治八国"首脑峰会。叶利钦对"7+1"模式甚为满意，但他希望尽早参加七国集团所有问题的讨论，创建一个完整的八国集团。1998年的伯明翰峰会上，俄罗斯作为八国集团完全成员国，参与了所有议题的讨论。但七国集团机制继续发挥作用，每年数次的七国集团财长会议仍将俄罗斯排除在外。

2002 年加拿大八国首脑会议发表正式声明，正式接纳俄罗斯为八国俱乐部成员，并邀请俄罗斯作为主席国承办 2006 年的八国首脑会议。与此同时，宣布"七国集团的会议形式将在 2005 年峰会后停止存在"。作为一项"历史性的决定"，八国集团的这一声明显示在整合俄罗斯方面已取得阶段性胜利，经过这一整合，俄罗斯与七国集团关系已经发生质的"飞跃"。2006 年 7 月 15 日，首次由俄罗斯主办的八国集团首脑峰会在圣彼得堡拉开帷幕。如果从苏联领导人戈尔巴乔夫 1989 年 7 月 14 日首次致信七国集团表示希望与其建立正式联系算起，在长达 17 年的漫长等待后，俄罗斯终于实现完全融入"西方"的阶段性目标。[1]

(二) 八国集团的组织架构

从最初的"图书馆小组"到六国首脑的"炉边谈话"，从 1976 年确定由成员国轮流承办"首脑峰会"，再到 1998 年俄罗斯成为正式成员国，八国集团机制经历了一个逐步机制化的过程，并形成一套较为完整的"同心圆"组织架构。

八国集团组织架构的机制化有效保证了其协调功能的充分发挥。从其内部看，八国集团组织架构如下：

第一层：核心决策层——首脑峰会。首脑峰会是八国集团国际协调机制的核心和主体。自 1975 年该集团成立以来，首脑峰会每年召开一次，由各成员国轮流承办。这种连续性特点保证了八国集团可以在广泛的领域内讨论问题，而不像其他国际机构那样时刻面临着决策的压力。除此之外，八国首脑峰会还采取私人化模式，具有"反机构"倾向。它没有具体的章程或协议，不设总部或秘书处。会议辩论的程序是非正式的。此外，参加人员范围严格限于各国首脑，因此主要采取私下和个人会晤的方式。私人交换意见就意味着保密，且每人只从本国利益出发

---

[1] 王道云:《八国集团国际协调机制研究——基于国际协调机制"软框架"的视角》，华东师范大学 2009 年博士学位论文，第 112—152 页。

```
        专家工作组会议
         首脑私人代表会议
          部长级会议
           首脑峰会
```

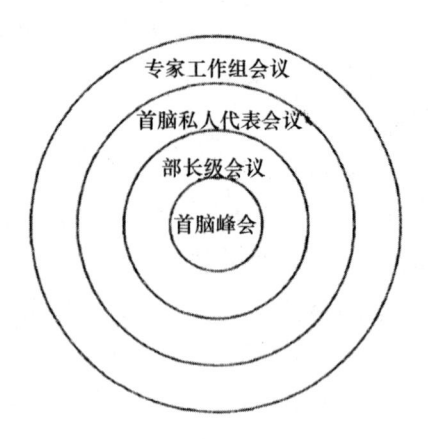

图4—3　八国集团内部组织架构

王道云：《八国集团国际协调机制研究——基于国际协调机制"软框架"的视角》，华东师范大学2009年博士学位论文，第77页。

陈述意见，并不代表其他国家的利益。其特有的最高权威性，使得首脑峰会只要彼此同意就可以对国际政治、经济、安全等特定问题产生决定性影响。这种非机构化的特点既使首脑会议不同于其他国际协调机制，也使其在寻求信息交换和制定政策纲领方面具有独到之处。

第二层：次核心层——部长级会议。首脑会议机制的正式化、精致化将不可避免地带来其他相关科层的机制化。[①] 相对于首脑会议的决策作用，部长级会议的职能更多地体现在协助首脑完成决议磋商、起草，并在一定程度上履行决议，协调八国集团与其他国际组织等工作上。因此，部长级会议在八国集团协调机制中占有极其重要的地位。

第三层：次外层—首脑私人代表。八国集团区别于其他国际会议体系的一个非常明显的特征，就是首脑指派的私人代表在峰会筹备过程中一直扮演着重要角色。八国集团没有常设机构，因此各国首脑通常指派私人代表保持常年事务性沟通并进行峰会准备工作。私人代表由首脑亲

---

① Robert D. Putnam & Nicholas Bayne, *Hanging Together: The Seven Power Summits*, Harvard University Press (Cambridge, Mass), 1987, p. 54.

自指定，并直接为其服务和负责，能在很大程度上避免来自政府官僚机构的干扰，提高首脑峰会的效率。私人代表一年中见面若干次，准备议程，为即将到来的峰会撰写公告草案。

第四层：最外层——专家工作小组。八国集团设立专家工作小组的初衷是处理那些需要较强专业知识，同时需较长时间谈判才能达成一致意见的问题。这些专家工作小组的成员主要由政府官员组成，任务是对相应的具体问题进行资料收集和研究，提出相应的解决方案，为首脑达成相关协议提供准备或在首脑峰会协议签署后监督方案的执行等。迄今为止，八国集团陆续设立了旨在解决能源、武器扩散、发展援助、打击跨国有组织犯罪及科技等领域具体问题的专家工作组，其中有些小组是暂时的，有些则是永久的。

八国集团不同级别、不同层次、不同领域会议的机制化，为八国集团协调国际事务提供了制度支持，这是八国集团发挥其国际协调功能的组织保证。而且，机制化所带来的协调效应也使各国首脑产生了更进一步的想法。1994年那不勒斯峰会上，尚未加入八国集团的俄罗斯总统叶利钦为了磋商更具有连续性和政治性以便处理各种危机，就建议在七国集团内成立一个常设机构。由于当时各国对八国集团未来机制化发展模式与发展程度存在不同的利益考虑，该提议未被接受，但它表明深化八国集团协调机制的设想已提上了议事日程。

二、八国集团在人权政治领域的协调

一般意义上的"人权"概念最早出自于洛克、卢梭等近代资产阶级启蒙思想家的"自然权利"说，是指一切人生来就被赋有的、不可剥夺的、神圣的生存权、自由权、平等权和财产权等。正是这些与"权利""人权"等有关的自然法思想的系统阐述，为近代西方资产阶级革命做了思想动员，但人权的国内保护与国际保护并不同步。直至二战结束，鉴于德、意、日法西斯对全人类所犯下的滔天罪行，人权的国际保护才逐步引起全世界的普遍关注，人权问题也开始由原来纯粹的"国内管辖事项"逐渐演变为"国际关切事项"（the Matters of International Concert），并成为国际关系和政治领域持续关注的重要问题。特别是自美国总统卡特提出"人权外交"之后，人权问题更成为美国乃至八国集团推行外交战略的一个重要武器。

由于西方国家共有的人权观念使然，再加上美国的大力推进，八国集团在长达30多年的历程中对包括中国在内的社会主义国家和广大发展中国家的人权问题给予了持续关注。特别是1999年，七国集团打着"人权高于主权"的旗号对科索沃问题进行干涉，更是将其所谓的人权问题国际保护推向极致，并为实现人权在国内法上的保护铺平了道路。

人权问题第一次进入七国集团视野始于1977年伦敦七国集团首脑峰会。当时的美国总统卡特就苏联驱逐持不同政见者向七国集团建议对苏联违反人权的做法实行经济制裁。尽管各国首脑对卡特总统关于苏联人权问题的提议表示认同，但对这种明确的、主动进攻意味十足的、充满理想主义的"人权外交"政策并不赞同。因此，会议除在一般意义上要求苏联切实履行1975年赫尔辛基会议关于人权与减少限制人员往来协议，以便确保即将召开的关于审议和回顾赫尔辛基会议宣言履行情况的贝尔格莱德会议成功外，并未采纳美国关于给予"人权问题特殊重视"的提议。在如何推动全球人权保护问题上，七国集团达成共识，即各国可有其不同的立场。尽管七国集团第一次对人权问题国际保护的协调流于形式，但这一事件带给七国集团的启示却是空前的。一方面，西方开辟了针对社会主义国家和平演变的新战场，通过对社会主义国家人权问题进行攻击，以"人权卫道士"身份占据了意识形态斗争的高地。另一方面，西方发现了干涉社会主义国家和广大发展中国家内政的新旗号，那就是"人权高于主权"。

> 《赫尔辛基宣言》主要包括四方面内容：一是关于欧洲安全的相关问题，确认二战后的边界现状；二是在经济、技术和环境领域的合作；三是在人道主义方面的合作，各国应尊重和保障人权；四是确认将举行后续会议。第一、二方面满足了苏联政府对会议的期望，第三方面则是美国及其西欧盟友迫使苏联与之达成的妥协。前两方面内容使得苏联二战后的边界得以确认，意味着美国和西欧国家承认了苏联在东欧霸权的合法性以及苏联获得领土的正当性。美国人将该宣言看作是欧洲政治分裂的象征，所以"在1975年，只有39%的美国民众认可政府的对苏政策"。但从另一方面看，虽然苏联政府在欧安会中并不想触及人权议题，但在美国等国的压力下，会议还是达成人权问题的条款。

把"人权问题国际保护"推向极致的是八国集团对科索沃问题的深度介入。冷战结束后，前南斯拉夫地区因民族矛盾尖锐而再次出现历史上的"巴尔干碎片化"现象。"巴尔干火药桶"引发的持续动荡不仅酝酿着大规模的局部冲突，而且造成大规模的难民潮，这引起了包括八国集团在内的国际社会的持续关注。

早在1985年波恩七国集团首脑峰会上，七国集团专门就前南问题发表了四条政治声明：

——强烈谴责塞尔维亚及其所控制的南斯拉夫武装力量，要求其立即停止针对平民所采取的强制措施和强行驱赶部族的行为，呼吁波黑各派不要危及人道方面的努力；

——强调塞尔维亚和克罗地亚必须尊重波黑的领土完整，在国际社会的有效监督下撤回、解散并解除一切不归波黑政府指挥的军事力量，支持联合国维和部队执行关于克罗地亚和平计划的努力，要求塞族和克族在该计划下相互协作，共同努力，以便最终结束在克罗地亚的流血冲突；

——坚决执行联合国安理会 757 号决议通过的制裁行动以及其他相关决议规定；

——迫切要求塞尔维亚领导人充分尊重少数民族的权益，停止在科索沃地区进行的镇压活动，并同科索沃方面的代表进行认真的对话，目标是制定一项与欧共体会议关于南斯拉夫协议一致的自治章程。[1]

八国集团成立初期主要是一个就经济问题进行磋商和协调的论坛。会议创建者的初衷是希望西方国家首脑能在一种友好、轻松、坦率的气氛中各抒己见，共同应对当时所面临的制度危机。从 1975 年成立到 1979 年的前 5 次会议，议题都围绕经济而展开。但随着八国集团本身协调机制的"外溢"以及国际政治局势的变迁，八国集团国际协调已经由世界经济领域向国际政治—安全领域延展。这种"外溢"一方面反映了国际复合相互依存的现实需要，另一方面也是八国集团本身机制化的必然产物。

"外溢"是指在更广阔的一体化背景下，事物存在着一种"向外扩展的内在逻辑"，推动着一个部门向另一个部门的"外溢"。"外溢"包括"功能性外溢"和"政治性外溢"。"功能性外溢"是指一体化不可能局限于某一特定经济部门，一定领域内的合作活动会"溢出"到其他相关部门，并使更多的行为体卷入其中；政治性外溢意味着民族精英将其注意力转向超国家层次的活动和决策，支持一体化进程和日益增多的共同利益。

---

[1] Political Declaration: Declaration an Farmer Yugoslavia, Official Summist Document the Munich Summit, July, 1992.

三、八国集团在国际安全领域的协调

"安全"是国际政治研究的"起点和落点"。作为当今世界最重要国家的集合,八国集团显然不会对安全问题无动于衷。从核安全到地区冲突,再到打击恐怖主义,八国集团在对全球安全问题领域进行国际协调时,其关注的焦点始终与全球化的发展与时俱进,不仅涉及传统安全领域,而且向非传统安全领域迅速延伸。通过议题设置、政策制定、宏观指导、经济制裁、舆论监督等具体协调路径的实施,八国集团对国际安全问题的协调不仅从根本上维护了本集团成员国的安全利益,而且也为保障世界的和平与稳定显示了其独特的价值。

显然,八国集团所关注的"安全",不是一般意义上的"免于恐惧担心和危险等的状态或感觉",而是国家层面和国际层面的"安全"。"安全"与"国家"开始紧密相联始于威斯特伐利亚条约。作为现代政治学和国际关系理论中的一个重要概念,"国家安全"一词最早出现在美国专栏作家沃尔特·李普曼1943年出版的《美国对外政策》中。尽管迄今为止,学术界尚未对"国家安全"概念的内涵与外延达成共识,但一般意义上普遍认为,"国家安全"是一国对关乎其利益的各种威胁的"一种感知"以及为消除这种感知所做的努力。由于一国安全与国家利益紧密相连,因此传统的国家安全主要集中在政治安全和军事安全领域,而国际安全则是针对若干个国家而言,更多是从国家关系这一国际政治层面去理解。国家利益的不可调和使"国家安全"与"国际安全"存在明显的对立,二次世界大战的爆发和冷战的出现便充分证明了这一点。

20世纪70年代以后,全球化的发展促进了世界各国的相互依存,也带来一系列更加复杂、更加紧迫的全球性公共安全问题,这使得传统的以政治和军事安全为核心的安全观受到极大冲击。安全内涵与外延的迅速扩展改变了原有的"安全范式",国家安全与国际安全不再是"零和博弈",而是呈现出一种复杂的相关互动关系,甚至在某种意义上,

国际安全直接影响和左右着国家安全。正是基于对国家安全、国际安全意义的深刻认识以及对"安全观"认识的转变，八国集团对国际事务的协调从经济领域延展到安全领域是一种必然的结果。

（一）地区安全协调

自二战结束以来，因种族、宗教、领土争端等问题引发的地区冲突此起彼伏，给世界和平和国际安全造成极大威胁。自从七国集团、八国集团开始关注国际安全领域内的问题之后，地区冲突问题就成为其重点协调的领域。围绕着中东阿以冲突、柬埔寨、两伊战争、巴尔干等局部地区冲突，七国集团、八国集团都发表过相关声明，并就政治解决地区冲突问题提出一些原则性的建议和方案。七国集团就地区冲突问题最早发表正式首脑声明是因为在1984年伦敦峰会上讨论了"两伊冲突"问题。1980—1988年间，伊朗和伊拉克爆发了长达8年的战争。这场旷日持久的战争不仅给两国造成巨大的人身伤亡和物质损失，而且严重影响了中东局势乃至世界经济、贸易、海运秩序和石油供应的正常运行。对此，七国集团高度关注并发表主席声明，对这场冲突导致的越来越多的人类苦难、人身伤害和痛苦以及其他违反国际人道主义行径表示深切关注，希望两伊能停止互相攻击和对他国船只的袭击，以保障自由航行的原则，并希望这场冲突不至于进一步扩大。七国集团还表示，将尽其所能保障该地区的稳定，鼓励各方就冲突而寻求和平体面的解决办法，尤其支持联合国秘书长为达成一项和平协议做出努力。

（二）恐怖主义协调

恐怖主义行为由来已久。20世纪60年代之前，恐怖主义更多仅是单个国家的极个别现象。自60年代末开始，这一现象逐渐成为一个全球性难题。冷战结束更像是打开了"潘多拉魔盒"，以爆炸、暗杀、绑架、劫机等形式出现的恐怖主义就像瘟疫一样在全球蔓延，不仅严重威胁到人类社会正常的生活秩序和生命财产安全，而且对国家安全和世界安全造成极大威胁。2001年针对美国的"9·11"恐怖袭击事件，更是将恐怖主义的危害推向极致。恐怖主义给国际安全带来的严重危害使国家安全与国际社会安全紧密联系在一起,因此世界各国都明确表示反对恐怖主义,并谴责恐怖主义组织的倒行逆施。但反对恐怖主义单靠某个国家的单独行动显然无济于事,必须依靠整个国际社会的"合力"才能奏效,因此联合打击国际恐怖主义就成为包括八国集团在内的世界各国和各种国际组织的共同使命。

1978年,正值七国集团波恩首脑峰会召开前夕,一架日本客机被恐怖主义分子劫持到阿尔及利亚。针对此问题,日本首相福田康夫首次在会上提出联合打击恐怖主义的议题,引起各国首脑的关注。会后,七国集团发表了第一份《关于恐怖主义和劫机事件的公报》。公报宣布,各国首脑对恐怖主义和拘留人质事件高度关注,将共同努力,联合打击国际恐怖主义。任何国家若拒绝引渡或起诉劫机犯,或者不归还飞机和机上人员,各国政府将共同决定立即采取行动,停止一切前往该国航班的飞行,同时主动终止所有与该国有关的航空公司航班飞入或飞出本国,并敦促其他国家的政府加入该项承诺。

1980年、1981年的首脑峰会上,七国集团分别发表了关于反劫机和恐怖主义的声明,以进一步凝聚国际社会共识,联合打击国际恐怖主义。在七国集团的号召下,国际社会改进了安全措施,使与劫机和绑架有关的恐怖主义活动大为减少,但恐怖主义仍图谋获取更具破坏力的武器、爆炸物以及更多的训练资金来实施更为隐秘、狡猾的恐怖主义行动,这使国际安全形势面临更多的潜在威胁。为此,1977年伦敦首脑峰会上,七国集团发表了《关于国际恐怖主义的公告》,进一步提出国际社会关于联合防止和惩治恐怖主义行为的五条建议:

——在警方、安全机构以及其他有关当局之间进行更加密切的合作与协调,特别是在信息交流和技术协作等方面;

——每个国家仔细检查其国内立法中是否存在可能被恐怖分子利用的法律漏洞;

——按照《维也纳公约》,根据接受国外交使团的规模以及建筑物的数目来确定外交豁免权的使用;

——每个国家都要采取行动,重新审查向那些支持恐怖主义活动的国家出售武器的情况；

——通过协商和尽可能的合作，将已知的恐怖分子，包括那些与恐怖主义活动有牵连的外交人员驱逐出本国；

七国集团联合打击国际恐怖主义活动的声明引起国际社会的广泛关注。1985年，第40届联大接受美英联合提出的议案，首次正式讨论恐怖主义问题，会议一致通过决议，明确谴责"在任何地方、由任何人犯下的一切恐怖主义罪行"。

2001年9月11日，恐怖分子劫持4架民航客机分别撞击美国纽约世贸中心和华盛顿五角大楼，造成2700人死亡、数千亿美元损失的重大恐怖袭击事件，给普通美国民众造成极度恐慌，全世界为之高度震惊。事件发生后，八国集团强烈谴责这一恐怖袭击事件，呼吁国际社会联合打击恐怖主义，并重点加强对恐怖主义资金来源的监管。

七国财长和央行行长迅速举行特别会议，发表《联合声明》，并形成《打击资助恐怖主义活动的行动的计划》，着重突出两项内容：第一，向恐怖分子提供资金将被视为犯罪行为，成为国际限制的对象；第二，加强对恐怖主义的国际监视。当前，恐怖主义已成为国际社会的公敌，它不仅严重侵害国际社会的健康肌体，破坏国际政治经济秩序的稳定运行，而且使国际社会陷入极度恐慌之中，因此成为"过街老鼠，人人喊打"。但是，鉴于其形成的土壤仍将在未来很长一段时间内持续存在，加上打击恐怖主义涉及政治、经济、法律、情报乃至心理等诸多方面，因此要想彻底铲除恐怖主义，绝非一日之功，将会是一项极为复杂而艰巨的任务，因此国际社会需要加强合作，特别是像八国集团这样拥有超强实力，同时也是恐怖主义主要袭击对象的国家集团，更应进行积极的政策调整，并对其他国际安全机制进行有效协调，从而为减轻乃至最终消除国际恐怖主义做出积极贡献。

你知道吗?

在 2005 年英国峰会上，时任轮值主席的英国首相布莱尔首次邀请中国、印度、巴西、墨西哥和南非这 5 个新兴市场国家的首脑参加八国峰会的讨论，以此促进八国集团更好地了解世界发展状况，这是"G8+5"的开端。在 2007 年德国峰会上，轮值主席德国总理默克尔宣布建立"海利根达姆进程"(Heiligendamm Process)，即将八国集团与新兴市场国家对话的"G8+5"形式正式制度化。2008 年在美国华盛顿，包括八国集团首脑和更多新兴市场国家首脑在内的首届 G20 峰会正式举行。这一系列机制的变革表明，八国集团已经清楚地意识到，仅靠 G8 来完成全球治理任务越来越不现实，新兴市场国家影响力日益提升，已构成八国集团力量的重要补充和直接挑战。如何在未来处理好与 G8 其他国家的关系，特别是如何协调好与世界第二大经济强国中国的关系，已经成为八国集团发展的重要议题。

本章练习

一、关键术语

集体安全机制　大国一致原则　区域安全机制　国际协调　公共治理　公平竞争原则　非传统安全　新安全观　恐怖主义　国际犯罪

二、思考简答题

1. 试简述联合国的产生背景及发展历程，并分析联合国改革的核心问题。
2. 上海合作组织的运行机制包括哪些？
3. 如何评价上海合作组织对中国的影响？
4. 试简述八国集团的发展历程以及当前所面临的发展困境。

5. 根据你的理解，试分析八国集团的未来发展前景，以及对中国的影响。

三、拓展阅读

联合国秘书长古特雷斯于当地时间 2018 年 12 月 29 日通过视频送出 2019 年新年祝福，祝愿世界各国人民新年快乐，并能共享和平与繁荣。古特雷斯在视频致辞中表示，当今世界仍面临各种困难与挑战，许多问题将在全球范围内长期存在。以下是致辞的中英文全文：

Dear fellow citizens of the world,
尊敬的世界公民们：
I wish you a happy, peaceful and prosperous new year.
首先祝大家在新的一年快乐平安、兴旺发达！
Last New Year, I issued a red alert, and the dangers I mentioned still persist. These are anxious times for many, and our world is undergoing a stress test.
去年元旦我发布了红色预警，当时提到的危险依然存在。当前对许多人来说都是一个焦虑的时刻，世界正在经受压力的考验。
Climate change is running faster than we are.
气候变化快过了我们的步伐。
Geo-political divisions are deepening, making conflicts more difficult to resolve.
地缘政治分歧日益加深，使冲突更难以解决。
And record numbers of people are moving in search of safety and protection.
为寻求安全和保护而迁移的人数空前之多。
Inequality is growing. And people are questioning a world in which a handful of people hold the same wealth as half of humanity.
不平等现象正在加剧。人们质疑为何世界上极少数人与一半人类拥有相等的财富。

Intolerance is on the rise.

不容忍现象在上升。

Trust is on the decline.

信任度在下降。

But there are also reasons for hope.

然而，我们仍有理由抱持希望。

The talks on Yemen have created a chance for peace.

关于也门问题的会谈为和平创造了机会。

The agreement signed in Riyadh in September between Ethiopia and Eritrea has eased long–running tensions and brought improved prospects to an entire region.

埃塞俄比亚与厄立特里亚9月在利雅得签署协议，缓解了旷日持久的紧张局势，改善了整个地区的前景。

And the agreement between the parties to the conflict in South Sudan has revitalized chances for peace, bringing more progress in the past four months than in the previous four years.

南苏丹冲突各方达成了协议，使和平出现转机，4个月来取得的进展比以往4年还大。

The United Nations was able to bring countries together in Katowice to approve the Work Programme for the implementation of the Paris Agreement on climate change.

联合国得以召集各国齐聚卡托维兹，共同批准了执行关于气候变化的《巴黎协定》的工作方案。

Now we need to increase ambition to beat this existential threat.

现在，我们必须增强战胜这一生存威胁的雄心壮志。

It's time to seize our last best chance.

机不可失，失不再来。

It's time to stop uncontrolled and spiraling climate change.

制止不受控制、愈演愈烈的气候变化,此正其时。

In recent weeks, the United Nations also oversaw landmark global agreements on migration and refugees, that will help to save lives and overcome damaging myths.

最近几周,联合国还主持达成了具有里程碑意义的移民和难民问题全球协定,将有助于拯救生命,克服破坏性谎言的影响。

And everywhere, people are mobilizing behind the Sustainable Development Goals – our global blueprint for peace, justice and prosperity on a healthy planet.

此外,各国人民都动员起来共同追求可持续发展目标,也就是我们维护地球健康,实现和平正义繁荣的总蓝图。

When international cooperation works, the world wins.

有效的国际合作会造福于全世界。

In 2019, the United Nations will continue to bring people together to build bridges and create space for solutions.

2019年,联合国将继续团结人民,共建沟通合作桥梁,开创解决问题的空间。

We will keep up the pressure.

我们会保持压力。

And we will never give up.

我们绝不会放弃。

As we begin this New Year, let's resolve to confront threats, defend human dignity and build a better future—together.

新年伊始,让我们下定决心直面威胁,捍卫人类尊严,为建设更美好的未来并肩奋斗。

I wish you and your families a peaceful and healthy New Year.

再次恭祝各位新年阖家安康!

参考书目

［塔］阿利莫夫著，王宪举、胡昊、许涛译：《上海合作组织的创建、发展和前景》，北京：人民出版社，2018年版。

［加］彼得·哈吉纳尔著，张曙光、苏长和、朱杰进等译：《八国集团体系与二十国集团：演进、角色与文献》，上海：上海人民出版社，2010年版。

陈晓进：《中国与八国集团》，北京：时事出版社，2006年版。

杜樾：《联合国教科文组织与全球教育治理——理念与实践探究》，北京：教育科学出版社，2016年版。

李冬燕：《联合国（第2版）》，北京：社会科学文献出版社，2019年版。

李进峰：《上海合作组织15年：发展形势分析与展望》，北京：社会科学文献出版社，2017年版。

李进峰：《上海合作组织黄皮书：上海合作组织发展报告（2018）》，北京：社会科学文献出版社，2018年版。

［美］约翰·罗尔克编，宋伟等译：《世界舞台上的国际政治》，北京：北京大学出版社，2005年版。

中国联合国协会：《联合国70年：成就与挑战》，北京：世界知识出版社，2015年版。

第五章　国际组织的经济合作功能

生产的不断变革，一切社会关系不停地动荡，永远的不安定和变动……一切坚固的东西都烟消云散了。

——卡尔·马克思　弗里德里希·恩格斯

章节导读

★ 学习目标
- 认识世界贸易组织对国际贸易体系的推动作用；
- 认识国际货币基金组织改革的必要性和局限性；
- 了解国际组织在多边经济援助中的优势和劣势。

★ 内容概要

20世纪中期以后，人类社会的生产力空前提高，使世界经济沿着国际化方向深入发展。世界经济不仅在生产、分配、消费等领域走向国际化，而且在各类资源的开发、配置和各种生产要素的流动、应用等方面也走向国际化。国际经济组织由此蓬勃发展，成为国际组织中活动最频繁、影响最广泛、运作最有成效的类型，与国际市场经济规律一同规范世界经济的运行，推动多边经济合作。

20世纪90年代以来，随着经济全球化的加速发展，国际组织的行为能力得到进一步加强，以国际货币基金组织、世界银行、世界贸易组织三大全球性机构为首的国际经济组织体系得以确立主体地位,在世界经济领域发挥着制定规则、维护秩序、平衡利益、调解争端的作用。

进入21世纪,国际政治经济形势持续动荡。2008年金融危机之后,国际社会强化全球治理的呼声空前高涨,改革和创新全球治理机制的共识也不断增强。"全球治理体系只有适应国际经济格局,才能为全球经济提供有力的保障。"[1] 在此形势下,全球治理体制进入改革期,层次不同、范围各异的全球治理制度均经历着不同程度的改建、创建乃至重建:作为世界经济支柱的世界银行、国际货币基金组织和世界贸易组织进行了重大结构调整与制度改革;[2] "金砖国家"概念得以机制化,成为国际经济治理体系变革的"加速器",并成为"当代南南合作与南北对话的重要载体"。[3]

第一节 国际组织与国际贸易机制

一、国际贸易机制的演进

在资本主义生产方式产生之前,社会生产力水平低下,只存在局部的、个别国家间的经济联系。随着资本主义生产方式的确立,以国际分工为基础的国家间商品交换和世界市场出现了,国际贸易获得空前发展。

19世纪末20世纪初,在第二次科技革命的推动下,资本主义国家的经济活动进一步国际化,殖民主义使越来越多的国家和地区卷入经济生活,贸易领域的关税

> 国际贸易(International Trade)也称世界贸易,是指不同国家(或地区)之间的商品、服务和生产要素交换的活动,是各国之间分工的表现形式,反映了世界各国在经济上的相互共存。国际贸易的产生是伴随着生产力的发展、社会大分工的产生以及商品交换的出现而逐渐形成的。

---

[1] 《习近平谈治国理政》(第二卷),北京:外文出版社,2017年版,第481页。
[2] 卢静:《当前全球治理的制度困境及其改革》,《外交评论》2014年第1期。
[3] 杨洁勉:《金砖国家合作的宗旨、精神和机制建设》,《当代世界》2011年第5期,第22页。

协调、贸易自由等规则向亚非拉国家扩展。这一时期的国际贸易活动主要是以单边或双边的形式进行，各个资本主义国家从自身利益出发来制定贸易政策，缺少能够对世界经济进行宏观调节的国际组织。

20世纪上半叶的两次世界大战给世界经济领域带来巨大创伤，为了保护本国的经济，各国开始尝试通过建立国际组织等多边机制来维护国际贸易秩序。

（一）关税贸易总协定

20世纪30年代的全球经济大萧条被认为是导致第二次世界大战的重要原因之一，而导致经济大萧条的"贸易保护主义"在战后也被提出反省，使得更加顺畅的国际贸易以及提高各国的开放政策能够实现。第二次世界大战结束时，美国、英国等国家开始筹备战后世界经济的重建问题，商议建立一个以实现贸易自由化为目标的国际贸易组织。

> 关税与贸易总协定：
> （General Agreement on Tariffs and Trade，缩写：GATT），简称关贸总协定，是在布雷顿森林体系中，为规范和促进国际贸易和发展而缔结的国际协定。

随着准备工作的开展，在1944年"布雷顿森林协定"的框架下，再加上国际货币基金和国际复兴开发银行的协助，1947年11月到1948年3月，联合国关于贸易和就业问题的国际会议在哈瓦那举行。会议通过了《国际贸易组织章程》（也称为《哈瓦那宪章》），与会各国（包括澳大利亚、比利时、巴西、缅甸、加拿大、锡兰、智利、中国、古巴、捷克斯洛伐克、法国、印度、黎巴嫩、卢森堡、新西兰、挪威、巴基斯坦、荷兰、叙利亚、南罗德西亚、南非、英国和美国）在会议期间签订了123项双边关税减让最后议定书——《关税及贸易总协定》。

但由于《哈瓦那宪章》没有得到多数国家政府的批准，因此它只是一个暂时性的多边国际协定。关贸总协定其实在二战后的国际贸易中发挥了一个国际贸易组织的作用。它的总部设在瑞士的日内瓦，最高权力机关是缔约方大会，由全体缔约方组成，每年举行一次会议，负责对关贸总协定条款做出权威解释、修改以及制定新的条款，批准各个委员会及专家小组受委托而提出的建议，通过协商解决贸易争端，讨论和决定有关重大事项。

关税与贸易总协定的宗旨是：各缔约方本着提高生活水平、保证充分就业、保障实际收入和有效需求稳定增长、充分利用世界资源、扩大商品生产和交换、促进经济发展的目的，来处理它们在贸易和经济发展方面的相互关系，彼此减让关税，取消各种贸易壁垒和歧视性待遇，实现贸易自由化。其基本原则包括：自由贸易原则、非歧视原则、互惠原则、透明度原则、取消数量限制原则、反倾销与限制出口补贴原则等。上述基本原则在实践中成为国际社会普遍接受的关于关税与贸易方面最具权威的准则，国际贸易规则在很大程度上是由关贸总协定的规章制度发展而来的。

（二）经济互助委员会

在二战后初期的两极格局背景下，苏联与东欧国家于1949年成立经济互助委员会（简称"经互会"），目的是协调苏东国家之间的贸易关系，经互会在整个冷战期间的社会主义国家贸易往来中发挥了重要作用。

（三）联合国贸易与发展会议

1964年，联合国体系中以联合国贸易与发展会议（简称"贸发会议"）为代表的辅助机构及专门机构，促进了全球性国际贸易机制的发展，其主要目标是推动国际贸易和有关经济发展问题原则的制定，帮助发展中国家获得贸易和投资机会，推动多边贸易协定的发展。

（四）石油输出国组织

1960年，亚非拉产油国为了反对国际石油垄断资本的控制和剥削而建立的石油输出国组织（简称"欧佩克"），有效地保护了原油生产国与输出国的民族经济利益，显示出发展中国家团结合作的巨大影响力，至今仍是国际能源贸易领域的重要力量。

二、国际组织参与国际贸易机制

(一) 世界贸易组织

世界贸易组织是国际贸易领域最重要的国际组织。20世纪80年代末90年代初，随着美苏冷战的终结，两大对立的经济集团不复存在，重塑国际经济机制的需求日益迫切。在此背景下，1995年1月1日世界贸易组织（简称"世贸组织"）正式成立，取代了关贸总协定，75个关税与贸易总协定的签约国和欧洲共同体成为世贸组织的创始成员。截至2017年年底，世贸组织已经有164个成员国。

世界贸易组织的五大职能：

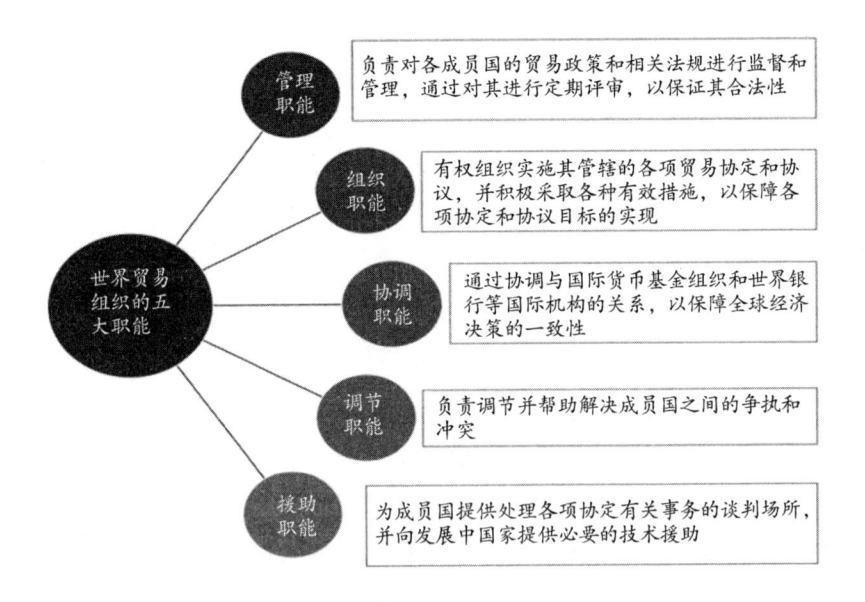

- **管理职能**：负责对各成员国的贸易政策和相关法规进行监督和管理，通过对其进行定期评审，以保证其合法性
- **组织职能**：有权组织实施其管辖的各项贸易协定和协议，并积极采取各种有效措施，以保障各项协定和协议目标的实现
- **协调职能**：通过协调与国际货币基金组织和世界银行等国际机构的关系，以保障全球经济决策的一致性
- **调节职能**：负责调节并帮助解决成员国之间的争执和冲突
- **援助职能**：为成员国提供处理各项协定有关事务的谈判场所，并向发展中国家提供必要的技术援助

图5—1 世界贸易组织的职能框架图

资料来源：笔者根据世界贸易组织官网绘制，具体可参见：https://www.wto.org/english/thewto_e/thewto_e.htm。

世贸组织继承了关贸总协定的基本原则，继续推进贸易自由化。世贸组织各机构的决策绝大多数采取协商一致的方式，各成员不论经济实力大小和人口多寡，都有一票投票权。世贸组织的运转标志着以自由贸易为宗旨的全球性多边贸易机制已经形成。但随着国际形势的发展，贸易保护主义上升、多哈回合谈判陷入困境、区域贸易机制竞争加剧等难题给世贸组织的发展带来严峻挑战。如何对世贸组织进行改革以促进国际贸易机制的健康发展，是一个亟待解决的难题。

世贸组织推动国际贸易自由化的主要方式是组织多边贸易谈判。世贸组织自从成立以来，就启动了一系列谈判议题，并于2001年11月在卡塔尔首都多哈举行的第四次部长级会议上成功发起新一轮的多边贸易谈判（被称为"多哈回合谈判"）。

> 多哈回合谈判是世贸组织发起的首轮多边贸易谈判，也是有史以来涵盖议题最广泛、参与方最多的多边贸易谈判，谈判议程涉及8个领域20多个方面的问题。在多哈回合谈判中，各方争论的焦点主要集中在农业和非农产品的市场准入问题上，具体包括削减农业补贴、削减农产品进口关税及降低工业产品进口关税。所有谈判原定于2005年1月1日结束，然而在2003年墨西哥坎昆举行的世贸组织第五次部长会议上，关于农业、非农市场准入等问题难以协商一致，会议无果而终，多哈回合首次陷入僵局。之后的10年间，多哈回合谈判重新启动，但未能彻底打破僵局，多边贸易谈判实际上处于停滞状态，主要原因还在于发达国家和发展中国家在贸易利益上难以做出妥协。

2013年12月7日，世贸组织第九次部长级会议在印度尼西亚巴厘岛召开，会上达成世贸组织成立18年、多哈回合谈判12年以来的第一份全球多边贸易协定——《巴厘一揽子协定》。与多哈回合谈判的目标相比，协定并没有涉及非农产品市场准入、服务贸易、知识产权等敏感议题，这一协定是多哈回合的一个缩水版协议，距离多哈回合谈判的全面完成仍然十分遥远。多哈回合的曲折折射出世贸组织的内在危机,①但是协定将世贸组织带回了多边贸易谈判舞台,重建了国际社会对全球性多边贸易机制的信心。

> 协商一致原则是一种惯例而不是正式规则,已经根深蒂固并得到成员国的大力支持,成为世贸组织文化的一部分。这一原则确保所有世贸组织成员都可以平等地提出自己的观点,坚持自己的立场,以保证它们不被迫接受不符合自身利益的义务。

世贸组织的活动目标主要是在全球范围内推动国际贸易在更高水平上实现自由化。多哈回合谈判可谓迄今为止参与方式最多、议题领域最广的多边贸易谈判,可世贸组织采用的协商一致原则却导致其运行机制效率低下,造成多哈回合谈判步履维艰。多哈回合谈判失败、上诉机构任命僵持不下,导致各国无法就新政策领域的议题展开讨论。世贸组织的成立基础是所有成员在权利和义务上是平等的。我们必须承认,协商一致在实践中已经影响到世贸组织作为一个组织的有效性。鉴于各国的偏好和优先事项存在差异,并非所有议题都涉及全体世贸组织成员的利益,世贸组织成员之间应当在某些特定问题上逐步展开合作,并逐步扩大合作范围,这样才可最大限度地涵盖全部成员国同意的任何内容,为当前的工作僵局提供部分解决方案。在某些政策领域,搭便车行为不是各国关注的重点,对于支持在政策领域展开合作的成员国来说,这种机制具有较大潜力。

世贸组织法律体系的支柱是争端解决机制,是世贸组织保障多边贸易自由化的最后一道防线。世贸组织争端解决机制的宗旨是:根据国际法的习惯规则来阐明各项协定的内容,通过有效执行的裁决来解决成员方之间的贸易争端,以避免贸易冲突的产生,保障缔约方的相应权利与义务得以实现或履行,从而为多边贸易机制提供安全保障,是一种"既具司法性又具外交性的独特的国际争端解决机制"。② 该机制主要涉及

---

① 庞中英:《中国与世贸组织改革:积极参与制定全球经济新规则》,《当代世界》2018年第9期。

② 毛艳琼:《WTO争端解决机制问题与改革》,北京:法律出版社,2010年版,第24页。

两大步骤：独立专家小组负责对世贸组织成员违反承诺的指控进行评估；争议各方随后可以根据专家小组给出的判定向上诉机构（Appeals Body，AB）提出上诉。世贸组织自1995年成立以来，已对500多项贸易争端进行裁定，主要由败诉方执行判决。如果世贸组织成员拒不执行裁决，则提起诉讼的当事方将被授权实施报复性措施，并经由仲裁决定贸易最高额度。

世贸组织成员面临着一项紧迫的挑战，那就是解决上诉机构现存的矛盾，这一问题应当在更广泛的范围内进行讨论，包括如何改革争端解决程序以及在不影响正式争端解决过程的情况下寻求缓解紧张局势的其他办法。世贸组织下辖的各类机构为各国提供了一个场所，以探讨各国关切的问题并寻求解决之道，而无需提起正式诉讼，这已经在处理产品监管的委员会中取得良好效果。即使上诉机构解决了当前面临的危机，世贸组织争端解决机制仍承受着相当大的压力，因此其在争端解决机制之外也应致力于寻求其他能够预防和解决争端的方法。

全球性的多边贸易谈判在协调区域性贸易安排上作用有限，而区域性贸易组织则因为成员彼此间或疆域相邻，或有相似的历史文化传统，或经济互补性较强，或有共同的政治安全利益，贸易谈判比较容易达成一致。区域性的贸易安排虽然对世贸组织及多哈回合谈判进程构成挑战，削弱了全球性多边贸易机制的吸引力，但是从长远来看，区域性贸易安排是全球多边贸易机制的补充，利益最大化的全球贸易自由化才应该是各国共同的追求目标。

（二）区域经济一体化组织

在当今世界，区域经济一体化组织众多，其中最有影响、最具代表性的是欧洲、北美、亚太三大区域的三大组织，即处于一体化高级阶段的欧洲联盟、处于一体化低级阶段的北美自由贸易区和处于准一体化阶段的亚太经济合作组织。

1. 欧洲联盟

欧洲联盟（European Union，EU）是迄今为止一体化程度最高的区域性集团，为其他区域经济一体化组织的建立与发展提供了经验和借鉴。欧盟的前身欧共体从20世纪50年代的煤钢共同体起步，取得了令人瞩目的成就，对成员国以及国际关系都产生了重大影响。到90年代初，以商品、资本、劳务、人员自由流动为主要内容的统一大市场即将建成，欧共体需要在更高层次上实现一体化。1991年12月，欧共体马斯特里赫特首脑会议通过了《欧洲联盟条约》（即《马斯特里赫特条约》），提出建立经济货币联盟和政治联盟的目标。1993年11月，《马斯特里赫特条约》生效，欧洲联盟正式取代欧共体，其最重要的特征是单一货币和带有联邦性质的机构设置与决策程序。1999年1月1日，欧元在欧盟各成员国范围内正式发行，它是一种具有独立性和法定货币地位的超国家性质的货币。2002年1月1日，经过3年的过渡，欧洲单一货币——欧元正式进入流通。这是布雷顿森林体系后国际货币体系的重大变革，在很大程度上有利于欧元区资本、贸易、资源的有效配置，消除汇率风险，减弱货币投机，削弱美元的霸主地位。2019年1月1日，欧元迎来了20岁生日。从最初只用于会计和金融贸易交易的虚拟货币，到现在19个欧盟国家3.4亿人口正在使用的真实货币，"欧元已经成为团结、主权和稳定的象征"。

欧盟是世界上经济最发达的地区之一，经济一体化的逐步深化又促进了该地区经济的进一步繁荣。2013年，欧盟28个成员国国内生产总值达到12万亿欧元，成为世界货物贸易和服务贸易最大进出口方。欧盟也是全球最不发达国家的最大出口市场和最大援助者，以及多边贸易体系的倡导者和主要领导力量。

在某种程度上，欧盟已不仅仅是一个般意义上的国际组织，而是带有一定超国家性质的集团，各成员国自愿让渡了部分主权，主权国家和超国家机制共同完成对政治、经济、社会、司法等事务的治理。2009年《里斯本条约》生效，进一步改革、调整了欧盟体制，反映出权力继续向欧盟转移的趋势。然而，欧盟的加速发展也造成成员国之间经济实力、社会福利、价值观念等的差距，因而欧盟在一体化过程中无法有效应对金融危机、债务危机、难民危机等难题。2016年6月23日，英国就是否脱离欧盟举行了全民公决,结果超过半数的投票者赞成退出欧盟。英国由此启动了脱离欧盟的程序,给欧洲的一体化进程增添了不确定因素。

2. 北美自由贸易区

北美自由贸易区(North American Free Trade Area,NAFTA)是由美国、加拿大和墨西哥三国组成的统一大市场,是拟建中的美洲自由贸易区的基础。1988年,美国和加拿大签署了《美加自由贸易协定》,核心是美国和加拿大相互降低关税、拆除贸易壁垒、放宽贸易限制。1992年8月,美国、加拿大、墨西哥三国首脑签署了《北美自由贸易协定》,经几年协商后于1994年1月1日正式生效,规定将在15年内逐步取消货物与服务的进出口关税及投资障碍,实现商品、劳务、资本的自由流动和更高等级的知识产权保护。三个国家的经济实力相差悬殊,通过垂直分工来体现经济互补关系,是发达国家和发展中国家在区域内组建自由贸易区的第一次尝试。美国在北美自由贸易区内占据绝对的主导地位,按照美国20世纪90年代初提出的"美洲倡议"设想,其最终目标是要建立囊括北美洲、南美洲、中美洲及加勒比海地区在内的美洲自由贸易区。1994年9月,美国正式提出建立美洲自由贸易区的计划。同年12月,首届美洲首脑峰会在美国迈阿密召开,34个美洲国家签署协议,决定建立美洲自由贸易区。1998年,在圣地亚哥召开的第二届美洲首脑峰会宣布正式启动关于建立美洲自由贸易区的谈判。2001年4月,美洲国家第三次首脑峰会在加拿大魁北克召开,确定正式启动美洲自由贸易区的最后期限为2005年12月。然而,由于美国与巴西等南美洲国家在关税、劳工、环境等问题上矛盾突出,无法在短期内解决,美洲自由贸易区未能在2005年如期启动。

> 当前，世界各国都非常重视通过建立和发展自由贸易区来为自己国家的经济发展服务，而自由贸易区的产生和发展也有着深刻的原因和独特的作用。全球范围内自由贸易区的数量不断增加，涵盖议题快速拓展，自由化水平显著提高。加勒比自由贸易区响应世界经济发展新形势，正在筹备发起世界自贸区联盟。世界自贸区联盟将有利于提升世界各自由贸易区的整体自由化水平，积极推动世界范围内建立自由贸易区，促进世界各国对外贸易额的大幅度提升，辐射五大洲国家的全球自由贸易区网络，使大部分对外贸易、双向投资实现自由化和便利化。北美自由贸易区已成为世界自由贸易区联盟荣誉成员。

3. 亚太经济合作组织

亚太经济合作组织（Asia-Pacific Economic Cooperation，APEC）是亚太地区最具影响力的区域经济合作平台。由于不同的社会制度、不同的经济体制、悬殊的经济发展水平以及强烈的民族意识等因素的影响，亚太地区的区域一体化进程起步较晚。20世纪80年代末90年代初，东亚地区经济活跃，持续保持高增长率，面对欧盟和北美自由贸易区所表现出来的排他性色彩，东亚地区也迫切需要加强区域经济一体化。经澳大利亚提议，1989年11月在堪培拉举行了首次亚太经济合作组织部长会议，亚太地区有组织的经济合作正式起步。1993年11月，首届亚太经济合作组织首脑非正式会议在美国西雅图召开，由此形成一年一度的非正式首脑会晤机制。1994年11月的茂物会议确定了实现贸易和投资自由化的两个时间表，即发达经济体在2010年以前、发展中经济体在2020年以前实现既定目标。1995年11月的大阪会议进一步确认各成员有权结合本国的情况，按照自己的进度和方式逐步实现自由化，不同的领域可以有不同的速度。迄今，亚太经济合作组织拥有21个成员，其中，除了美国、日本、加拿大、澳大利亚、新西兰5个发达国家之外，其余都是发展中国家和地区。

与欧盟、北美自由贸易区的传统模式相比，亚太经济合作组织开创了一种新型的区域一体化合作模式。传统模式要求区域一体化的实现要建立在一整套具有约束力的组织章程之上；而亚太经济合作组织则采取自主自愿、协商一致的合作方式，坚持灵活性和非强制性。传统模式主张在一体化的构建过程中应建立超国家的权威机构；而亚太经济合作组织本质上只是一个经济合作论坛。传统模式带有一定的排他性，倾向于选择封闭性的区域合作形式，对非成员有一定的歧视；而亚太经济合作组织从一开始就实行开放的区域主义，对非成员也实行非歧视原则。上述独具特色的合作模式被称为"亚太经济合作组织方式"，是亚太地区多样性和差异性的产物，被实践证明符合区域特点，对于协调成员利益，促进地区和全球经济发展发挥了积极作用。

　　同时，多样性和差异性也造成亚太地区利益分歧和矛盾冲突的广泛存在，在可预见的未来难以形成紧密的区域一体化组织。"如果APEC不能进一步发展其职能、提高其效力的话，一个缺乏实际运作效率的软机制是难以获得成员的持续信任和信心的。"[①] 正是在这样的背景下，2009年美国发起跨太平洋伙伴关系协定（Trans-Pacific Strategic Economic Partnership Agreement, P4）的谈判。2015年10月5日，美国、日本、澳大利亚等12个国家成功结束"跨太平洋战略经济伙伴协定"（TPP）谈判，并于2016年2月4日正式签署《跨太平洋伙伴关系协定》。[②] 该协定力图突破传统的自由贸易协定模式，从而实现成员国内部包括所有商品和服务在内的综合性自由贸易协议。不过，2017年1月20日，美国新任总统唐纳德·特朗普就职当天即宣布从12国的跨太平洋贸易伙伴关系中退出。[③] TPP中除美国外的11国继续推进签署新的

[①] 张献：《APEC的国际经济组织模式研究》，北京：法律出版社，2001年版，第286页。

[②] 观察者：《TPP谈判12国基本达成协议 中韩回应 台湾地区欲加入》，http://www.guancha.cn/Neighbors/2015_10_06_336616.shtml，2019年3月6日访问。

[③] 新华网：《特朗普正式宣布美国推出TPP》，http://www.xinhuanet.com//world/2017-01/24/c_129460127.htm，2019年8月12日访问。

自由贸易协定，即所谓的"全面且先进的 TPP"（CPTPP, Comprehensive Progressive Trans - Pacific Partnership）。

在全球化时代，国际贸易涉及人类生活的方方面面，仅靠世贸组织和各地区的区域性组织无法解决所有与贸易相关的协调问题，因此联合国经济与社会理事会、贸发会议、国际劳工组织、国际粮农组织、联合国环境署、国际货币基金组织、世界银行以及各类原料生产国及输出国组织应该参与到整合国际贸易机制的协调与合作中去，共同推动国际贸易的发展。

三、国际组织对国际贸易发展的推动作用

第二次世界大战结束后，国际分工的深化促进了国际贸易规模的扩大和结构的变化，国际贸易的增长速度不仅超过国际贸易史上任何一个时期，而且快于整个世界经济的增长速度，成为世界经济增长的引擎。

第一，国际组织加速了世界范围内的贸易自由化进程。第二次世界大战后，由于世界经济和生产力发展的内在需要，贸易自由化席卷全球。关税总协定和世贸组织均以贸易自由化为宗旨，以多边谈判为手段，进而降低关税，减少贸易壁垒，消除各种歧视性待遇，大大提高世界各国的贸易自由化程度和市场准入程度。区域性的关税同盟等国际组织虽然具有一定的排他性，但均以促进贸易自由化为宗旨，推动贸易自由化进程。值得注意的是，贸易自由化的发展有可能加剧世界各地经济发展的不平衡性，导致贸易保护主义重新抬头，阻碍贸易自由化的进程。但纵观整个世界经济发展的历程，国际贸易仍是世界经济增长的动力，坚持在世贸组织的框架中继续推动贸易自由化的进程，对于国际贸易和世界经济的长期发展具有重要意义。

第二，国际组织监督和管理国际贸易活动的政策运行。国际组织作为多边跨国机构，是世界各国贸易谈判与对话的重要场所，在组织全球多边贸易谈判方面扮演着重要角色；运用公认的国际贸易规范对国际贸易交往进行管理和监督，通过调整国际贸易规则来适应贸易形势发展变化的需要，可协调并兼顾各国利益。通过对全球经济状况的宏观把握，国际组

织能够在一定程度上改变成员间资源配置不合理的状态,减轻因盲目流动而带来的消极影响,在重新配置资源、调节供需平衡方面发挥重要作用。

第三,国际组织为解决国际贸易争端提供制度保障。其中最典型的例子就是世界贸易组织的争端解决机制。世贸组织前任总干事鲁杰罗说过:"如果不提及争端解决机制,任何对 WTO 成就的评价都是不完整的。从许多方面讲,争端解决机制是多边贸易体制的主要支柱,是 WTO 对全球经济稳定做出的最独特的贡献。"[1] 世贸组织的争端解决机制是世界贸易组织协议得以切实执行、体制得以安全运转的基本保障。其以各成员方接受的协议作为解决贸易纠纷的法律依据,以平等(equitable)、迅速(fast)、有效(effective)、双方接受(mutually acceptable)为基本原则,从而成为经济全球化发展中具有自身特色的多边争端解决机制。此外,一些区域性的国际组织通过为成员间的贸易摩擦提供谈判平台和制度框架,从而为推进区域性的贸易发展创造了条件。

第四,国际组织为国际贸易体系运行提供法律框架。1947 年签订通过的《关税及贸易总协定》(General Agreement on Tariffs and Trade, GATT 1947)是较早期政府间缔结的有关关税和贸易规则的多边国际协定;世界贸易组织具备国际法主体资格,围绕世界贸易组织而制定的一系列法律规范,作为一个整体,更是构成现代国际法律秩序的一个宏大体系,其集中体现于《乌拉圭回合多边贸易谈判的最后文件》(Final Act Embodying the Results of Multilateral Trade Negotiations)。[2] 此外,一些区域性的贸易安排往往也是以国际协定的法律方式来确立,这一方面在形式上为其提供国际组织或机制的法律保障;另一方面,其所签署的法律文件也是对多边贸易法律体系的延展与扩充。

总的来说,国际组织在国际贸易领域全方位的参与,有效地将世界各国与各地区的贸易活动连接起来,在很大程度上维护了国际贸易秩序

---

[1] 任谊:《世界贸易组织首任总干事雷纳托·鲁杰罗》,《世界经济与政治》1996 年第 8 期,第 79—80 页。

[2] 曾令良:《论世界贸易组织的法律体系》,《法学评论》1996 年第 2 期,第 40 页。

的稳定，推动了世界经济与贸易向更加规范化的方向发展。

第二节 国际组织与金融机制

国际金融是指国家或地区之间因经济、政治、文化等联系而产生的货币资金的周转与运行，表现为银行、财务公司、投资公司、证券公司等金融机构通过外汇、债券、股票等金融工具经营货币资金，实现货币资金的转移运动。全球金融组织以国际货币基金组织和世界银行为代表，地区性金融组织主要有亚洲开发银行、非洲开发银行、美洲开发银行等。近年来，频繁的国际金融动荡和危机严重影响了世界经济的健康发展，围绕国际金融机制的改革日益迫切。

一、国际金融机制的演进

各国间的经济合作、贸易往来、技术开发等都要通过货币在国际间进行结算、支付，由此产生了在国际范围内协调各国货币关系的需求，国际金融机制正是在协调各国货币制度、经济制度的基础上形成的，其中，调节各国货币关系的国际货币制度便构成国际金融机制的基础。

（一）金本位制

金本位制（Gold standard）是以黄金为本位币的货币制度。金本位制于19世纪中期开始盛行，当时的主要资本主义国家，如英国、德国、法国、美国等都先后实行了该种货币制度。在特定的历史时期内，金本位制保证了各国货币币值和外汇市场的稳定，极大地促进了世界经济的繁荣与发展。但是，由于黄金供应的速度无法满足世界经济增长的速度，加上1929—1933年世界性经济大危机的冲击，金铸币流通的基础遭到严重削弱，资本主义世界的金本位制已无法恢复典型的金本位制。

> 金本位制就是以黄金为本位币的货币制度。在金本位制下，每单位的货币价值等同于若干重量的黄金（即货币含金量）；当不同国家使用金本位时，国家之间的汇率由它们各自货币的含金量之比——金平价（Gold Parity）来决定。金本位制于19世纪中期开始盛行。历史上曾有过三种形式的金本位制：金币本位制、金块本位制、金汇兑本位制。其中，金币本位制是最典型的形式，就狭义来说，金本位制即指该种货币制度。

（二）布雷顿森林体系

第二次世界大战末期，美国、英国等开始着手讨论战后世界经济的宏图。它们决定建立一个可以维护国际汇率稳定和国际收支平衡的机构，以便协调各国的经济政策，避免再次出现20世纪30年代大萧条时的竞争性货币贬值。因此，1944年7月在新罕布什尔州的布雷顿森林召开了有44个国家参加的国际货币与金融会议，讨论战后国际金融秩序的重建，签署了《国际货币基金组织协定》和《国际复兴开发银行协定》，合称为《布雷顿森林协定》。1945年12月，国际货币基金组织和国际复兴开发银行（简称为"世界银行"）成立，《布雷顿森林协定》正式生效。从此，以美元为中心的国际货币制度"布雷顿森林体系"建立。

> 布雷顿森林体系的核心是美元与黄金挂钩，其他成员国的货币与美元挂钩，实行固定汇率制度。双挂钩制度将美元置于国际金融的中心，成为世界上最主要的国际货币和国际储备资产。

国际货币基金组织和世界银行是《布雷顿森林协定》的直接产物，其主要宗旨和主要职能如表5—1所示：

表 5—1　国际货币基金组织与世界银行对比表

组织机构	类型	
	主要宗旨	主要职能
国际货币基金组织	确保国际货币体系，即各国（及其公民）相互交易所依赖的汇率体系及国际支付体系的稳定	稳定国际汇兑，消除妨碍国际贸易的外汇管制，在货币问题上促进国际合作，并且通过提供短期贷款，解决成员国国际收支暂时不平衡产生的外汇资金需要
世界银行	向成员国提供中长期贷款和投资，为成员国提供生产性资金，推进国际贸易均衡发展	

资料来源：笔者自制。

为了保持稳定，防止国际货币体系发生危机，国际货币基金组织通过一种被称作监督的正式系统，对国别政策以及各国、地区与全球经济和金融发展进行检查。国际货币基金组织向 188 个成员国提供建议，鼓励有利于促进经济稳定，减少经济和金融危机的脆弱性，并且能够提高生活水平的政策。国际货币基金组织和世界银行这两大常设机构的存在和运作有效监督了《布雷顿森林协定》的各项原则、措施的执行，并在此基础上建立起具有约束力的国际金融机制。布雷顿森林体系的建立结束了二战前国际货币金融领域的混乱，为战后世界经济提供了相对稳定的汇率制度，战后世界经济出现了长达 20 年的空前繁荣。

布雷顿森林体系也存在重大缺陷，美元作为该体系的国际储备手段和国际支付手段，承担着世界货币的职能，这就要求美元币值稳定且美国拥有足够的黄金储备。但 20 世纪 50 年代后期，美国的国际收支状况开始恶化，黄金储备流失，美国的国际信用发生了动摇。到了 60 年代，美元危机频繁，单一的货币制度难以满足国际金融关系的多元化发展。1970 年 5 月，加拿大率先宣布加元汇率浮动，而美国则先后在 1971 年和 1973 年宣布美元贬值。至此，布雷顿森林体系崩溃。

（三）牙买加体系

国际金融秩序因美元贬值而出现混乱，国际储备开始出现多元趋势，西德马克和日元的国际化步伐加快。1976年1月，国际货币基金组织理事会在牙买加召开会议，达成关于国际货币制度改革的《牙买加协定》。该协定正式确认了浮动汇率制的合法性，允许成员国自由地选择汇率制度；推行黄金非货币化，取消黄金官价，成员国央行可按照市场价自由进行黄金交易。《牙买加协定》于1978年正式生效，就此建立起以美元为中心的多元化的储备和浮动汇率制度，被称为"牙买加体系"。牙买加体系多元化的国际储备结构和汇率安排，适应了不同发展水平的各国经济，保证了世界经济发展的灵活性。但多元化的国际储备结构缺乏统一的货币标准，各国之间汇率波动频繁，加剧了金融领域的动荡和危机。

（四）金融自由化

20世纪80年代后，发达国家和发展中国家逐步放松金融管制和外汇管制，纷纷推行金融自由化改革，由此带动了金融创新的飞速发展，各种金融工具不断推陈出新，大量投资机构迅速兴起，传统的通过商业银行筹集资金的融资方式逐步让位于通过金融市场发行债券的方式。90年代的经济全球化浪潮进一步加速了金融自由化和金融全球化进程，在推动金融快速发展的同时，加大了金融监管的难度，导致全球范围内金融危机频繁爆发，严重破坏了世界经济的健康发展。为了确保国际金融市场安全有序地运行，国际社会共同呼吁改革现有国际金融机制，以发挥其对国际金融的监管与协调作用。

国际清算银行、国际证券委员会组织、国际保险监管者协会均属于专业性监管组织，对主权国家的约束力不足。而起步于1999年的二十国集团虽然在2008年金融海啸后开始从全球金融治理的边缘走向中心，但只是一个论坛式的平台，制度化水平比较低。相比之下，国际货币基金组织的改革与职能化被寄予了最多期望，尤其是在2008年金融危机及2009年欧元债务危机发生之后，针对国际货币基金组织治理结构、贷款机制与融资规模的改革进程得以加速。2009年4月，二十国集团伦敦峰会决定成立金融稳定委员会，与国际货币基金组织密切合作，对未来出现的金融风险提出早期预警。任何国家都不能独立于全球金融市场之外，强化、完善国际金融机构的管理能力，防范金融风险，需要世界各国之间长期的协调与合作。

二、国际组织参与国际金融的方式

国际货币基金组织和世界银行是国际金融合作中影响最大的两个国际组织，是联合国的专门机构，总部设在美国华盛顿，每年联合举行年会，共同探讨全球性经济问题。

（一）国际性金融组织

1. 国际货币基金组织

国际货币基金组织主要从事国际货币金融业务，迄今为止共有189个成员国，其功能结构如下：

（1）资金援助：国际货币基金组织的融资为成员国纠正国际收支问题提供喘息空间。通过与国际货币基金组织密切合作，成员国当局就国际货币基金组织支持的贷款制定调整规划。国际货币基金组织是否继续提供贷款支持，取决于成员国能否有效实施这些规划。为了应对全球经济危机，国际货币基金组织加强了贷款能力。为了扩大对最贫穷国家的资金支持，国际货币基金组织在2009年大幅提高了通过减贫与增长信托向低收入国家提供的优惠资金，而优惠贷款机制下的平均贷款限额也提高了一倍。

（2）能力建设：国际货币基金组织提供能力建设和培训，其目的是帮助成员国增强设计和有效实施政策的能力，主要包括税收政策和征管、支出管理、货币和汇率政策、银行和金融体系监管、立法框架和统计等领域。

（3）特别提款权：国际货币基金组织发行一种称作"特别提款权"（SDR）的国际储备资产，用以补充成员国的官方储备。特别提款权总额约为2040亿（约合2860亿美元），成员国之间可自愿用特别提款权兑换货币。

（4）资金：国际货币基金组织的主要资金来源是成员国的份额，份额大致反映成员国在世界经济中的相对地位。

（5）治理和组织结构：国际货币基金组织对成员国政府负责。其组织结构的最高层次是理事会，由每个成员国的一位理事和一位副理事组成，通常来自成员国的中央银行或财政部。理事会每年在举办国际货币基金组织和世界银行年会之际开会一次。国际货币与金融委员会由24位理事组成，通常每年举行两次会议。国际货币基金组织的日常工作由成员国的24位代表组成的执董会执行，其工作受国际货币与金融委员会指导，并由基金组织的工作人员提供支持。总裁是基金组织工作人员的首脑并担任执董会主席，由4位副总裁协助。①

2. 世界银行

世界银行与其4个附属机构——国际开发协会、国际金融公司、国际投资争端解决中心和多边投资担保机构等共同组成世界银行集团。世界银行的宗旨是向成员国提供贷款和投资，推进国际贸易均衡发展。

世界银行目前有189个成员国。若想加入世界银行，必须先加入国际货币基金组织。世界银行的主要机构有理事会和执行董事会，行长是执行董事会的首脑，负责领导世界银行和办事机构的日常工作。世界银行的主要活动除了向成员国政府、政府机构或政府所担保的私人企业发放用于生产目的的长期贷款之外，还有派遣调查团到借贷进行国实地考察、提供技术援助等。世界银行的贷款期限长、利率低、手续严密，从项目的提出、评定、取得到执行，都有一套严格的条件和程序。

由于世界银行贷款是以成员国政府为对象，为弥补不足，成立于1956年的国际金融公司负责向成员国特别是发展中国家成员国的私人企业融通资金，以帮助这些企业发展。1960年成立的国际开发协会专门向低收入的发展中国家提供长期无息或者低息贷款。国际投资争端解决中心成立于1966年，目的是通过和解与仲裁的方式解决投资者和东

---

① 《国际货币基金组织一瞥》，http://www.imf.org/zh/About/Factsheets/IMF-at-a-Glance，2018年8月29日访问。

道国之间的投资争端。多边投资担保机构成立于1988年,目的是向投资者提供长期政治风险担保,鼓励增加在发展中国家的外国投资,以及通过向发展中国家提供技术和资源帮助其吸引投资,以此配合世界银行的工作。

3. 国际清算银行

除了国际货币基金组织和世界银行外,全球性的国际金融监管组织也日趋活跃。早在1930年就已成立的国际清算银行是历史最悠久的国际金融监管机构,成立的初衷是处理一战后德国的赔偿支付及有关的清算业务。二战后,其宗旨逐渐转变为促进各国中央银行之间的合作,为国际金融业务提供便利,并接受委托作为代理人办理国际清算业务。

国际清算银行总部设在瑞士的巴塞尔,成员是60多家中央银行或金融监管局,业务范围一般限于中央银行和国际组织,只有在中央银行同意时,其才与相关的政府机构、商业银行或私人企业发生业务关系。因为扩大各国中央银行之间的合作始终是促进国际金融稳定的重要因素之一,所以随着国际金融市场一体化的迅速推进,这类合作的重要性显得更为突出。1987年国际清算银行主持制定的《巴塞尔协议》,是对跨国银行进行联合监管的法律文件,对于国际银行监管制度的形成与完善起到十分重要的作用。

在实践中,国际清算银行还在资金互补、信息共享等方面与国际货币基金组织进行合作,以共同维护国际金融体系秩序的稳定。成立于1983年的国际证券委员会组织是国际证券业监管者合作的中心,通过制定、发布一系列决议、标准、准则,对证券与期货市场的发展起到规范作用。成立于1994年的国际保险监管者协会是一个国际保险业交流的平台,通过发布国际保险业最新动态、制定国际保险监管规则来推进国际金融合作。2009年起步的金融稳定委员会,其成员包括20多个国家的中央银行、财政部和监管机构以及主要国际金融机构和专业委员会,是对全球金融风险进行管理的最新平台,被寄予改造全球金融监管体系的重任。

（二）区域性金融组织

在区域层次，一批地区性开发银行在国际金融合作中与全球性国际组织互相配合、互为补充。

1. 美洲开发银行

美洲开发银行于1960年10月正式营业，总部设在华盛顿，是西方国家与拉美国家之间的国际金融组织，主要活动是提供贷款促进拉美地区的经济发展，帮助成员国发展贸易，为各种开发计划和项目准备、筹备与执行提供技术合作。

2. 非洲开发银行

非洲开发银行于1966年7月开始营业，总部设在科特迪瓦首都阿比让，其主要活动是通过提供投资和贷款，利用非洲大陆的人力和资源，促进成员国经济发展和社会进步，优先向有利于地区发展的经济合作与扩大成员国间贸易的项目提供资金和技术援助，帮助成员国研究、制定、协调和执行经济发展计划，以逐步实现非洲经济一体化。

3. 亚洲开发银行与亚洲基础设施投资银行

亚洲开发银行创建于1966年11月24日，总部位于菲律宾首都马尼拉，是一个致力于促进亚洲及太平洋地区发展中成员经济和社会发展的区域性政府间金融开发机构。它不是联合国下属机构，但是联合国亚太经济社会委员会赞助建立的机构，同联合国及其区域和专门机构有密切的联系。截至2013年12月底，亚行有67个成员，其中48个来自亚太地区，19个来自其他地区。中国于1986年3月10日加入亚行，在组织中拥有一票否决权。[1]

亚洲基础设施投资银行是首个由中国倡议设立的政府间性质的亚洲区域多边金融机构，总部设在北京。亚投行正式成立于2015年12月25日，成立宗旨是为了促进亚洲区域的建设互联互通化和经济一体化的进程，并且加强中国及其他亚洲国家和地区的合作。2019年7月13日，

---

[1] 中华人民共和国财政部：《亚洲开发银行概况》，http://gjs.mof.gov.cn/pindaoliebiao/dhjz/gjjrzz/yzkfyh/jgjj13/201011/t20101112_348726.html，2019年8月16日访问。

亚洲基础设施投资银行理事会批准贝宁、吉布提、卢旺达加入亚投行，至此，亚投行成员总数达到 100 个。①

金融在世界经济中占据主导地位，金融自由化和全球化是经济全球化的客观需要。"2008 年爆发的国际金融危机启示我们，引导经济全球化健康发展需要加强协调、完善治理，推动建设一个开放、包容、普惠、平衡、共赢的全球化经济，既要做大'蛋糕'，更要分好'蛋糕'，着力解决公平公正问题。"② 全球性国际组织、专业性金融监管机构、区域性国际组织从不同层次、不同范围对国际金融进行调节，二十国集团、金砖国家等论坛型国际机制则通过首脑峰会的形式加强国家间的协调，共同推进国际金融机制的改革与完善。

三、国际组织对国际金融合作的推动

从二战后国际金融演变的进程可以看到，国际金融组织在国际金融领域的管理和制度安排主导了现行国际金融机制。战后初期，国际金融组织都把持在发达国家手中，对于抑制资本主义国家间的恶性竞争，维护资本主义经济的正常运行发挥了重要作用。随着大批发展中国家成员的加入，国际金融组织在国际货币金融领域逐渐确立起世界各国共同遵守的原则和规范，监督各国行为，提供磋商平台，并在必要时向成员国提供帮助，维护国际金融秩序的稳定。

第一，国际金融组织确立了国际金融领域通行的原则、规范，有效监督国际金融体系的运行。国际货币基金组织是成员最多、影响最大的全球性金融组织，在维护国际金融稳定方面担负主要责任。国际货币基金组织协定第四条规定，各成员国的汇率安排要与国际货币基金组织的目标相一致，要与国际货币基金组织和其他成员国合作，使汇率安排有利于汇率体系的稳定，避免多重汇率妨碍国际收支的有效调节。布雷顿

---

① http://finance.ifeng.com/a/20150325/13581594_0.shtml#_zbs_baidu_bk，2019 年 4 月 6 日访问。

② 《习近平谈治国理政》，北京：外文出版社，2014 年版，第 543 页。

森林体系时期实行的是固定汇率制，国际货币基金组织规定成员国不得限制经常项目的支付，也不得实行歧视性的货币政策，减少并取消外汇管制，从而调节国际收支平衡。到了牙买加体系时期，世界各国有权自行选择汇率制度，国际收支调节手段日益多样化，但成员国任何汇率安排上的变化均要及时告知国际货币基金组织。成员国的相关义务体现在国际货币基金组织协定第八条和第十四条中，国际货币基金组织有权对成员国履行这些义务进行监督。根据协定，国际货币基金组织每年定期与成员国政府就其经济、金融形势和政策进行磋商，并持续监督各国、各地区及全球经济和金融形势的发展变化。磋商通常在国际货币基金组织专家组与成员国政府官员之间进行，国际货币基金组织一般会要求成员国提供及时可靠和全面的宏观经济统计数据。磋商后，专家组会写出报告，供董事会在讨论与分析成员国经济时使用。作为对国别磋商的补充，二十国集团等论坛性组织还定期与欧盟等区域性组织进行磋商，参与八国集团的活动，并在此基础上讨论全球经济和金融形势。据此，国际货币基金组织能够对国际金融市场进行预测，并确保它的有效运转。

第二，国际金融组织致力于消除贫困，解决债务危机，向成员国尤其是发展中国家提供技术援助和财政援助。经济发展不平衡是世界经济的基本规律，南北贫富悬殊产生的贫困问题不仅阻碍经济的发展，而且影响国际社会的稳定。国际金融组织通过向发展中国家提供贷款和技术援助，帮助成员国实现持续的经济发展。20世纪七八十年代，部分发展中国家因为债务总额迅速扩大及债务结构恶化等原因，难以承担还本付息的压力，债务危机爆发。一旦债务国拒绝履行其偿债义务，发达国家的经济也将受到严重损害，由此开启了以国际货币基金组织为核心的重新安排债务的协调活动。1996年，国际货币基金组织和世界银行发起重债穷国减债计划，联合多边机构和其他官方双边贷款人实施减债战略，将重债穷国的债务降低到可持续的水平。1999年，国际货币基金组织和世界银行修改了重债穷国减债计划的适用标准，加大了减债计划的深度和力度。在中东欧国家的经济转型进程中，国际金融组织同样扮演了重要角色。国际货币基金组织帮助中东欧国家制定经济发展纲领，确定宏观经济发展指标，提供用于国家财政预算和经常项目的短期贷款。世界银行提供用于社会保障、医疗、基础设施建设、环境保护等方面的长期贷款。欧洲复兴开发银行主要贷款给私有制部门或私有化项目。国际金融组织的参与，缓解了中东欧国家在经济转型中的财政困难，在一定程度上促进了这些国家经济的增长。

第三，国际金融组织在救助国际金融危机方面发挥着不可替代的作用。金融危机是现代经济中资本过分追逐利润的必然结果，然而金融业的发展是整个经济良性循环的核心，国际资本流通、国际资金融通和国际金融服务是整个世界经济增长的基础。因此，国际社会需要通过各种形式的国际合作来联合预防金融危机的爆发，尤其是需要强化各种国际金融协调组织和专业监管组织的作用。在历次重大金融危机中，国际货币基金组织都发挥了重要作用。当成员国发生金融危机且无法通过自身调整解决时，在成员国的请求下，国际货币基金组织不但可以向其提供短期或中期信贷，帮助其克服暂时的货币危机或缓解国际收支失衡进行调整带来的困难；还可以通过向成员国提供资金来抵御金融危机对国际金融市场造成的冲击，防止危机的传播。国际货币基金组织的各种贷款都是有附加条件的，受援国在接受贷款时必须接受调整国内宏观经济政策、汇率政策、财政政策以及整顿金融机构等条件。尽管国际货币基金组织的救助效果不尽如人意，其运行机制也存在不平衡等缺陷，但在国际金融领域仍有其他的金融组织在发挥作用，例如巴塞尔委员会在国际金融监管方面具有很大影响力，在国际银行业务监管以及资本市场交易方面提出一系列监管措施，一定程度上控制了国际金融市场风险。各地区开发银行则与国际货币金融组织相配合，在金融救援、金融改革、金融管理等问题上进行合作。

> 金融自由化是指一国金融部门的运行由市场力量决定，主要内容是放松市场管制、利率自由化及外汇自由兑换等。金融自由化有助于提高金融市场的效率并促进经济增长。
>
> 金融全球化是指一国金融活动跨越国界，日益与国际金融活动融合在一起。金融全球化降低了融资成本，为发展中国家增加了资金来源，提升了其金融管理水平。

第四，国际金融组织的活动加速了金融自由化和金融全球化的进程。国际金融组织是自由市场理念的坚定维护者，致力于在全球范围内打造自由的经济和金融环境，促进成员国之间的合作，从而实现世界经济的平衡发展。就世界经济发展的趋势来说，冷战结束后席卷全球的金融自由化和金融全球化浪潮与国际货币基金组织、世界银行的工作有着密切的关系，这两大机构在实践中积极推广自由市场理念，运用附加条件的贷款与援助，对发展中国家的经济政策和金融政策产生了深刻影响。但是，金融自由化加大了爆发金融危机的风险，过早开放金融市场以实现金融自由化往往会引起发展中国家的动荡。金融全球化则扩大了发达国家和发展中国家的差距，加剧了金融危机的传导性，使得金融危机的破坏力越来越大。

推动国际金融合作与维护国际金融秩序离不开国际金融组织的协调。尽管当前国际金融组织所能发挥的作用仍然很局限，但国际社会已普遍认识到改革国际金融组织架构并加强国际金融组织职能的重要性和必要性。正如习总书记在谈治国理政时所指出的，要增强国际金融市场监管力量，以使金融体系真正服务并促进实体经济的发展；要建设国际货币抗风险能力，以使国际金融体系的风险防火墙更加稳固；要加强各国在金融领域的通力合作，以推动国际性和区域性的金融机制的参与和联结。[①]

第三节 国际组织与援助机制

国际多边援助是以国际组织为平台，向主权国家提供无偿或优惠的物资、资金、技术等，用以解决受援国所面临的政治经济困难或其他发展难题。与两个国家之间的双边援助相比，国际多边援助虽不占据国际援助的主导地位，但它是多边主义的产物。国际组织利用其成员国的捐款、认缴资本、优惠贷款或从其他方面获得的资金、物资向受援国提供

---

① 《习近平谈治国理政》，北京：外文出版社，2014年版，第338页。

援助，不受单个国家意志所左右，条件往往更加优惠，在促进世界经济发展、解决全球性问题方面发挥了重要作用。

一、国际多边援助机制的演进

（一）19世纪至20世纪40年代末

国际援助作为一种国际关系现象由来已久。19世纪下半叶，人道主义援助的思想和实践在欧洲逐步发展起来。1929年，英国议会就通过了《殖民地发展法案》，以立法的形式提出英国政府具有为了医治战争创伤，向殖民地提供援助的责任和义务。二战后，现代国际援助正式兴起。为了医治战争创伤，消除贫困、饥饿和疾病，新成立的联合国、国际货币基金组织、世界银行等开始进行多边援助的尝试。英国牛津饥荒委员会、"凯尔国际"等非政府组织也参与到人道主义援助活动中。与此同时，以美国为首的资本主义阵营与以苏联为首的社会主义阵营，在政治、经济、军事、意识形态等方面展开了全面对抗，形成了冷战格局。反映到经济领域，美国提出了"马歇尔计划""第四点计划""道奇计划"等强化冷战格局的措施，开启了大规模的对外援助。苏联也针锋相对地向东欧国家和其他社会主义国家提供援助，并建立了经济互助委员会。对外援助在冷战期间成为美苏两大阵营对抗的工具。

人道主义援助又称"人道主义救援"，是基于人道主义而对受助者做出物资上或物流上的支援，主要目的是拯救生命、舒缓不幸状况以及维护人类尊严。人道救援由政府机构、非政府组织及其他非政府人道主义机构，根据人道主义原则提供。政府、联合国机构所奉行的人道主义原则列于联合国大会46/182决议案中。

> 马歇尔计划（the Marshall Plan）的官方名称为"欧洲复兴计划"（European Recovery Program），是第二次世界大战结束后美国对被战争破坏的西欧各国进行经济援助、协助重建的计划，对欧洲国家的发展和世界政治格局产生了深远的影响。该计划于1947年7月正式启动，并整整持续了4个财政年度之久。在这段时期内，西欧各国通过参加欧洲经济合作组织（OEED），总共接受了美国包括金融、技术、设备等各种形式的援助合计达131.5亿美元，其中90%是赠予，10%为贷款。

（二）20世纪50—60年代

伴随着20世纪五六十年代民族解放运动浪潮的兴起，大批非洲、亚洲的殖民地国家获得独立，美苏两个超级大国通过对外援助拉拢第三世界国家的战略意图，在客观上促成了这个时期国际多边援助的发展高潮。在联合国内，开发计划署、国际开发协会、世界粮食计划署等援助机构先后成立。1961年，联合国大会通过的第一个《联合国发展十年报告》提出了援助第三世界国家的具体目标，推动了国际援助潮流的发展。在各大洲，美洲开发银行、非洲开发银行、亚洲开发银行等区域性金融机构相继启动。同样是在1961年，经济合作与发展组织正式成立，取代了1948年成立的欧洲经济合作组织。欧洲经济合作组织是西欧国家为有效利用、管理"马歇尔计划"而创立的。到60年代初，这些西欧曾经的受援国都已成长为援助国，与美国、加拿大等发达国家一起组建了经济合作与发展组织，旨在推动世界经济发展，帮助成员国制定和协调有关政策，鼓励成员国为援助发展中国家做出努力，帮助发展中国家改善经济状况。经济合作与发展组织下属的发展援助委员会，专门负责协调向发展中国家提供的官方发展援助，是国际社会援助发展中国家的核心机构，被称为"援助国俱乐部"，主要体现西方发达国家的多边援助立场。而且，2015年中国与该组织签署了合作协议，加入了经合组织的发展中心。

（三）20世纪60年代末至七八十年代

20世纪60年代末，西方国家出现经济衰退和调整，美苏关系一度缓和，国际援助的发展出现了停滞。1970年，联合国大会通过的第二个《联合国发展十年报告》首次正式提出发达国家向发展中国家的官方发展援助应该达到发达国家国民总收入的0.7%，国际援助的重点开始从经济基础设施建设转移到卫生、教育等社会基础设施建设上。70年代的石油危机和金融危机冲击了发达国家的经济，也加剧了发展中国家对发达国家的依附。国际多边援助的规模有了大幅增加，但仍无法满足发展中国家的需求。进入80年代后，新自由主义思潮占据了美国、英国等西方国家经济政治领域的主流地位，"华盛顿共识"成为国际援助的主导理论。

> 华盛顿共识的核心是减少政府对经济的干预，使市场在经济生活中全面发挥主导作用。国际货币基金组织和世界银行是"华盛顿共识"的积极推行者，在解决拉美债务危机中将受援国接受向市场经济过渡的整套改革方案作为援助的附加条件，利用援助推动发展中国家经济的结构性调整。

（四）20世纪90年代至21世纪初

冷战结束后，国际援助失去了之前东西方抗衡带来的战略上的动力，导致国际多边援助规模下降。东欧剧变、苏联解体后的转型国家面临政治经济体制改革的迫切任务，成为国际货币基金组织、世界银行等国际组织进行多边援助的重点对象。然而，新自由主义的援助方案无法解决贫困问题，也无助于化解受援国的政治、经济和社会危机。为此，世界银行、国际货币基金组织等机构相继提出"善治"的理念，认为"善治"是提高国际援助效率的重要因素，将受援国进行政治体制改革、推行民主、实行"善治"作为获得援助的前提条件，再度强化了国际多边援助的政治色彩。1996年，经济合作与发展组织出台了题为《规划21世纪：发展合作的贡献》的报告，倡导将援助的焦点转到消除贫困问题上。1999年，世界银行制定了《综合发展框架》，强调利用现有资源促进受援国经济社会发展，有效缓解贫困。2000年，联合国召开千年首脑会议，通过了著名的《联合国千年宣言》，提出了联合国千年发展目标。2002年，联合国在墨西哥蒙特雷召开了国际发展筹资大会，达成《蒙特雷共识》，要求发达国家尽快达到提供其国民总收入0.7%的援助额度。这一时期，国际援助的主体更加多元化，大量非政府间国际组织开始活跃于人道、发展等援助领域，中国、巴西、印度等发展中大国成长为国际援助的新兴力量。2006年6月，世界银行、经济合作与发展组织、八国集团联合举行会议，强调新兴援助国是实现千年发展目标必不可少的因素。随着经济实力的增强，新兴大国在国际援助中的影响力也越来越大。中国作为最大的发展中国家，在致力于自身发展的同时，始终坚持向经济困难的发展中国家提供力所能及的援助，开创了具有中国特色的对外援助模式。

当前，国际多边援助已经形成相当完备的体系。经济合作与发展组织已经发展成拥有34个成员国的国际经济组织，其下属的发展援助委员会提供全球90%以上的发展援助，在国际多边援助中占据重要地位。在联合国系统内，联合国开发计划署、联合国儿童基金会、世界粮食计划署、世界银行、国际货币基金组织、联合国粮食及农业组织、联合国人口基金、全球环境基金等机构共同构成一整套全球性援助系统。区域层次的多边援助一般由区域性国际经济组织和区域性开发银行负责。非政府间国际组织的积极参与使得国际多边援助的方式更加灵活多样，是政府间援助的有益补充。

二、国际组织参与国际援助的方式

从国际援助的总体构成来看，双边援助机构提供了总援助支出的70%，而双边援助机构提供了其余的30%。[1]

---

[1] 黄梅波、王璐、李菲瑜：《当前国际援助体系的特点及发展趋势》，《国际经济合作》2007年第4期，第45—51页。

(一) 国际组织与国际援助

1. 联合国参与国际援助

联合国等国际组织在国际多边援助中发挥着主导性作用。根据国际组织的不同性质,其援助活动与方式也有所不同。联合国系统内负责社会经济发展领域的机构以提供技术援助和人道主义援助为主。

开发计划署是联合国内技术援助计划的管理机构,其经费主要由会员国的自愿认捐提供,主要职能是帮助各国应对全球性以及国内的发展挑战,帮助发展中国家吸引并有效利用援助,为发展中国家提供专业建议、培训及其他支持措施等。开发计划署每年发布的《人类发展报告》是年度性有关全球发展问题的权威报告,提供新的评估工具、创新的分析思路以及具有前瞻性的政策建议。近年来,开发计划署的主要援助领域包括民主治理、减少贫困、危机预防与恢复、环境与能源、艾滋病等。

儿童基金会是服务于儿童的全球机构,致力于解决发展中国家儿童的营养不良、疾病和教育等问题,其经费主要来源于各国政府、政府间组织、非政府组织、企业和个人的自愿捐助。儿童基金会的援助领域涉及妇幼保健、儿童计划免疫、儿童营养、儿童早期综合发展和基础教育、农村供水与环境卫生、贫困地区妇女和儿童参与发展等。1965年,儿童基金会获得诺贝尔和平奖。

世界粮食计划署是联合国内负责多边粮食援助的人道主义机构,主要活动是通过向饥饿人口和脆弱人口快速提供食品,拯救生命;通过以工代赈、以粮代训的方式向贫困人口发放粮食,如参加农田水利、乡村道路和人畜饮水等基础设施建设,以及技术、卫生、扫盲培训等,鼓励受益者为发展项目工作,为建设美好的明天打下基础。粮食计划署的活动资源主要来自各国政府自愿捐献的物资、现金和劳务。联合国粮食及农业组织是专业性的国际多边援助机构,宗旨是实现人人粮食安全,确保人们正常获得积极健康生活所需的足够的优质食物。粮农组织的资金来源于成员缴纳的会费和自愿捐款,主要活动包括:向成员提供世界粮食形势的分析情报和统计资料，针对世界粮农领域的重要政策提出建议；帮助发展中国家研究制定发展农业的总体规划，负责组织援助项目；通过国际农产品市场形势分析和质量预测组织政府间协商，促进农产品的国际贸易等。

2. 经济合作与发展组织与国际援助

经济合作与发展组织下属的发展援助委员会虽然只拥有29个成员国，但这些国家对外援助的能力强、规模大。世界银行、国际货币基金组织、开发计划署都是发展援助委员会的经常性观察员，有权参加发展援助委员会的会议，共同协调对发展中国家的援助。发展援助委员会的工作为国际援助体系的确立和发展做出重要贡献。早在1969年，发展援助委员会就首次提出"官方发展援助"的概念，即发达国家政府为发展中国家提供的、用于经济发展和提高人民生活的、赠予水平达25%以上的赠款或贷款。这一概念后来在全球范围内获得普遍接受，为国际援助的统计数据奠定了基础。2000年5月，发展援助委员会部长级高级别会议通过了《解除对最不发达国家官方发展援助附加条件的建议》，从而取消了对最不发达国家援助的大部分附加条件。

3. 世界银行、国际货币基金组织与国际援助

世界银行、国际货币基金组织与地区性开发银行等金融机构的援助主要是通过提供贷款实现的，多边金融机构除了自有资金之外，还能利用国际资本市场筹集资金，由此带动向发展中国家的资本流动。"面对不断变化的国际经济环境，世界银行表现出非凡的适应能力。这种灵活性以及它对资金和人力资源的控制导致了它在援助体制中的突出地位。"[1]

4. 地区性国际组织与国际援助

在地区性国际组织中，欧洲联盟在国际援助领域拥有一整套战略及管理体系。在广泛意义上，欧盟的国际援助包括欧盟作为一个整体的对

---

[1] [英]马克·威廉姆斯，张汉林等译：《国际经济组织与第三世界》，北京：经济科学出版社，2001年版，第139页。

外援助和成员国各自的对外援助。对外援助一直是欧盟（欧共体）与发展中国家关系的重要内容，迄今欧盟已经成为世界上最大的对外援助机构之一。非洲、加勒比海和太平洋地区一直是欧盟的重点援助地区，其次是地中海周边地区，援助的重点领域包括民主、选举、人道主义、移民、粮食安全、环境、能源等。

5. 非政府间国际组织与国际援助

非政府间国际组织对国际援助的参与同样非常活跃，冷战结束后，其建立起与政府间国际组织、援助国、受援国的合作网络。凭借自身的灵活性与专业性，非政府间国际组织既能够进行筹款，又能够直接实施援助。在人道、扶贫、发展、环境等各个领域，正在发挥作用的非政府间国际组织不胜枚举。相比之下，非政府间国际组织从事国际援助更加灵活，"不需要庞大的政府系统和极其复杂的协调机构，更不需要政府部门之间利益关系的协调与分配，它们的项目可以直接到达村庄和乡镇，甚至具体到每个农户、家庭和个人，这就减少了大量的中间环节，从而有效地降低了发展援助的成本"。[①] 成立于1942年的乐施会是一个致力于国际援助的非政府间国际组织的典范，其活动从最初供给食物以解决饥荒，逐渐扩展到扶贫、提供基本药品、保护环境、促进公平贸易等诸多领域。乐施会在全球13个国家或地区设有分会，援助活动遍布全球，资金来源主要是会员的捐助。

（二）国际组织参与国际援助的方式

近年来，从事国际多边援助的国际组织日益加强相互之间的沟通与协调，发挥各自的优势，采取不同的援助方式，推动各国间的经济交流和世界经济的整体进步。

根据援助内容的不同，国际多边援助的运作方式分为财政援助、技术援助、粮食援助和债务减免。财政援助是一种最基本的多边援助方式，是国际金融机构为解决受援国财政困难或资金短缺而提供的援助，

[①] 王杰等主编：《全球治理中的国际非政府组织》，北京：北京大学出版社，2004年版，第282页。

又可分为无偿赠款和有偿贷款。技术援助的目的是提高受援国的技术水平，主要通过培训技术人才、传授管理知识、转让技术专利、提供咨询服务等活动来实现。粮食援助是为了缓解全球尤其是最不发达国家的粮食安全问题，具体可分为紧急救援粮食援助、计划粮食援助和项目粮食援助三类。国际组织提供粮食援助的粮食主要来源于成员国承诺的粮食和现金捐赠，目前获得粮食援助最多的地区是撒哈拉以南非洲的东南地区。债务减免是在发展中国家爆发债务危机后出现的一种援助方式。1996年国际货币基金组织和世界银行出台的"重债穷国计划"，在建议大幅削减低收入国家无法承担的债务的同时，推动这些最贫困国家实施合理的政策，从而促进经济增长。2006年，非洲开发银行、美洲开发银行等金融机构也加入这一计划，在此基础上制定了"多边减债动议"，吸引了更多国际组织加入，极大地减轻了重债穷国的债务负担。

根据执行方式的不同，国际多边援助可分为项目援助和方案援助。项目援助是国际多边援助的主要方式，是国际组织把援助资金或物资直接用于受援国的某个具体项目的援助方式。采用项目援助方式的领域主要有：综合扶贫、健康医疗、公民社会发展、教育、环境保护与自然资源管理、妇女儿童发展等。一般来说，项目援助都有基本的程序：先由受援国提出申请，再由国际组织讨论、审查、批准，双方签订项目条约后开始实施项目，国际组织负责对项目建设进行监督，并在项目完成后对其效益进行评估，决定是否继续对项目予以支援以巩固所取得的成果。方案援助是向受援国提供的服务于整体经济运行的援助方式，不同于项目援助针对具体问题的做法，方案援助的目标是整体的制度结构调整，与项目援助相互补充，共同推动受援国的经济发展。

3. 国际组织对国际多边援助的推动

经过二战后70多年的发展，国际援助形成制度化、规范化的体系，援助规模不断扩大，援助方式日益多样，援助目标更加全面。以联合国为首的国际组织在国际援助体系形成过程中发挥着越来越重要的作用，它们不仅是提供援助资金和物资的渠道，而且是政策咨询、技术服务及发展研究的核心机构，同时也是国际援助体系的协调中心。

国际组织的参与极大地丰富了国际援助的主体，推动了国际援助的多元化发展。传统上，发达国家曾是国际援助的主体。20世纪七八十年代，由于石油收入急剧增长，石油输出国成为国际援助的提供国。进入21世纪，新兴大国对外援助增长迅速。以联合国为首的国际组织既可以代表援助国实施国际援助，也可以运用组织的力量直接向受援国提供援助。援助国将捐款、物资交给国际组织，放弃了对捐助资金的直接管理权，而是由国际组织决定对资金、物资的管理及使用，国际组织实施援助的对象、额度、分配等都要通过制度化的程序由国际组织的成员共同讨论决定。对援助国而言，国际组织提供了一个多边主义的平台，能够凝聚来自不同援助国的力量，并且国际组织通常拥有比较完善的专门从事援助的机构及相关制度，拥有从事援助研究的专门人员和资源，因此援助国总体上非常支持国际组织的多边援助工作。实践中，援助国对国际组织的工作定期进行评估，将援助力度与援助成效相关联，因此国际组织有必要不断通过改革来提高工作能力和援助效益，争取获得援助国更大的支持。对受援国而言，国际组织的多边援助形式多样、条件优惠，是获得国际援助的重要途径，也是学习与引进先进技术和管理经验的重要途径。虽然国际多边援助的数额相对有限，但以联合国为首的国际组织扩充了国际援助主体的数量，拓展了国际援助的领域，借助自身优势在国际援助中发挥着不可替代的作用。

联合国及其他国际组织提供的多边援助，更加倾向于全球性问题的解决，在一定程度上能够引导国际援助的关注重点和资金流向。全球性问题是指国际社会面临的超越国家和地区界限，关系到整个人类生存与发展的严峻问题，诸如贫富分化、生态失衡、人口爆炸、资源短缺、疾病蔓延等。全球性问题的解决不是单个或几个国家力所能及的，而是需要世界各国的通力合作，国际组织的多边性使其在应对全球性问题上责无旁贷。其中，联合国系统的援助活动领域广、机构多，涵盖全球性问题的各个方面，既有实施针对发展中国家发展援助的联合国附属机构和专门机构，也有为应付各种紧急情况而设立的援助机构，可以随时向遭受自然灾害、地区冲突的人群提供紧急援助，还有针对特定人群进行援助的机构，如联合国儿童基金会和难民事务高级专员公署等。联合国系统内的不同机构之间经常就全球性问题的解决展开合作，甚至由此产生新的机构。世界银行虽是提供金融援助的机构，却一直致力于全球性问题的解决，大力支持各种旨在消除贫困、防治疾病、保护生物多样性、资助教育等项目。经济合作与发展组织同样将环境、教育、公共治理、能源等事务作为主要的工作领域。可见，国际组织把国际援助与全球性问题的解决联系起来，有利于为全球性问题的解决探索更多的途径。

国际组织对国际援助的参与，提升了国际援助的制度化水平，特别是联合国在国际援助领域通过了一系列决议和宣言，采取了相应的措施和行动，对国际援助的实践产生了重大影响。1974年联合国大会通过《建立国际经济新秩序宣言》《建立国际经济新秩序行动纲领》和《各国经济权利和义务宪章》等重要文件，提出向发展中国家提供援助是建立新的国际经济秩序的基础和原则，明确了发达国家的援助责任。之后，联合国又先后制定了多个重要的发展计划，形成国际援助的框架性指南，并与其他国际组织一道，在援助原则、方式、管理等方面达成基本共识，逐步构建起从事国际援助的一整套机构。世界银行、国际货币基金组织、经济合作与发展组织等在国际援助的实践中推广了可持续发展、综合发展、"善治"等援助理念，积累了国际援助的经验与教训，促进了国际援助水平的提高。2000年9月，联合国千年发展目标出台，用更加具体的发展指标向国际援助提出了更高的要求，为世界各国的对外援助以及国际组织的援助计划提供了更加详细的依据和标准。然而，联合国大会的决议并无法律约束力，国际援助领域制度化的水平仍然较低，国际组织与援助国之间、不同国际组织之间围绕援助的活动尚需加强协调。

国际组织对国际援助的参与，推动了国际社会对于国际援助有效性问题的关注与研究。联合国及其他国际组织提供的多边援助一直重视受援国的需求，注重评估受援国的经济社会条件，以期向受援国提供更加有效的援助。2002年，在墨西哥蒙特雷举行的联合国发展融资峰会上通过的《蒙特雷共识》首次提出"有效援助"的理念，认为受援国、援助国和国际组织应共同努力加强国际援助的有效性。2005年，在经济合作与发展组织召开的有效援助高层论坛上，61个援助国、56个受援国和14个国际组织共同签署《巴黎宣言》，提出有效援助的5个原则和12项评估指标，从总体上对国际援助体系提出新的要求，经济合作与发展组织负责对《巴黎宣言》执行情况进行监督和评估。2008年，在加纳阿克拉召开的有效援助高层论坛通过了《阿克拉行动议程》，用"发展有效性"的概念替代"援助有效性"，以期加快《巴黎宣言》的实施。2011年，在韩国釜山再度召开的有效援助高层论坛上通过了《为促进有效发展合作的釜山宣言》，认为援助有效性是发展有效性的组成部分和必要条件，建立了实现发展有效性的框架。国际援助的有效性问题随着实践的演变越来越具有可操作性。

当然，国际多边援助在整个国际援助中的比例只占30%左右，而且从事多边援助的国际组织数量较多，相互之间在职能、资金上存在着竞争关系。那些受到西方援助国偏爱的国际组织，经费充足，援助能力强，其地位自然日益提高；而那些援助政策保守、管理不善的国际组织，则面临筹资困难、地位削弱的困境。如何在援助资源有限的条件下，尽可能满足更多国家、更多领域的援助需求，是国际组织参与国际多边援助面临的严峻课题。

本章练习

一、简答题（试结合本章内容简要解释下述问题）

1. 如何使国际组织最大限度地发挥对国际贸易的协调作用？
2. 如何改革并加强现行国际和区域金融组织的合作联系机制？
3. 在援助资源有限的条件下，如何尽可能满足更多国家、更多领域的援助需求？

二、案例解析题

2016年6月24日，英国脱欧公投在过山车式的情景中结束。英国与欧洲大陆的渐行渐远，历史性地逆转了欧洲一体化的进程。从建构共同主权到收回全部经济主权，拥有老牌帝国、全球第五大经济体、欧洲第二大经济体、联合国安理会常任理事国等诸多名号的英国脱离欧盟，其冲击波非比寻常。寰球同此凉热，这一冲击波也将迅速地传导到诸多国际关系中，并在各个方面产生短期或长期的影响。①

阅读上述材料并思考：过去 70 年，推进一体化进程是欧洲演变的主要脉络，并建成全球最高水平的一体化区域。

1. 在全球区域经济一体化方兴未艾之际，为什么会发生英国脱欧这样的"黑天鹅"事件？

2. 这一事件对全球金融市场、欧盟组织架构、地缘政治、中国经济外部环境等将产生多大影响？

参考书目

Andrew D. Mitchell, Elizabeth Sheargold, *Global Governance: The World Trade Organization's Contribution*, Georgetown Law Faculty Publication, July 2010.

Nico Krisch, Benedict Kingsbury, Introduction: Global Governance and Global Administrative and Law in the International Legal Order, *European Journal of International Law,* 2006.

Niu Haibin: BRICS in Global Governance: A Progressive Force?, *American Economic Review,* 2013.

《习近平谈治国理政》（第二卷），北京：外文出版社，2017 年版。

习近平：《决胜全面建成小康社会　夺取新时代中国特色社会主义伟大胜利——在中国共产党第十九次全国代表大会上的报告》，北京：人民出版社，2017 年版。

蒲俜：《当代世界中的国际组织》，北京：当代世界出版社，2002年版。

---

① 新闻来源：新浪评论，http://news.sina.com.cn/pl/2016-06-27/doc-ifxtmwei9315021.shtml。

王逸舟主编：《磨合中的构建——中国与国际组织关系的多视角透视》，北京：中国发展出版社，2003年版。

卢静：《当前全球治理的制度困境及其改革》，《外交评论》2014年第1期。

秦亚青：《全球治理失灵与秩序概念的重建》，《世界经济与政治》2013年第4期。

赵福昌：《金砖国家经济发展特点与优势》，《中国金融》2011年第5期。

杨洁勉：《金砖国家合作的宗旨、精神和机制建设》，《当代世界》2011年第5期。

庞中英：《中国与世贸组织改革：积极参与制定全球经济新规则》，《当代世界》2018年第9期。

毛艳琼：《WTO争端解决机制问题与改革》，北京：法律出版社，2010年版。

［英］马克·威廉姆斯，张汉林等译：《国际经济组织与第三世界》，北京：经济科学出版社，2001年版。

王杰等主编：《全球治理中的国际非政府组织》，北京：北京大学出版社，2004年版。

张献：《APEC的国际经济组织模式研究》，北京：法律出版社，2001年版。

第六章 国际组织的法律协调功能

国际法是调整国家之间关系的法律。国际法的原则和规则普遍适用于国家和国际组织的行为以及它们相互之间的关系，同时，也适用于自然人和法人之间的某些关系。

——詹宁斯、瓦茨《奥本海国际法》

章节导读

★ 学习目标

- 了解国际组织在公法和私法领域的法律角色；
- 区分不同类型国际组织在法律人格上的差异；
- 认识典型国际组织在法务参与中的现状和问题。

★ 内容概要

没有规矩，不成方圆。在世界上不同文明间交流往来、合作冲突的历史过程中，最原始、最朴素的国际法诞生了，从而以一种更加适用的规则来规制相互之间的交往行为。在国际局势变幻莫测，国际合作空前加强的当今社会，各类国际组织在国际舞台上的活动愈加引人注目，而国际法学领域也诞生了国际组织法这一重要分支。正是基于此，本章将在对国际法的发展历史进行梳理的基础上，对部分国际法原理、国际法概念进行阐述，同时从法理与实践相结合的维度，对主要的政府间和非政府间国际组织所扮演的角色进行探讨。此外，本章选取国际犯罪和国际人权保护这两大领域较有代表性的国际组织展开评述，试图加深读者对当前国际法领域国际合作以及所存在问题的理解。

★ 章前思考

案例一：伯纳多特案[①]

1948年，在巴勒斯坦发生的一系列暴力事件中，一些联合国官员、警察人员和观察员受到不同程度的伤害。9月17日，联合国瑞典籍调解专员伯纳多特及法籍首席观察员塞雷在履行职务时，在耶路撒冷的以色列控制区内被暗杀。假设你是伯纳多特的亲属，想就亲人殉职一事追究责任方的责任，那么你是会去向以色列国还是联合国主张权利？为什么？

同样，若当时的联合国秘书长想就伯纳多特殉职一事向以色列国求偿，请求你为他提供国际法上的建议，你会在哪些方面提供建议？

案例二：国际刑警组织与"红色通缉令"[②]

2018年6月6日晚，中共中央纪委、国家监察委员会于官方网站上发布《中央反腐败协调小组国际追逃追赃工作办公室关于部分外逃人员有关线索的公告》，公布了涉嫌职务犯罪和经济犯罪的部分外逃人员的有关线索。在该则通告中，人们不难发现，"天网行动"和"百名红通"属于高频词汇，在本次被公布的外逃人员中，大部分为未归案的"百名红通"人员。

"百名红通"指的是国际刑警组织中国国家中心局，按照"天网"行动统一部署，集中公布的100名涉嫌犯罪的外逃国家工作人员、重要腐败案件涉案人等的红色通缉令。那么，什么是"国际刑警组织红色通缉令"呢？它与我们日常提到的"红色通缉令"是否有区别呢？请尝

---

① http://www.ccdi.gov.cn/toutu/201806/t20180607_173382.html，2019年3月26日访问。

② http://www.mps.gov.cn/n2256936/n4904359/n4904360/index.html，2019年3月26日访问。

试搜索相关资料并结合真实的案例回答上述问题。

第一节 国际组织的法律人格及能力责任

国际组织的法律人格是国际法[①]上的概念。与国内法中法律人格的概念相似,国际法上的法律人格是指国际法主体以自己的名义,享有国际法上的权利,承担国际法上义务的能力。这种能力既包括国际法语境下的权利能力,也包括行为能力。国际法上的实体须具有法律人格,才能成为国际法的主体,受到国际法规范的规制。

法律人格的概念是国际法发展到一定历史阶段的产物。国际法的历史就是国家间、文明间交往的历史。古代、中世纪的国际法是分散的、初级阶段的国际法,它们并未形成一个较为完整的体系,也自然没有发展出"法律人格"的概念。近代国际法形成的标志是结束"三十年战争"[②]的1648年《威斯特伐利亚和约》。[③]该和约划定了欧洲各国的边界,承认所有参加国家的"领有权"和"统治权",确认欧洲各国不分宗教信仰和法律制度,一律平等。这一和约对于近代国际法的发展具有里程碑式意义,因为它使原来处于神圣罗马帝国皇帝、欧洲教廷统治和管辖之下,不具有对外缔结条约能力的300多个"封建诸侯国"获得国际法意义上的主权(即以国家名义对外交往的能力),成为平等的国际法主体;[④]也可以说,它们获得国际法意义上的"法律人格"。自此开始,欧洲各封建诸侯国之间的交往逐渐密切,各个国家间也根据各自经济、社会发展的需要,创设了一些国际法上的新实践、新概念,极大地促进了近代国际法的发展。

---

① 通常来说,广义的国际法又分为国际公法、国际私法和国际经济法等部门法,但为表述方便,此处我们对国际法采用狭义解释。本章中,国际法仅指国际公法。
② 三十年战争是欧洲近代早期爆发的一场大规模国际冲突,是1618年至1648年间一系列宗教、政治和军事冲突的统称。
③ 邵津:《国际法》(第5版),北京:北京大学出版社,2014年版,第5页。
④ 但是,各诸侯国与神圣罗马帝国疆域之外的国家签订条约的能力仍然受到限制。

第一次世界大战尤其是第二次世界大战之后，国家间政治、经济等方面的关系日益密切；很多国家也同时意识到，在世界性的灾难面前，某一个或某几个国家很难置身事外，"独善其身"。于是，人类开始在命运共同体的高度上思考问题，并建立了以联合国为代表的各种国际组织。关于国际组织的法律地位问题，理论法学界关于"法具有滞后性"[1]的经典论述再一次被验证。国际组织刚刚登上历史舞台时，国际法学界就对其国际法律人格进行过讨论，但并未形成统一意见；此时，国际法学界的主流观点仍仅承认主权国家具有国际法上的法律人格。这种观点直至20世纪下半叶才有所改观，一些国际法学者开始有限度地承认国际组织和民族解放组织为具有国际法律人格的实体。政府间国际组织的国际法律人格开始逐渐被国际法学界所承认，且以国际法院意见、判例和国家间条约、宣言的形式被固定下来。但是，作为争论的另外一个重要组成部分，非政府间国际组织的国际法律地位未有定论，其法律人格的承认问题在当今国际法学界仍然是一个研究热点。本书接下来将分别就政府间国际组织的法律人格和非政府间国际组织的法律人格进行介绍。

一、政府间国际组织的法律人格探析

首先，我们来回顾一下政府间国际组织的概念。与非政府间国际组织相对应，政府间国际组织是指两个以上的国家政府为了谋求合作，以实现共同利益为目标，通过缔结国际条约的形式而创建的常设性机构。[2] 在国际法语境内，政府间国际组织是最典型，也是最主要的国际组织。1969年《维也纳条约法公约》第2条第1款及1986年《关于国家和国际组织间或国际组织相互间条约法的维也纳公约》（以下简称《国际组织维也纳条约法公约》）第2条第1款均明确规定，"国际组

---

[1] 指社会生活的发展速度非立法速度所能及，某一新事物甫一出现时，规制其的法律往往是不合理、滞后于时代的。

[2] 邵津：《国际法》（第5版），北京：北京大学出版社，2014年版，第284页。

织"指政府间的国际组织。

政府间国际组织作为国际组织的代表,其国际法律人格被国际社会承认的过程并非一帆风顺。如前所述,国际法学界曾就政府间国际组织的法律地位进行过长期的争论。由于国际法的特殊性,国际法学者们经常会为本国政府、国际组织、国际司法机构提供法律意见,起草法律文件。《国际法院规约》第38条第1款甚至明确指出:"各国最高之公法学家学说"可以作为裁判的依据,即权威国际法学者的观点是可以成为国际法"法律渊源"的。国际法学术界公认的观点,在某种程度上就是实在法上的根据。所以,本书接下来将对我国的国际法学界对于(政府间)国际组织法律人格观点的演变过程进行介绍,并对政府间国际组织的法律人格进行探析。

我国法学家周鲠生先生在其1964年完成的代表作《国际法》一书中明确指出:"国际法的主体是国家。法律的主体是法律关系上享受权利、承担义务的个体,即在法律术语中称为人或人格者。在国内法上享受权利、承担义务的自然人、法人以及国家本身都是法律上的主体。在国际法关系上,国家是享受权利、承担义务者,即所谓'国际人格者',因为国家是国际法的主体。"[1] 周先生在该书中再三强调,"国家是国际法的主体,并且是唯一主体,国际组织和个人都不是国际法的主体"。[2] 其理由主要是因为"只有国家才具有完全的资格承担国际权利和义务,只有国家才是国际法制定的参与者,也只有国家才能援用国际司法程序"。[3] 这一观点是对传统国际法观念的继承。受时代大环境影响,这一观点在我国国际法学界有大量拥护者,一些知名的国际法学者在其个人相关著作中也对相关概念和观点进行过强调和重申。

随着政府间国际组织在国际社会的影响力日渐增强,并根据国际法院对政府间国家组织法律地位的部分问题做出的阐释,我国法学界对于

---

[1] 周鲠生:《国际法》,武汉:武汉大学出版社,2007年版,第49页。
[2] 周鲠生:《国际法》,武汉:武汉大学出版社,2007年版,第70页。
[3] 周鲠生:《国际法》,武汉:武汉大学出版社,2007年版,第70页。

政府间国际组织是否为适格的国际法主体这一问题有了新的认知。王铁崖先生在其主编的《国际法》一书中指出："国际法主体，是指独立参加国际关系并直接在国际法上享有权利、承担义务并具有独立进行国际求偿能力者。"① 李浩培先生认为，"国际法主体是其行动直接由国际法加以规定因而其权利义务直接从国际法发生的那些实体"。② 关于其观点与现有"国际法主体仅为国家"的传统观点的冲突，李先生强调，"任何法律体系的主体都不是一成不变，而是随着社会发展的需要而增加。……承认主权国家以外的国际法主体已经是现代国际法学说的不容否认的趋势"。③ 从上述二位学者的观点我们可以看出，具有国际法律人格的国际法主体可以不局限于国家，而进一步延伸到其他类型的实体。此类观点为政府间国际组织的法律人格得到承认打开了理论上的缺口。自此，国内的国际法学界对于国际组织的法律人格的认识风向开始从"不承认"转至"部分承认"，最终发展到今天的"完全承认"。

但是，即使政府间国际组织的法律人格获得学术界的"完全承认"，它们的法律地位相对于主权国家来说也是有限的，这是由政府间国际组织的产生方式决定的。一般来说，政府间国际组织是由成员国政府间签订的相关条约所建立的。很多政府间国际组织的基本文件中也会规定，在全体成员国同意的情况下，该组织可以被解散。所以，若主权国家是"原生"的国际法主体，那么相对地，政府间国际组织就是"派生的"国际法主体，其所享有的权利以及承担的义务，较主权国家来说都更为有限。

国外的国际法学术界的理论演变过程大致与国内相同，对政府间国际组织的法律人格的认定也经历了从传统国际法理论"不承认"到现代国际法理论"完全承认"的过程。这一过程在实在法领域主要体现为1949年国际法院关于"执行联合国职务时遭受伤害的赔偿"一案

---

① 王铁崖：《国际法》，北京：法律出版社，1995年版，第46页。
② 李浩培：《国际法的概念和渊源》，贵阳：贵州人民出版社，1994年版，第5页。
③ 李浩培：《国际法的概念和渊源》，贵阳：贵州人民出版社，1994年版，第17、22页。

（又称"伯纳多特案"）的审理。伯纳多特为瑞典籍联合国调解专员，他于1948年在以色列控制区内执行职务时，因以色列方的疏忽而被暗杀，联合国所有的部分财产也被损坏。联合国能否就其自身及其职员所受的损害向此案责任方（即以色列国）进行求偿，成为一个亟待解决的问题。联合国秘书长将此问题提交联合国大会讨论，但各成员国对此问题无法达成一致意见。1948年12月3日，联合国大会通过决议，请求国际法院就该问题发表咨询意见。国际法院于1949年发表了咨询意见，认为"联合国是国家集体活动逐渐增多的产物，为了实现其目的和宗旨，它必须要具有国际人格……这并不是说联合国是一个国家……这只是说它是一个国际法主体，能够享有国际权利和负担国际义务，并且有能力通过提起国际求偿来维护它的权利"。此后，1986年签订于维也纳的《国际组织维也纳条约法公约》成为"法律人格承认理论"进入实在法领域的又一例证。

国际组织的法律人格具体体现在其所具有的对外交往能力，即其在国际社会中享有的权利和承担的义务中。如前所述，政府间国际组织相对于主权国家来说是"派生"的国际法主体。基于此，我们不难理解，政府间国际组织的权利皆来源于各成员国政府所拥有的权利的适当让渡。这种让渡一般被相关国际组织的基本文件①所明确和规制。比如，《联合国宪章》第四十二至四十五条规定了联合国安全理事会可以以武力作为维护和平的手段，"得采取必要之空海陆军行动，以维持或恢复国际和平及安全"。② 联合国本无常设武装力量，其为维护国际和平及安全而指挥武装力量、采取武装行动的权力实际上是各成员国对本国武装力量指挥权部分让渡的集合。联合国维持和平部队来自世界各地各成员国的、多样化的人员构成也充分说明了这一点。

一般来说，学界公认的政府间国际组织所享有的权利主要有缔约

---

① 这些基本文件所表现的形式和名称不拘一格。多数情况下，它们为"组织法"（Constitution），但是它们的名称也可能为"宪章"（Charter），或是"规约"（Statute）、"盟约"（Covenant）、"公约"（Convention）、"条约"（Treaty）、"协定"（Agreement）。
② 《联合国宪章》第四十二条。

权、对外交往权、外交特权与豁免权、承认权、国际索赔权等。

缔约权是指国际组织以自己的名义与国家或国际组织缔结协议,或者主持制定造法性国际文书的权利。在 1986 年《国际组织维也纳条约法公约》签订之前,国际组织其实已经开始了与国家或其他国际组织缔约的实践。1946—1960 年,国际组织大约签订了 1200 个国际双边协定;1960—1965 年,仅在联合国登记的以国际组织为缔约方的国际协定就有 700 多份。① 进入 21 世纪后,随着全球化进程的不断推进,国际组织与国家、其他国际组织的交往、联系、合作均日益密切,需要签订协定以明确权利义务关系的场合较之 20 世纪来说成倍增长,缔约权对于现代的政府间国际组织来说,已经成为其对外交往和开展活动的基础性权利。

对外交往权又称使节权,是国际组织对外派遣外交使节和接受其他国际实体的外交使节被派遣至本组织的权利。在这两种权利中,国际组织所行使较多的为接受外交使节的权利。以联合国为例,联合国及其主要机构的工作内容决定了它们需要经常召集各个国家的外交官进行会晤,所以在联合国成立之初,部分国家为了方便工作起见,在联合国总部所在地纽约设立了常驻代表机构。除美国纽约市以外,各国在其他联合国专门机构也设置了常驻代表机构,如联合国教科文组织、联合国欧洲办事处等。因为各成员国基本在国际组织中设置了常驻代表机构,国际组织再向各成员国派遣使节的行为一般来说并不必要,所以国际组织行使其派遣使节权的情况在实践中较接受使节的情况要少一些。但是,这些情况也确实存在,并且在维持地区稳定、促进区域发展方面发挥了重要作用,如联合国秘书长经大会或安理会授权,为和平解决阿以战争、两伊战争派出的特别使团,以及联合国秘书长经与国际劳工组织和国际粮农组织协商后向巴基斯坦派驻的特别代表等。

国际法上的外交特权与豁免权,一般是指《维也纳外交关系公约》

---

① Gunter Hartnam, *The Capacity of Internations to Conclude Treaties*, 54 AJIL. pp. 155 - 158.

中所明确的主权国家的外交使馆享有的（1）馆舍不受侵犯，（2）可使用国旗、国徽，（3）使馆档案、文件不受侵犯，（4）通讯自由，（5）行动及旅行自由，（6）免纳捐税、关税的权利；以及主权国家外交人员所具有的特权：（1）人身不受侵犯，（2）寓所和财产不受侵犯，（3）司法管辖豁免，（4）作证义务免除，（5）免纳捐税、免除关税和查验的权利。但是，由于政府间国际组织有限的法律地位，它们一般享有较主权国家的使馆和外交人员更少的豁免权；不同的国际组织享有的豁免权，由经过其成员国商议和通过的文件确定。以联合国为例，其所确定外交特权与豁免权的文件为《联合国宪章》[①]《联合国特权与豁免公约》和《联合国专门机构特权与豁免公约》。该三份文件给予了联合国及其专门机构以司法豁免权、会所和房舍不可侵犯权、档案不可侵犯权、免除税捐、通讯自由、持有及自由兑换货币的权利。[②]

承认权是指国际组织承认某一国家为主权国家或者某国家的某政府为代表该国的合法政府的权利。普遍性国际组织对国家的承认一般通过接纳后者为国际组织成员的默示方式表达。[③] 国际组织还可以通过同意某国加入其主持制定的国际公约、邀请参加其主办的国际会议等方式，表达对国家的承认。当然，国际组织也可以采取开除成员国的方式，表达对某一国家或者该国家某一政府的否认。当国际组织的成员国出现两个或以上均宣称自己为代表该国的唯一合法政府的情况时，国际组织可以选择承认其中一个政府，也可以选择使该国代表席位暂时空缺，但是不可同时承认该国两个或以上数量的政府。

国际索赔权是指国际法主体受到其他国际法主体的损害时，向其要

[①]《联合国宪章》第104条："本组织于每一会员国之领土内，应享受于执行其职务及达成其宗旨所必需之法律行为能力。"第105条："一、本组织于每一会员国之领土内，应享受于达成其宗旨所必需之特权及豁免。二、联合国会员国之代表及本组织之职员，亦应同样享受于其独立行使关于本组织之职务所必需之特权及豁免。三、为明定本条第一项及第二项之施行细则起见，大会得作成建议，或为此目的向联合国会员国提议协约。"

[②]《联合国专门机构特权与豁免公约》规定，各专门机构所享有的外交特权及豁免权可以由专门机构的有权机关进行适当调整。

[③] 饶戈平主编：《国际组织法》，北京：北京大学出版社，1996年版，第23页。

求赔偿的权利。根据权利义务对等的法律原则，当国际法主体的行为造成其他国际法主体的损害时，该主体有就损害进行赔偿的义务。根据前文所述的国际法院就"伯纳多特案"所发表的意见，国际组织的这一权利和义务是根植于国际组织独立的法律人格中的。

二、非政府间国际组织的法律人格探析

在目前的国际条约体系中，"非政府间国际组织"的概念被较少公约提及，[①] 大多数公约只是就"非政府组织"的概念或特征进行了阐述。所谓"非政府组织"，是指其成立所依据的规范为私法[②]性质，其行为具有非政府性，宗旨具有非营利性、非宗教性、非政治性特征的组织。本书认为，"非政府间国际组织"是"非政府组织"的一部分；"非政府间国际组织"即为"国际性的非政府组织"；与此概念相对，非政府组织还包括"域内的非政府组织"，即其主要宗旨和开展的活动均基本在某一国家/地区内进行。

对于非政府组织"国际性"的界定标准，主要来自于联合国经社理事会和国际社团联合会两大权威机构。联合国经社理事会于1968年通过第1296号决议，对非政府组织的"国际性"进行了界定。该决议指出："一个非政府间国际组织必须具有代表性并具有被承认的国际地位；组织目标必须符合《联合国宪章》的精神、宗旨与原则；必须具有国际性，代表不同国家和地区的人民。"国际社团联合会将非政府组织的国际性界定为：（1）该组织的宗旨具有国际性质，并且意图在至少三个国家开展活动；（2）有完全投票权的个人和/或集体成员应来自至少三个国家；（3）成员有权依照该组织的基本文件定期选举执行机关及官员，……官员通常来自不同的成员国；（4）大部分预算至少应该来自三个国家，且不以营利为目的。

[①] 李俊义：《非政府间国际组织的国际法律地位研究》，华东政法大学2010年博士学位论文，第13页。

[②] 私法是与公法相对的法学概念，是调整平等主体之间权利义务关系的法律的总称。

学界对于非政府组织在国内法上的法律人格没有太大争议。法律实践倾向于承认非政府组织在国内法语境内的法律人格，但各国立法里的实际操作存在或多或少的技术性差异。在我国，域内非政府组织属于"社会组织"的范畴，由民政部社会组织管理局管理，在开展活动前需经相应级别的民政行政机关审批登记；国际性的非政府组织（此处仅指在境外登记注册，但是在我国境内开展活动的）需在国务院公安部门和省级人民政府公安机关登记后才可开展活动。① 域内非政府组织在我国可以具有法人资格；境外非政府组织在我国仅可设立代表机构，而不能设立分支机构。② 也就是说，境外非政府组织的代表机构一般情况下不具有独立法人资格，无法以自己的名义承担法律责任。

至于非政府间国际组织国际法律人格的相关问题，至今仍是学术界争论的焦点。主要观点有：（1）完全承认说；（2）否认说；（3）有限承认说。③ 完全承认非政府间国际组织具有法律人格的观点，在国际法学界是"大胆"和"超前"的，持这种观点的学者认为，非政府间国际组织在国际社会已经发挥着重要的作用，承认其具有国际法律人格是符合实际的。还有一种观点认为，非政府间国际组织虽然参与了国际社会的某些事务，但是它们不具有国际法律人格，不是国际法的主体；与从主权国家处获得派生性国际法律人格的政府间国际组织不同，非政府间国际组织的国际法律人格不具有"派生性"；但承认其国际法律人格为"原生"，④ 又有标准过低之嫌。政府间国际组织的国际法律地位被国际社会所承认，根本原因在于作为其创立者的主权国家具有国际法律人格；但是，创设非政府间国际组织的主体一般情况下不具有国际法律

---

① 见 2017 年 11 月 4 日通过的《中华人民共和国境外非政府组织境内活动管理法》第六条、第七条。

② 国务院另有规定的除外。

③ James E. Hickey 将此三种观点称为"恪守法律的传统主义论证路径（Legal Traditionalist Approach）、承认事实的现实主义论证路径（Factual Realist Approach）和动态国家论证路径（Dynamic State Approach）"。

④ 原生性的国际法律人格对于非政府间国际组织来说，意味着其法律人格非自其他实体处获得，而是于其成立之日，根据其章程或基本文件产生。

人格——这是由其"非政府性"决定的。由此,非政府间国际组织的国际法律人格没有合法来源,故不应该被承认。

　　本书认为,以上两种观点在论述中均存在不足,尚不能"实事求是"地反映当今国际社会中的客观实践。非政府间国际组织与主权国家、政府间国际组织的合作、交流日渐密切,非政府间国际组织在国际舞台上也越来越活跃;它们在国际债务、国际金融、国际人权保护、核军控等议题上均扮演着越来越重要的角色,而这一事实需要国际法理论的承认。1945 年通过的《联合国宪章》是最早提及政府间组织与非政府组织合作的国际公约,[1] 其第 71 条规定,联合国"经济及社会理事会得采取适当办法,俾与各种非政府组织会商有关于本理事会职权范围内之事件"。截至 2018 年 6 月,根据此条规定而获得联合国经社理事会咨商地位的非政府间国际组织已达 5209 个,其中具有一般咨商地位的有 137 个,具有专门咨商地位的有 4099 个,具有名册地位的有 973 个;在联合国可持续发展委员会(Commission on Sustainable Development)咨商名册上的非政府间国际组织的数量达到 527 个,在发展财政办公室(Financing for Development Office)咨商名册上的数量达到 211 个。[2] 为数众多的非政府间国际组织为主权国家和政府间国际组织提供了大量的专业意见和广泛的合作机会。为了利用好非政府间国际组织的优势资源,联合国还设立了新闻部非政府组织部门(the Department of Public Information·NGO)以及非政府组织联络处(the United Nations Non-Governmental Liaison Service),专门协调其与非政府组织之间的关系。事实上,联合国与非政府组织之间的关系已经完成从最初的"咨商关系"到现在的"伙伴关系"的转变。联合国体系之外,1986 年 4 月 24 日《关于承认非政府间国际组织的法律人格欧洲公约》签署,根据该公约,符合其规定条件的非政府间国际组织可以直接地、当然地获得国

---

[1] 原生性的国际法律人格对于非政府间国际组织来说,意味着其法律人格非自其他实体处获得,而是于其成立之日,根据其章程或基本文件产生。

[2] 数据来源:http://esango.un.org/civilsociety/displayConsultativeStatusSearch.do?method=search&sessionCheck=false,2018 年 7 月 8 日访问。

际法律人格,从而成为欧洲(缔约国)所接受的国际法主体。大量的非政府间国际组织与国际法主体建立了制度性的合作伙伴关系。其中,部分非政府间国际组织可以作为观察员出席联合国大会;① 部分非政府间国际组织则接受了数十个国家的政府在其办公地点设立的代表处。② 这样的例子还有很多,它们充分说明,越来越多的主权国家以及政府间国际组织均通过明示、默示或者授权的方式,承认非政府间国际组织在国际法上可以享有权利、承担义务。但是,必须承认的一点是,较之主权国家和政府间国际组织,非政府间国际组织在国际法上的行为能力极为有限,故不具有完整的国际法律人格。

参考政府间国际组织的国际法律地位获得承认的历史可以得知,国际法不是一成不变的、静态的法律,而是一个根据国际实践不断变化着的动态过程。随着人类社会的发展和国际合作的进一步强化,在并不遥远的将来,非政府间国际组织获得完整的法律人格,进而成为国际法主体的构想,是有可能成为现实的。

第二节 国际刑警组织与跨国刑事警务合作

"国际刑警组织"的全称为"国际刑事警察组织",是全球最大的警察组织,也是除联合国之外的第二大政府间国际组织。③ 截至2018年6月,国际刑警组织共有192个成员国。④ 根据其官方网站的介绍,国际刑警组织的愿景是"为了更安全的世界而连接警察";使命为"通过加强警务和安全事务方面的合作和创新来预防和打击犯罪"。它在2017—2020年的主要战略目标为:(1)成为执法合作的全球信息中心;

---

① 如世界红十字会组织。
② 如国际标准化组织。
③ 高智华:《国际刑警组织的发展脉络与运作机制》,《中国人民公安大学学报(社会科学版)》2008年第3期,第101—106页。
④ 数据来源为国际刑警组织官方网站,https://www.interpol.int/About - INTERPOL/Overview,2018年6月14日访问。

(2) 提供支持成员国打击和防止跨国犯罪的最先进的警务能力;(3) 创新引领全球的警务方法;(4) 最大限度地发挥国际刑警组织在全球安全架构中的作用;(5) 整合资源和治理结构以提高运行绩效。

根据国际刑警组织于 1956 年通过的组织法(the Constitution),国际刑警组织的目标为"确保刑事警察当局间尽可能地开展广泛的合作,以及建立和发展打击犯罪的机构";其由全体大会、执行委员会、总秘书处、各国国家中心局、顾问、文件控制委员会 6 个机构组成。接下来,本书将对国际刑警组织的历史发展及其开展国际警务合作的方式进行介绍。

一、国际刑警组织的历史发展

国际刑警组织经历了一段曲折的历史发展过程。其产生缘于 19 世纪末 20 世纪初资本主义在全球范围内的殖民地掠夺。当时,一些无政府主义者和民族主义者在无法以合法手段反抗的情况下采取暗杀等恐怖活动,对俄国、意大利、美国、法国等国家首脑的安全造成威胁。囿于当时的国际环境和复杂的交通状况,各国警察只有协调一致、通力合作才能更有效地打击国际性犯罪。警察合作的思想就是在这种背景下产生并首先在欧洲得到应用,为国际刑警组织的前身——国际刑事警察委员会的产生奠定了基础。

1914 年 4 月 14—20 日,第一次国际刑事警察会议在摩纳哥召开,主题是研究各国刑事警察间的联系与合作,共有来自 24 个国家的 188 名代表参加了会议。会议讨论了制定快速缉捕罪犯的制度、设立国际刑事犯罪情报中心、统一引渡方法等多项议题,为国际社会探讨如何共同应对猖獗的跨国犯罪提供了一种可行的方法。

1923 年 9 月 3—7 日,第二次国际刑事警察会议在奥地利召开。会议重点讨论并决定成立国际刑事警察委员会(International Criminal Police Council,缩写为"ICPC"),由设立于维也纳的秘书处作为常设机构处理日常工作,并制定总章程。虽然国际刑事警察委员会不是现代意义上成熟的国际组织,但其设立仍然是欧洲国家警务合作进入新阶段的标志。1923—1938年,国际刑事警察委员会得到初步发展,成员国不断发展壮大,在制止非法毒品买卖等方面发挥了重大作用。然而,该组织的成员国及其活动仅限于欧洲国家,且资金来源是奥地利政府而非成员国缴纳会费,因而其开展的活动仍然具有很大局限性。第二次世界大战期间,受政治因素影响,国际刑事警察委员会成为德国盖世太保的一部分,并最终随着盟军在欧洲战场的胜利而解体。后人也常将这一阶段(1923—1945年)的国际刑事警察委员会称为"第一国际刑事警察委员会"。

然而,跨国犯罪并没有随着二战的胜利而结束。1936年6月3—5日,由比利时号召的国际刑事警察委员会第15次会议在布鲁塞尔召开。会议制定了新的"国际刑事警察委员会章程",将总部从维也纳迁往法国巴黎。1946年,第二国际刑事警察委员会在巴黎邮政处以"INTERPOL"的缩写注册,自此成为国际刑事警察委员会以及现今国际刑警组织的代名词。随后,1956年的第25届年会将成员国的构成由"警察部门"改为"由国家派出的官方警察机构",并将该组织正式更名为"国际刑事警察组织",明确了其政府间国际组织的性质。

此后,国际刑警组织进入一个前所未有的发展阶段,成员由17个国家发展到192个国家和地区,活动范围也从原来的欧洲扩展到全球。1989年5月,国际刑警组织总部迁往法国里昂。迄今为止,已经成立90多年的国际刑警组织通过的一系列决议在世界范围内构筑了高效、完整的预防犯罪体系,为各国警察部门的跨国合作和交流提供了有效的途径和场所,解决了国际警务合作中的许多棘手问题。

二、国际刑事警务合作的主要机制

由于国际刑事警务合作是以国际刑警组织为依托进行的,所以本书接下来首先对国际刑警组织的组成机构进行简单介绍。根据《国际刑警组织组织法》,国际刑警组织的组成机构及其主要职能包括以下几方面。

1. 全体大会。全体大会是国际刑警组织的最高权力机构，由每个成员指派的代表出席；大会每年举行一次常规的全体会议，每个成员均享有投票权；大会的决定需要全体成员在力所能及的范围内执行。

2. 执行委员会。执行委员会由 9 位由大会选出的委员组成。其中，1 位委员由经大会选举产生的大会主席担任，任期 4 年；3 位由大会选举产生的副主席担任，任期 3 年；其他 5 位委员的任期为 3 年；9 位委员在各自任期届满后不得马上连选连任。执行委员会成员在大会休会期间行使由大会授予的一切权力。

3. 总秘书处。总秘书处是国际刑警组织负责管理和从事实际业务活动的常设单位，由秘书长以及行政和技术人员组成。秘书长由执行委员会提名，经全体大会通过后任命；秘书长的任期为 5 年，经全体大会再次任命可连任一次。

4. 各国国家中心局。各国国家中心局是由各成员的合法政府指定的办事机构，它既是根据组织法所创设的法定机构，又是各成员的合法政府的警察内部机构。它们的主要职责是作为成员国国内的各种机构、其他国家的国家中心局以及国际刑警组织秘书处间的联络人，就国际警务合作等事项进行统一协调与沟通。

5. 顾问。顾问一般是在某个专业领域具有国际声誉的权威人士，其职责是在其专业领域向国际刑警组织及其组成机构提供咨询意见。顾问的意见仅起到咨询作用，对国际刑警组织的任何事项不具强制力。顾问由执行委员会向全体大会备案后任命，任期 3 年。

6. 文件控制委员会。文件控制委员会的职责是确保国际刑警组织处理个人信息的过程符合相应的程序规范，它需要向组织就处理与个人信息相关的项目、行动、规范体系提供建议。

国际刑警组织不是一个所谓的"超国家组织"，其开展的活动必须遵循组织章程以及各成员国的法律，且需遵守尊重国家主权，各成员国平等，合作领域限于打击犯罪和刑事警务合作，自愿合作，不涉及政治、军事、种族事务等基本原则。在国际刑警组织内开展的国际刑事警务合作，主要的方式有：（1）及时传递和交换关于犯罪、犯罪组织、嫌疑人的信息；（2）发布国际协查通报以进行国际侦查行动；（3）研究各类犯罪的发展趋势，准确及时地向成员国家发布预防性通报；（4）在需要引渡罪犯时，作为联络人充分发挥居间作用，促进国家间引渡工作的开展。

国际侦查合作是国际刑警组织体系内最常用的刑事警务合作手段，主要由请求程序和协助程序两部分构成。请求程序是指国际刑警组织的某一成员国的国家中心局应本国警察机构或司法机关的请求，就某个具体案件向国际刑警组织总秘书处发出协助侦查请求的程序。国际刑警组织的组织法允许成员国的国家中心局直接向其他成员国的国家中心局发布协查请求，但是要求发出请求的国家中心局应就该请求向总秘书处通报备案。协助程序是指国际刑警组织的总秘书处或成员国的国家中心局在收到其他成员国发出的协助侦查请求后，对该请求进行落实与回复的程序。国际刑警组织的组织法规定，一国的国家中心局在收到国际刑警组织总秘书处或其他国家的国家中心局的请求后，应当在本国范围内进行协调，提供"迅速而有效"的协助。国际刑警组织总秘书处对于成员国的协助侦查请求，可以直接转发给其认为有关的国家；若其认为案情重大或具特殊情况，则可以在经秘书长同意后，向全体成员发布"国际协查通报"。[①] 国际协查通报又以其右上角的国际刑警组织徽标的颜色，分为红、绿、蓝、黄、黑、白、紫七种，以此来区分协查内容和案件等级。

1984年，国际刑警组织正式接纳中国成为其成员国。同年，中国组建国际刑警组织中国国家中心局，开始了与该组织成员国协查案件和交换犯罪情报的正常业务。中国一直积极参与国际刑警组织的各项活动，并在众多国际执法合作领域加强合作。据统计，2004年至2005年5月间，在我国境内抓获的国际刑警组织通缉的犯罪分子达18人之多；1984年至2005年4月间，中国共通过国际刑警组织发布红色通缉令

---

① 即民间所称的"国际通缉令"。

800 余份。①

近年来，中国也保持与国际刑警组织高层接触与沟通，加强情报信息交流与合作。2017年5月13日，国务委员、公安部部长郭声琨代表中国政府与国际刑警组织在京签署《中华人民共和国政府和国际刑警组织战略合作的意向宣言》。2017年9月26日，习近平主席出席在京举行的国际刑警组织第86届全体大会开幕式并发表题为《坚持合作创新 法治共赢 携手开展全球安全治理》的主旨演讲，强调中国愿同各国政府及其执法机构、各国际组织一道，高举合作、创新、法治、共赢的旗帜，共同构建普遍安全的人类命运共同体。②

第三节 联合国经社理事会与人权的国际保护

一、联合国经社理事会简介

联合国经济及社会理事会是根据《联合国宪章》第七条设立的联合国六大组成机关之一。它在大会权力之下，专门协调联合国及各专门机构的经济与社会工作。根据《联合国宪章》第十章第62—66条相关内容，经社理事会的职能和权力为：（1）就有关国际经济、社会、文化、教育、卫生以及一切人的人权和基本自由等方面的问题进行研究，并提出报告或建议；（2）在其职权范围内召开国际会议并将会议通过的公约草案提交联合国大会；（3）应联合国安理会的要求，为其提供情报和协助；（4）经联合国大会许可，为其会员国提供服务；（5）经联合国专门机构的请求，为这些机构提供服务；（6）与联合国专门机构进行磋商，确定它们与联合国之间的关系并协调它们之间的活动；

---

① 朱恩涛：《亲历中国加入国际刑警组织》，法制网，2009年7月13日，http://www.legaldaily.com.cn/zt/content/2009-07/13/content_1121887.htm?node=8097，2019年8月16日访问。

② 中国外交部：《中国同国际刑警组织关系》，https://www.fmprc.gov.cn/web/gjhdq_676201/gjhdqzz_681964/lhg_682062/zghgzz_682066/，2019年8月16日访问。

（7）与其他有关政府间和非政府间组织进行磋商，以安排它们参与经社理事会的相应活动和工作。

根据《联合国宪章》第61条的规定，经社理事会由联合国大会选举联合国54个会员国组成，每年改选18个理事国；理事国任期为3年，任满可连选连任。理事会的席位按地域代表制分配，其中非洲国家14个、亚洲国家11个、东欧国家6个、拉丁美洲和加勒比国家10个、西欧和其他国家13个。又根据《联合国宪章》第68条的规定，经社理事会的每个理事国均享有一个投票权；经社理事会的决议应由到会及投票之理事国过半数表决。

经社理事会与致力于可持续发展的各类联合国实体（组织系统）保持联系，为之提供全面指导和协调。[①] 经社理事会的附属机构主要包括：[②]

1. 职司委员会。经社理事会的职司委员会是针对某一具体领域存在的问题所设立的专门委员会，现包括统计委员会、人口与发展委员会、社会发展委员会、妇女地位委员会、麻醉药品委员会、预防犯罪和刑事司法委员会、科学和技术促进发展委员会、联合国森林论坛。

2. 区域委员会。经社理事会区域委员会是按照地理区域所设立的专门委员会，旨在协助各个地区的经济、社会的发展，加强区域内及区域间国家的合作。现包括非洲经济委员会（非洲经委会）、亚洲及太平洋经济社会委员会（亚太经社会）、欧洲经济委员会（欧洲经委会）、拉丁美洲和加勒比经济委员会（拉加经委会）、西亚经济社会委员会（西亚经社会）等5个区域委员会。

3. 常设委员会。经社理事会常设委员会的主要任务是协调理事会与各国际实体间的关系，包括方案和协调委员会、非政府组织委员会、政府间机构协商委员会。

---

① 摘自联合国经社理事会官网"关于我们"中的介绍，https://www.un.org/ecosoc/zh/about-us，2018年6月13日访问。

② 附属机构情况更新至2018年6月。

4. 由政府专家组成的专家机构。它们是为了促进某具体领域的国际合作而设立的、由具有专业知识的人组成的机构，现包括危险货物运输和全球化学品统一分类标签制度专家委员会、国际会计和报告准则政府间专家工作组、联合国地名专家组、联合国全球地理空间信息管理专家委员会。

5. 成员以个人身份组成的专家机构。它们的职责是就某些特定事务向经社理事会进行建议，一般由联合国大会直接任命相关领域的权威人士以个人名义成为成员；这些专家机构的成员在机构内仅代表其个人，且仅就其专业领域的问题和机构主要关心的问题发表见解。现包括发展政策委员会、公共行政专家委员会、公共行政专家委员会、经济、社会和文化权利委员会、土著问题常设论坛。

6. 其他有关机构。它们是联合国人口奖委员会、提高妇女地位国际研究训练所执行委员会、国际麻醉品管制局、联合国艾滋病毒/艾滋病联合规划署方案协调委员会、联合国系统营养问题常设委员会。

根据《联合国宪章》第68条的规定，[①] 联合国于1946年2月通过决议，设立了人权委员会，作为经社理事会的职司委员会之一，职责主要是拟具与人权有关的国际文书及其他政策建议，调查关于侵犯人权的指控和处理相关来文，协助经社理事会协调联合国系统内人权的活动等。人权委员会与联合国大会第三委员会、联合国人权事务高级专员办公室（以下简称"人权高专办"）在国际人权保护中发挥了不可替代的重要作用。2006年3月15日，第60届联合国大会通过A/RES/60/251号决议，决定设立共有47个席位的人权理事会，以取代之前设立的人权委员会。该决议规定，人权委员会不再是经社理事会的附属机构，而是联合国大会的附属机构；其席位按照公平地域原则分配。人权理事会于2007年确定了普遍定期审议机制、人权特别机制、专家咨询机制等，继续为促进国际人权保护发挥着积极的作用。

---

① 《联合国宪章》第68条：经济及社会理事会应设立经济与社会部门及以提倡人权为目的之各种委员会，并得设立于行使职务所必需之其他委员会。

二、人权国际保护的历史发展

从不同的角度可以对"人权"给出不同的定义。从法律的视角来看，现代人权的概念来源于启蒙思想家洛克、卢梭于其著作中提到的"自然权利"，它们对18世纪美国独立战争和法国革命产生了巨大影响，并且经过继承和发展，产生了以1776年美国《独立宣言》、1789年法国《人权与公民权宣言》、1789年美国宪法前10条修正案（又称《权利法案》）、1793年《法兰西宪法》为代表的一系列宪法性文件。美国《独立宣言》将人权解释为"造物主赋予的，不可剥夺的，包括平等权、生命权、自由权、追求幸福的权利在内的权利"。这是对人权的承认和保护的初期阶段，它主要停留在国内法领域，是所谓"国内管辖事项"（the Matters of Domestic Jurisdiction），调整的是国家与个人之间的关系。

在第二次世界大战之前，人权的国际保护仅集中在一些个别领域，如禁止奴隶贸易[1]、国际劳工保护[2]和战争中的人道主义保护[3]等。但是，限于当时传统国际法理论的"文明国家主体论"，[4] 这些领域的国际公约在很大程度上是为了保护当时的殖民国家利益[5]而起草和签署的，与人权保护的非歧视性原则相违背，很难被称为现代意义上的国际人权保护。

人权的国际保护全面进入国际法领域，主要是在第二次世界大战之

---

[1] 如部分国家签署了1815年《关于取缔贩卖黑奴的宣言》、1890年《关于贩卖非洲奴隶贸易问题的总议定书》、1926年《国际禁奴公约》等禁止奴隶贸易的文件。

[2] 与此相关的国际公约有1906年《禁止在火柴工业使用白磷的公约》和《禁止妇女在夜间劳动的公约》等。

[3] 与此相关的国际公约主要有《改善战地武装部队伤者、病者境遇之日内瓦公约》《改善海上武装部队伤者、病者及遇船难者境遇之日内瓦公约》《关于战俘待遇之日内瓦公约》《关于战时保护平民之日内瓦公约》和《陆战法规和惯例公约》等。

[4] 早期国际法认为，只有西欧部分"文明国家"才是国际法的适格主体，其他国家，比如亚非拉的广大国家，因为"文明水平未到享有国际法上权利、承担国际法上义务的程度"，故不被视作国际法的主体。

[5] 李伯军：《人权的国际保护：成就、困境与前景——法律、政治与伦理的多维视角》，《武大国际法评论》2007年第1期，第49页。

后。二战中，法西斯对人类犯下了滔天罪行，人的基本权利在战争中被无情践踏。人们从德意志第三帝国的例子中可以看到，虽然人权可以被国内法（如宪法等根本大法）所保障，但是它在国内法领域同样可以以合法的方式被变更或剥夺。所以，人权除非以国际社会的有效承认为基础并受到保障，否则是不足以防止国家的粗暴侵犯的。[1] 因此，在充分吸取二战的教训后，人权的保护开始作为世界性议题登上历史舞台，即由"国内管辖事项"变为"国际关切事项"（the Matters of International Concern）。此后，《世界人权宣言》《公民权利和政治权利国际公约》《经济、社会和文化权利国际公约》等全球性人权国际公约和《欧洲人权公约》《美洲人权公约》《非洲人权和民族权宪章》等区域性人权国际公约的签署，以及联合国人权委员会、联合国人权事务高级专员办公室等专门机构的建立，标志着国际人权保护的法律体系已经初步建立起来，"国际人权法"作为国际法的一个分支，也逐渐发展出自己独立的学说和体系。

三、人权国际保护的内容

如前文所述，不同领域的学者，甚至同一领域的不同学者在"人权"的定义和内容上都无法完全达成一致，故"受国际保护的人权"作为人权的下位概念，学界对其内容和分类方式也存在不同的观点。

被较多学者接受的一种分类方式是由《世界人权宣言》首创的。该文件将人权划分为"公民和政治权利"以及"经济、社会和文化权利"。有学者认为，国家应尽快采取措施，确保公民和政治权利的早日实现；对于经济、社会和文化权利，国家应采取步骤，"尽最大能力"使其"逐步实现"。[2] 通过这种论述，此两种权利对人的生存和发展的重要性得到清晰的表达。

---

[1] ［英］詹宁斯、瓦茨修订：《奥本海国际法》，第一卷，第二分册，北京：中国大百科出版社，1998年版，第355页。

[2] Louis Henkin, *The Age of Rights*, Columbia University Press, 1990, p. 33.

公民权利和政治权利主要包括涉及个人的生命、财产、人身自由的权利以及个人作为国家成员自由、平等地参与政治生活的权利。[①]《公民权利和政治权利国际公约》第三部分的第6—27条对该种权利做出较为详细的规定，包括：生命权（第6条），免予酷刑和不人道待遇或刑罚的权利（第7条），免于奴役和强迫劳动的权利（第8条），人身自由和安全权（第9条），被剥夺自由者享有的人道待遇权（第10条），免于因债务而被监禁的权利（第11条），迁徙自由权（第12条），外国人享有的免于被非法驱逐的权利（第13条），受指控者获得公正审判的权利（第14条），不受有溯及力的刑法追究的权利（第15条），法律面前的人格权（第16条），私生活不受干扰权（第17条），思想，良心和宗教自由（第18条），表达自由（第19条），免受鼓吹战争宣传或煽动民族、种族或宗教仇恨的权利（第20条），和平集会权（第21条），自由结社权（第22条），缔结婚姻和成立家庭权（第23条），儿童享受家庭，社会和国家保护的权利（第24条），参政权（第25条），法律面前平等的权利（第26条），人种、宗教或语言的少数者受保护的权利（第27条）。

经济、社会、文化权利主要是指个人作为社会劳动者参与经济、社会、文化生活方面事务的权利。《经济、社会及文化权利国际公约》规定，所有人民都享有：自决权（第1条），工作权（第6条），同工同酬及享受公正、良好和安全卫生的工作条件的权利（第7条），组织和参加工会及合法罢工的权利（第8条），享受包括社会保险在内的社会保障权利（第9条），妇女、儿童以及家庭，婚姻自由受保护权（第10条），享受所需之衣食住等适当生活程度及不断改善之生活环境的权利、免于饥饿权（第11条），获得相当生活水准享受可能达到的最高标准之身心健康权（第12条），受教育权（第13、14条），参加文化生活和享受科学进步及其应用的权利、著作权（第15条）等。

另外，联合国教科文组织前法律顾问卡雷尔·瓦萨克于1977年提

---

① 邵津：《国际法》（第5版），北京：北京大学出版社，2014年版，第375页。

出"三代人权"的理论，也受到学界的重视。他认为，人权的内容是随着时代的发展而不断进行自我更新的。在17、18世纪的美国独立战争和法国大革命时期，人权主要是指"消极权利"及个人自由不被国家非法干预的权利，主要包括生命权、财产权、自由权（信仰自由、表达自由、结社自由等）等基本权利，这是"第一代人权"。第二代人权形成于19世纪末20世纪初反抗剥削和压迫的社会主义革命时期，所依据的主要为"平等"思想，包括工作权、劳动条件权、同工同酬权、社会保障权、受教育权等，这些权利又被称为"积极的人权"。第三代人权是较为晚近的概念，形成于第二次世界大战后，包括民族自决权、发展权、环境权、和平与安全权、人类共同遗产权等，又被称为"集体人权"，也被称为"社会连带关系权利"。在瓦萨克的划分方式是否合理这一问题上，学者们存在很大分歧。有人认为他的观点能够体现人权的发展轨迹，是良好的分类方式；也有人认为将人权划为"代"是十分荒谬的，因为"代"包含后代对前代进行传承和代替的关系，按照瓦萨克的划分方式，第一代人权其实已经是"过时的权利"，但最早产生的人权即使在社会发展日新月异的今天，也是基本的、无可替代的权利。我国有学者认为，关于瓦萨克划分方式的分歧，其实体现了西方人权思想与社会主义国家、第三世界国家人权思想之间的差异。[①]

四、人权国际保护的主要机制

人权国际保护的主要机制可以分为全球性人权保护机制和区域性人权保护机制。全球性人权保护机制是第二次世界大战结束后在全球范围内建立的，以《联合国宪章》为先导，以《世界人权宣言》《经济、社会及文化权利国际公约》《公民权利和政治权利国际公约》（此三个文件常被共同称为"国际人权宪章"）为核心，以联合国作为监督上述条约的执行情况的主要机构的一套人权保护机制。区域性人权保护机制，则是以区域性合作组织为依托，以区域性人权协定为核心建立的。本书

---

① 邵津：《国际法》（第5版），北京：北京大学出版社，2014年版，第379页。

接下来分别就两种保护机制进行简要介绍。

(一) 全球性人权保护机制

如前所述,原联合国人权委员会是根据《联合国宪章》建立的联合国系统内部监督人权状况、处理人权问题的主要专门机构。它是联合国人权理事会的前身,现在的职能已基本被联合国人权理事会所继承。与原为经社理事会职能委员会,且每年只召开一次会议的人权委员会不同,新成立的人权理事会为联合国大会下属的常设机构,可以定期或者在必要时随时召开会议,解决紧迫的人权问题;也可以通过理事国间更为密切的交流,促进人权保护的国际合作。

联合国框架内的《国际人权宪章》,以及其他专门人权保护领域的国际公约,普遍设立了监督该公约执行的专门委员会,并且规定了该公约的执行机制,包括但不限于:(1) 要求缔约国定期向专门委员会提交履约报告;(2) 允许缔约国间的互相指控;(3) 个人对缔约国的指控来文及审议制度;(4) 就违反公约情况的合作研究及秘密调查制度等。以1987年6月26日通过的《禁止酷刑和其他残忍、不人道或有辱人格的待遇或处罚公约》为例,该公约设立了禁止酷刑委员会以监督其执行;缔约国应通过联合国秘书长向禁止酷刑委员会递交其履约报告;禁止酷刑委员会若得到情报,认为确实有可靠证据表明某一缔约国境内经常实施酷刑,则在有正当理由的情况下,可指派一名或几名成员对此进行秘密调查,该调查结果可以在协商后被编制进该委员会为其他缔约国或联合国大会所撰写的年度报告中;在缔约国承认禁止酷刑委员会权限的前提下,该委员会有接受和审议某一缔约国对另一缔约国未履行公约义务的指控,也有权接受在某一缔约国管辖下的个人或其代表声称该国因违反公约义务而对其造成损害的来文。

(二) 区域性人权保护机制

区域性人权保护机制主要是以区域性的人权条约为基础、以区域性国际组织为执行监督机构建立的。二战结束后,欧洲理事会于1950年开始了《欧洲人权公约》的起草工作,该条约于1953年生效;1968年阿拉伯常设人权委员会成立；1978年《美洲人权公约》生效；1986年《非洲人权与民族权宪章》生效。上述条约的通过、委员会的成立，分别标志着该区域的区域性人权保护机制的基本建立。

一般来说，各区域性人权保护公约会就该公约的实施设立专门的委员会和司法机构。[①] 由于欧洲各国为作为个人的公民所提供的权利救济途径较其他地区更晚，其人权保护机制更具有借鉴和参考价值，下面将以欧洲为例，就区域性人权保护公约的实施进行介绍。

根据《欧洲人权公约》，欧洲人权委员会作为监督该公约实施的专门委员会建立起来。在缔约国声明承认其权限的情况下，欧洲人权委员会有权受理、调解和调查由某一缔约国提交的关于另一缔约国违反该公约义务的指控，也可以受理个人、非政府组织或个别团体，就其受《欧洲人权公约》承认和保护的权利受某一或某几个缔约国侵害而提出的申诉。欧洲人权委员会为完善欧洲范围内的人权国际保护体系做出不可磨灭的贡献，也大大促进了国际人权法的发展，其给出的部分意见和论述甚至成为被广为援引的国际法渊源。但是，1998年11月1日通过的《欧洲人权公约第十一议定书》取消了欧洲人权委员会，并将其受理指控或申诉的职能划分给欧洲人权法院。

欧洲人权法院是根据《欧洲人权公约》第15条，于1958年在法国斯特拉斯堡建立的常设司法机构，其主要职责是就《欧洲人权公约》的解释和适用相关的案件进行最终裁决。根据最新修订的《欧洲人权公约》，欧洲人权法院对前文所述的由缔约国提出的指控个人、非政府组织、个别团体提出的申诉行使管辖权，但是相关的指控/申诉必须满足：（1）该案件已在被指控或提起申诉的缔约国内穷尽所有救济途径；（2）该案件必须在被指控或提起申诉的缔约国做出最后决定之日起6个月内提交给委员会。为了减少不必要的申诉，人权法院可以不受理已被自身审查者交由其他国际组织调查的案件和显然滥用申诉权的案件。欧洲人权法院的判决为最终判决，对所有缔约国均具有约束力。欧洲理事会部

[①] 《非洲人权与民族权宪章》未就人权保护的常设司法机构做出规定。

长委员会有对欧洲人权法院的审判进行监督的义务。

在欧洲人权法院开始履行职责的半个多世纪里,其做出的很多判决成为国际法领域的经典;其所确立的个人申诉制度也成为人权国际保护领域的标杆;通过上述欧洲理事会、原欧洲人权委员会和欧洲人权法院共同建立的欧洲人权保护机制,欧洲人民的政治和公民权利在享有国内法保护的同时,其寻求国际救济的途径也得到保障,相关经验值得世界其他国家和地区学习、借鉴。

本章练习

一、请简述本章所涉及的一些关键术语的内涵。

国际法　法律人格　权利能力　行为能力　外交特权与豁免权　国际协查通报　国际人权法　国际人权保护机制　区域性人权保护机制　欧洲人权公约　国际刑事警务合作

二、请根据本章内容谈谈你对下列问题的看法。

1. 请罗列出三个你知道的非政府间国际组织的名称及其主要宗旨,并谈谈非政府间国际组织与政府间国际组织的主要区别。

2. 你怎么看待国际人权保护中的"政治犯不引渡"原则?你认为贪污、腐败案件的嫌疑人属于"政治犯"吗?

3. 《公民权利和政治权利国际公约》(以下简称"《两权公约》")是联合国在《世界人权宣言》的基础上通过的一项公约。我国政府于1998年10月5日签署了《两权公约》,但我国立法机构(即全国人民代表大会及其常务委员会)尚未批准该公约(截至2018年6月)。你认为我国尚未批准《两权公约》的原因有哪些?

三、请以小组的形式合作完成对下列问题的探讨。

1. 请选择联合国经社理事会下设的一个机构、基金会或方案,向同组其他成员简要介绍其历史、宗旨、运作方式等相关信息。

2. 在国际公法领域,"国际法院"是一个极其重要的机构,它的许多观点已经成为构建现代国际法的基石。请在进行网络检索的基础上,向同组同学介绍一例国际法院的经典判决,并谈谈你对国际法院在该案件中所扮演角色的认识。

3. 请小组成员在老师的指导下模拟下列案件并切实感受国际法的施行方式。

F 是一个在二战中被 G 军俘获,并送至劳工营进行强制劳动的 I 国青年。在劳工营里,由于过度劳累,F 疾病缠身,并丧失了劳动能力。二战结束后,F 决定对 G 国提起诉讼,要求 G 国政府就战争时期侵害其人身权的强制劳动行为进行道歉,并做出相应赔偿。

G 国外交部对该案提出了答辩意见,认为战争时期 G 国对 F 的强制劳动属于国家的主权行为,而根据国际法的基本原则,主权国家享有国家豁免权,不能作为某一国内国法法域中的被告,故 G 国不是该案的适格被告,当地法院应驳回 F 的诉求。对此,F 的律师表示,虽然 G 国享有国家豁免,但禁止强制劳动属于人权保护的范畴,人权保护的优先级应高于国家豁免权,G 国可以成为本案的适格被告。当地法院决定对 F 的诉求进行初步听证,法官将根据听证过程中双方的阐述并综合全案,最终决定该案件可否进入诉讼程序。

现在,请你和同组同学分别扮演 F、F 的律师,G 国使馆出席听证会进行答辩的人员,当地法院法官等角色,在课堂上模拟该初步听证的口头辩论环节,对材料中提供的观点,结合国际人权保护的相关知识,为你所扮演角色代表的利益进行阐述和辩论(本案例根据 Ferrini v. Federal Republic of Germany 一案改编)。

参考书目

John P. Pace, "The Development of Human Rights Law in the United Nations, Its Control and Monitoring Machinery," in Friedrich Kratochwil, Edward D. Mansfield, *International Organization and Global Governance: A*

Reader, Beijing: Peking University Press, 2006.

Thomas R. Van Dervort, *International Law and Organization: An Introduction*, Sage Publications, 1997.

黄志雄:《国际法视角下的非政府组织趋势影响与回应》,北京:中国政法大学出版社,2012年版。

梁西,杨泽伟修订:《梁著国际组织法》(第6版),武汉:武汉大学出版社,2011年版。

李先波:《主权、人权、国际组织》,北京:法律出版社,2005年版。

饶戈平主编:《国际组织与国际法实施机制的发展》,北京:北京大学出版社,2013年版。

邵津主编:《国际法》(第5版),北京:北京大学出版社,2014年版。

第七章 国际组织的公益环保功能

我们不要陶醉于我们对自然界的胜利,对于每一次这样的胜利,自然界都报复了我们。

——弗里德里希·恩格斯

章节导读

★ 学习目标
- 了解世界自然基金会的历史沿革及全球环境治理的职责和作用;
- 了解世界卫生组织的历史沿革及全球公共卫生合作的职责和作用;
- 了解联合国教科文组织的历史沿革及世界公民教育的职责和作用;
- 为国际组织在全球环境、卫生和教育治理上发挥更大的作用提出相应建议。

★ 内容概要

近年来,在全球范围内,随着国家和地区相互间联系与互动的加深,武装冲突、资源短缺、生态恶化、贫困饥饿等传统与非传统安全威胁也日益交错复杂。本章选择以公益与环保为切入点着重介绍国际组织在促进不同区域民族国家间的协商对话方面的重要作用。特别需要指出的是,了解国际组织的公益环保功能不应局限于狭义的公益事业和环保努力,而是更多地从不同集体和个人的维度去关注国际社会的方方面面。

具体来说，本章以世界自然基金会、世界卫生组织以及联合国教科文组织为例，在梳理这些国际组织历史发展和机制功能的基础上，探讨不同的国际组织在全球污染防治、全球公共卫生合作以及世界公民教育等治理领域的作用。

第一节 世界自然基金会与全球环境治理职责

一、世界自然基金会简介

世界自然基金会（World Wide Fund for Nature）是在全球享有盛誉的、最大的独立性非政府环境保护组织之一。其成立于1961年，总部设在瑞士格朗，在全世界超过100个国家有办公室，拥有5000名全职员工，并有超过500万名志愿者。世界自然基金会自成立至今50余年来，投资超过1.3万个项目，涉及资金约100亿美元。世界自然基金会的最终目标是制止并扭转地球自然环境的加速恶化，并帮助创立一个人与自然和谐共处的未来。它是世界上最大的环保组织，其资金55%来自私人捐赠，19%来自政府机构（如世界银行），8%来自公司投资。[①]

世界自然基金会的简称"WWF"起初代表"World Wild Life Fund"（世界野生动植物基金会）。1986年，基金会认识到这个名字不能完全反映该组织在致力于全球环境治理中的活动，于是改名为"World Wide Fund for Nature"（世界自然基金会）。值得注意的是，世界自然基金会在中国的工作始于1980年，是第一个受中国政府邀请来华开展保护工作的国际非政府组织。近60年来，世界自然基金会一直在保护自然的未来。作为世界领先的保护组织，它在100个国家开展工作，得到全球近500万会员的支持。世界自然基金会以独特的工作方式将全球影响力与科学基础相结合，通过开展从地方到全球各个层面的行

---

① 数据来源为世界自然基金会官方网站，http://www.wwfchina.org/aboutus.php，2018年10月24日访问。

动，从而确保能够提供满足人与自然需求的创新解决方案。①

下面，本章将对世界自然基金会的历史发展及其全球环境治理功能进行介绍。

WWF 的使命

WWF 的使命是遏止地球自然环境的恶化，创造人类与自然和谐相处的美好未来。为此，WWF 致力于：

- 保护世界生物多样性；
- 确保可再生自然资源的可持续利用；
- 推动降低污染和减少浪费性消费的行动。

WWF 的领域

WWF 致力于保护世界生物多样性及生物的生存环境，所有的努力都是在减少人类对这些生物及其生存环境的影响。从成立以来，WWF 共在超过 150 个国家投资超过 13000 个项目，资金近 100 亿美元。

- WWF 每时每刻都有近 1300 个项目在运转。这些项目大多数是基于当地问题。项目范围从赞比亚学校里的花园到印刷在您当地超市物品包装上的倡议，从猩猩栖息地的修复到大熊猫保护地的建立。
- WWF 在中国的项目领域也由最初的大熊猫保护扩大到物种保护、淡水和海洋生态系统保护与可持续利用、森林保护与可持续经营、可持续发展教育、气候变化与能源、野生物贸易、科学发展与国际政策等领域。

---

① 数据来源为世界自然基金会官方网站，http://www.wwfchina.org/aboutus.php，2018 年 10 月 24 日访问。

二、世界自然基金会的历史发展

世界自然基金会于 1961 年 9 月 11 日正式作为慈善团体登记注册，从此一场拯救地球的集资活动开始了。其创始人认为，组织最有效的工作方式是在各个国家设立分支机构。世界自然基金会第一个国家计划于 1961 年 11 月 23 日在英国建立，爱丁堡公爵担任主席，大熊猫成为世界自然基金会的标志。1961 年 12 月 1 日，美国成立了世界自然基金会国家机构，紧接着瑞士也成立了世界自然基金会国家机构。

1970 年，荷兰伯恩哈特王子（后担任世界自然基金会国际总部的主席）为该组织建立了一个牢固而独立的经济基础——世界自然基金会设立了 1000 万美元的基金，被称为"1001：自然信用基金"。20 世纪 70 年代末，世界自然基金会开展了"拯救犀牛"的运动。与此同时，由于认识到许多对诸如象牙、犀牛角等珍稀动植物的非法买卖活动会导致部分生物物种灭绝，世界自然保护联盟创建了一个控制野生动物交易的机构——TRAFFIC（野生动植物贸易调查）。

世界自然基金会向史密森学会捐赠 3.8 万美元，用于研究尼泊尔奇特万庇护所的老虎种群，使科学家能够在 1973 年首次成功使用无线电跟踪装置。世界自然基金会于 1975 年帮助哥斯达黎加创建了位于国境内奥萨半岛的科尔科瓦多国家公园。科尔科瓦多包含 13 种主要生态系统，包括云雾林、低地雨林、棕榈林、红树林沼泽以及沿海和水下栖息地，号称地球上生物多样性最为突出的地方，也是目前受到保护的中美洲热带森林的最佳范例。

1980 年，世界自然基金会与世界自然保护联盟、联合国环境规划署共同发表《世界自然保护战略》。这项由联合国秘书长签署的战略在世界 34 个国家的首都同时展开，意味着人类走向自然保护的新步伐，并凸显了持续利用自然资源的重要性。自从这一战略开始实施，50 多个国家相继制定出各自的国家战略。1983 年，随着自然保护邮票收集活动的展开，捐款数额迅速增加。世界自然基金会与 130 多个国家的邮政机构共同选择,将一些濒临灭绝动物的图案印制在邮票上,这一活动目前已成功为世界自然基金会筹集到1000万美元的款项。1986年,世界自然基金会认识到原有名称"世界野生动物基金会"已无法反映该组织的活动范围,于是将名称改为现在的"世界自然基金会",以示其活动范围扩大。在1980年世界自然保护战略的基础上,世界自然基金会于1985年启动荒地和人类需求计划,该计划表明与野生动物共享土地的农村人口的经济状况可以在不降低自然栖息地的情况下得到改善。在马达加斯加岛上,自1972年以来已被认为灭绝的竹狐猴,在1986年又被世界自然基金会赞助的研究人员重新发现了。

1990年,世界自然基金会重新制定了战略计划,调整后的战略重申了自然保护的主题,并将基金会的工作划分为三个独立的部分:(1)生物多样性的保护;(2)促进对自然资源可持续性利用的观念的传播;(3)减少浪费性消费和生活污染。此外,战略还弱化了自然基金会在环境治理中的主导性,强调要通过增加与当地居民的合作来促进计划的落地实施。随后的几年中,世界自然基金会在总结《世界自然保护战略》开展以来经验的基础上,与世界自然保护联盟、联合国环境规划署携手发表了《关心我们的地球——持续生存战略》。[1] 全球60多个国家共同签署并同意将其中所列的132个行动计划提供给所有社会阶层和政治地位的人们,以促使人们参与保护各自的环境,同时提高他们的生活质量。[2]

世界自然基金会于1990年召集成立鸟类贸易合作工作组,汇集了宠物产业、养鸟者、动物园、动物福利组织和保护主义者。该组织建议美国停止进口大多数野生鸟类作为宠物出售。1996年,世界自然基金会与马来西亚和菲律宾合作建立海龟群岛遗产保护区,这是世界上第一个海龟跨界海洋保护区。

---

[1] 中国绿色时报社:《面向新世纪的环保攻略——九十年代的WWF》,《森林与人类》2002年第10期,第24页。

[2] 刘虹利:《国际环境非政府组织在全球环境治理中的作用——以世界自然基金会为例》,《中国商界》2008年第5期,第218—219页。

21世纪，随着环保工作的逐步发展和深入，世界自然基金会的规模进一步扩大，声誉也日益提升。在此过程中，世界自然基金会更深刻地理解了自然危机的本质和成因，同时对如何开展自然保护的工作有了更清晰的认知。20世纪60年代建立之初，世界自然基金会即以保护物种为特色，时至今日，其已致力于达到一个新的高度——国家、地区及全球范围的合作。世界自然基金会在2003年与6个非洲政府合作，确定了以科学为基础的优先事项，以保护该地区的物种和栖息地。世界自然基金会和中国政府在2004年发布了有关野生大熊猫的最全面研究报告，显示大熊猫数量比以前想象的要多出近50%。2015年12月，196个国家在巴黎举行会议，最终确定了旨在遏制气候变化的全球协议，其中就包括世界自然基金会的许多关键优先事项。[1]

三、世界自然基金会的组织机构

世界自然基金会的政策由董事会成员制定。高级管理团队负责指导和制定世界自然基金会的战略。此外，还有一个国家委员会作为董事会的咨询小组，以及一个在世界自然基金会从事研究工作的科学家和保护专家团队。

董事会由科学界和商业界的领导者组成，全面负责世界自然基金会的政策制定和方向把关，并就涉及广泛的政策和运营事宜提供建议和咨询。董事会成员通过选举产生，任期3年，选择对自然保护做出突出贡献且具备广泛的科学和其他专业知识的成员担任。董事会成员关注基金会的运行状况并签署基金会的政策文件。

高级管理团队由首席运营官、高级行政官、法律顾问，以及海洋部、人力资源部、私营部、森林部、市场与食品部、野生动物保护部、淡水资源部、气候变化部、能源部、市场营销部、全球伙伴关系部、发展部、财务部、科学家部、国家办事处、秘书处等部门的部长（处长

---

[1] 数据来源为世界自然基金会官方网站，http://www.wwfchina.org/aboutus.php，2018年10月24日访问。

组成。

专家团队由研究可再生能源、企业水资源管理、草原生态学、全球野生动物、渔业、森林与气候、立法事务、证据保护、北极野生动物、气候变化、可持续景观、食物浪费监控、旅游保护、可持续发展、木业、海洋、淡水资源、环境与灾害等问题的科研人员组成。

四、全球环境治理的主要职责

联合国高级别政治论坛每年举行一次会议，审查"2030年可持续发展议程"目标。其2017年审查了在不断变化的世界中消除贫困和促进繁荣的六个目标，2018年7月评估了六个目标的进展情况，即：（1）确保所有人的供水和卫生设施的可用性和可持续管理；（2）确保为所有人提供负担得起、可靠、可持续和现代化的能源；（3）使城市和人类居住区具有包容性、安全性、适应性和可持续性；（4）确保可持续的消费和生产模式；（5）保护、恢复和促进陆地生态系统的可持续利用，可持续地管理森林，防治荒漠化，制止和扭转土地退化并制止生物多样性丧失；（6）加强执行手段并振兴全球可持续发展伙伴关系（每年审查）。

世界自然基金会承认联合国2018年可持续发展高级别政治论坛"部长级宣言"所做的努力，重申了对实施"2030年可持续发展议程"的承诺。然而基金会感到遗憾的是宣言具有有限性，呼吁转向务实和切实的行动，以及成功所需的迫切感、凝聚力和雄心。

世界自然基金会致力于促进世界各地碳密集型活动的转变。基金会低碳工作的一个重要组成部分是联合国气候谈判。由于世界上一半以上的人口居住在城市，城市中心往往是世界自然基金会可以传播环保理念并动员该城市向气候友好型经济过渡的重要场所。1992年，《联合国气候变化框架公约》（UNFCCC）同意政府的一项国际协议，允许各国合作解决如何减少温室气体排放和应对气候影响的问题。为了通过具体目标加强全球对气候变化问题的响应，各国政府于1997年通过了《京都议定书》。该议定书在法律上将某些发达国家与减排目标联系起来，但是由于其第二个承诺期将于2020年到期，因此需要一个新的、加强的全球气候行动框架来取代它。《巴黎协定》是2015年12月在巴黎举行的联合国气候谈判中商定的具有历史意义的新的全球气候协议，该协议首次要求所有国家，包括发达国家和发展中国家采取改善气候的行动。世界自然基金会致力于对政府施加压力，使《巴黎协定》成为加速各国改善气候行动的新篇章。①

世界自然基金会的使命是"遏止地球自然环境的恶化，创造人类与自然和谐相处的美好未来"，因此其全球环境治理职责可概括为以下三项行动：（1）保护世界生物多样性；（2）确保可再生自然资源的可持续利用；（3）推动降低污染和减少浪费性消费的行动。

世界自然基金会的六个全球目标为：（1）确保海洋生态系统的生产力和适应性，改善海洋生物多样性；（2）使濒临灭绝的物种在野外得到保护和恢复；（3）加强和维持森林的完整性；（4）维护淡水生态系统；（5）实现全球的低碳化转变以适应未来的气候变化；（6）保护可持续的粮食系统，维护粮食安全。

世界自然基金会依靠与全球性机构及当地公司建立伙伴关系，并通过更多参与者的努力来影响和实现变革，包括：（1）当地社区和跨国公司；（2）政府和非政府组织；（3）金融机构和发展机构；（4）消费者和研究人员。

与此同时，世界自然基金会集中精力解决环境问题的三个主要驱动因素为：（1）通过改变国际市场，使得商品和服务的生产和消费更为可持续；（2）摆脱长期以来只创造短期回报的金融体系，建立支持包容性发展和创造长期财富的新型金融体系；（3）改善不公平的全球治理体系，使受环境变化影响的绝大多数人拥有发言权，参与和影响变革。

---

① 数据来源为世界自然基金会官方网站，http://wwf.panda.org/our_ambition/our_global_goals/，2018年10月24日访问。

世界自然基金会正在积极推动各国政府制定低碳政策，并努力让各国政府承担环保责任，以提高清洁可再生能源的使用效率。基金会也与金融机构合作并获取资金，用于清洁技术和森林恢复等方面。另外，基金会支持企业以更大的力度减少碳排放，努力减少气候变化对农业、森林和水源等领域的影响。总之，世界自然基金会在全球和国家层面与政府、私营部门和消费者合作，共同应对影响发展的治理挑战。[1]

第二节 世界卫生组织与全球公共卫生合作

一、世界卫生组织简介

世界卫生组织（World Health Organization）总部位于瑞士日内瓦，共有6个区域办事处、150个国家办事处，全球现有7000多名工作人员。《世界卫生组织法》于1948年4月7日生效，4月7日便成为世界卫生组织现在每年庆祝的"世界卫生日"。世界卫生组织的纲领为："健康不仅为疾病或羸弱之消除，而系体格、精神与社会之完全健康状态。"

世界卫生组织通过其最高决策机构——世界卫生大会以及执行卫生大会决定和政策的执行委员会来进行管理。世界卫生组织与各国、联合国系统、国际组织、民间团体、学术界等开展合作，致力于改善各地人民的健康状况并支持其发展。世界卫生组织的规划预算资金来自评定会费和自愿捐款。[2] 其指导原则是所有人都应享有最高标准的健康，无论其种族、宗教、政治信仰、经济或社会情境如何。自世界卫生组织最初作为新的联合国系统的国际卫生领导机构成立以来，这一原则在过去70年中一直指导着世界卫生组织的工作。例如，1978年的《阿拉木图

---

[1] 数据来源为世界自然基金会官方网站，http://wwf.panda.org/our_ambition/our_global_goals/，2018年10月24日访问。

[2] 数据来源为世界卫生组织官方网站，http://www.who.int/about/who-we-are/zh/，2018年10月24日访问。

宣言》中规定了人人享有卫生保健权利的理想目标，直到今天，它仍然是推动全民健康覆盖的前沿和核心问题。[1] 接下来，本书将对世界卫生组织的历史发展及其开展全球公共卫生合作的主要职责进行介绍。

二、世界卫生组织的历史发展

世界卫生组织的前身是于 1851 年 6 月 23 日举行的国际卫生会议。国际卫生会议自 1851 年至 1938 年共举行了 14 次，致力于对抗众多疾病，其中主要是霍乱、黄热病和鼠疫。国际联盟于 1920 年成立时，建立了国际联盟卫生组织。经过第二次世界大战，联合国吸收了国际联盟卫生组织及其他医疗机构，最终形成世界卫生组织。

1946 年 7 月 22 日，联合国所有 51 个成员国和其他 10 个国家签署了世界卫生组织的章程。《世界卫生组织法》于 1948 年 4 月 7 日生效，第一次会议于 1948 年 7 月 24 日结束，1949 年获得 500 万美元的预算。当时，世界卫生组织的首要任务是控制疟疾、结核病和性感染的传播，并改善孕产妇和儿童的健康、营养和环境卫生。

1947 年，世界卫生组织建立了流行病学的信息服务项目。到 1950 年，世界卫生组织开展使用 BCG 疫苗的大规模结核病接种活动。1955 年，疟疾根除计划启动。1965 年，世界卫生组织成立了糖尿病和国际癌症研究机构。1967 年，世界卫生组织每年捐助 240 万美元用于加强全球天花根除工作，并采用了一种新的疾病监测方法。世界卫生组织团队面临的最初问题是天花病例报告的不充分，经过 20 多年努力，世界卫生组织于 1979 年宣布该疾病已经根除，这是历史上第一种经过人类的努力被消灭的疾病。

1974 年，世界卫生组织开始实施扩大免疫方案和盘尾丝虫病控制方案。1977 年，世界卫生组织制定了第一份基本药物清单，一年后宣布了"人人享有健康"这一雄心勃勃的目标。1986 年，世界卫生组织

---

[1] 数据来源为世界卫生组织官方网站，http://www.who.int/about/who-we-are/zh/，2018 年 10 月 24 日访问。

开始实施艾滋病毒/艾滋病全球方案。之后，世界卫生组织一直在防止歧视艾滋病患者，并于1996年成立了艾滋病规划署。

1998年，世界卫生组织总干事在该组织成立50周年之际，强调了儿童生存、婴儿死亡率降低、预期寿命延长以及天花和脊髓灰质炎等患病率下降的情况。然而，世界卫生组织也承认，必须采取更多措施来协助孕产妇健康，但这方面的进展较为缓慢。2000年，"遏制结核病伙伴关系"与联合国制定"千年发展目标"一起创建。2001年，世界卫生组织计划到2007年将全球死于麻疹疾病的人数减少68%。2002年，全球抗击艾滋病、结核病和疟疾基金计划启动，用以改善现有医疗资源。2006年，世界卫生组织批准世界上第一个（津巴布韦官方）艾滋病毒/艾滋病工具包，该工具包为艾滋病的全球预防、治疗和支持计划奠定了基础。

三、世界卫生组织的组织机构

世界卫生大会是世界卫生组织的最高决策机构。它一般于每年5月在日内瓦举行会议，所有194个会员国派代表团参加。其主要职能是决定本组织的政策、任命总干事、监督本组织的财政政策，以及审查和批准规划预算方案。它同样审议执行委员会的报告，就可能需要进一步开展行动、研究、调查或报告的事项做出指示。

执行委员会由34名在卫生专门技术方面具有资格的委员组成，当选委员任期为3年。执委会主要会议于1月举行，商定即将召开的卫生大会议程和通过呈交卫生大会的决议，第二次较短的会议于5月紧接着卫生大会之后举行，审议行政性的事项。执委会的主要职能是执行卫生大会的决定和政策，向其提供建议并促进其工作。执行委员会中的规划、预算和行政委员会的职权范围包括：（1）委员会应由14名成员组成，即1名执委会主席和1名副主席，以及每个区域各2名执委会代表（共12名成员）。（2）委员会应每年举行两次会议，但执委会可决定召集委员会特别会议，以便处理委员会职权范围内的并且需要在委员会两次例会之间审议的紧迫事项。(3) 委员会成员的任职期限为 2 年。应设立两个官职——1 名主席和 1 名副主席。他们将从委员会成员中提名产生,起初任期为 1 年(如果他们在任期结束后仍然是执委会委员,有可能延长 1 年)。(4) 委员会应就下列问题进行审查,提供指导并酌情向执行委员会提出建议:规划的计划、监督和评价。(5) 委员会应代表执行委员会就所有下述事项进行审议并提供指导、发表意见或直接向卫生大会提出建议:拟议的决议对秘书处的财务和行政影响以及与规划预算的关系;欠交会费程度达到可援引《组织法》第七条规定的会员国的情况;财务报告和经审计的财务报表以及外部审计员的报告;执委会可能认为适宜的任何其他规划、行政、预算或财务事项。①

四、全球公共卫生合作的主要职责

世界卫生组织于 2018 年 10 月 30 日公布的《世界卫生组织第十三个工作总规划》② 提出当前的工作目标是:(1) 全民健康覆盖受益人口新增 10 亿人;(2) 面对突发卫生事件受到更好保护的人口新增 10 亿人;(3) 健康得到改善的人口新增 10 亿人。

《组织法》规定,世界卫生组织的目标是"为世界各地的人们创造一个更美好、更健康的未来"。(1) 世界卫生组织的工作人员通过设在 150 多个国家的办事处,与各国政府和其他伙伴共同努力,确保所有人都享有可达到的最高健康水平。(2) 世界卫生组织在防治疾病,包括流感和艾滋病等传染病以及癌症和心脏病等非传染性疾病方面积极努力。(3) 世界卫生组织致力于帮助全世界的母亲和儿童生存、发展,使人们能期待一个健康的晚年。(4) 世界卫生组织确保人们呼吸安全

---

① 《世卫组织改革:执行委员会规划、预算和行政委员会经修订的职权范围》,世界卫生组织,第 131 届会议 EB131. R2,议程项目 5,2012 年 5 月 28 日,数据来源:http://apps.who.int/gb/ebwha/pdf_files/eb131/b131_r2-ch.pdf。
② 《世卫组织第十三个工作总规划》,世界卫生组织,2018 年 10 月 30 日,数据来源为世界卫生组织官方网站,http://www.who.int/about/what-we-do/WIF_GPW13_Targets_Indicators_SDGAlignment_30Oct2018-ch.pdf? ua=1,2018 年 11 月 1 日访问。

的空气，食用安全的食物，饮用安全的水，并确保人们使用安全的药物和疫苗。

世界卫生组织与各国政府及非政府组织合作，支持其为实现与卫生相关的"千年发展目标"做出努力。从全球来看，世界卫生组织旨在获得所有人尽可能高水平的健康，支持各会员国家发展卫生战略和计划，以及兑现世界卫生组织理事机构的集体承诺等（联合国的所有成员国家均可通过接受《世界卫生组织法》而自动成为世界卫生组织的会员国，其他非联合国成员国可在提交申请后经世界卫生大会简单多数票批准后被接纳为会员国）。[1] 此外，值得一提的是，世界卫生组织不仅会协助会员国家主管当局制定卫生政策和计划，还会帮助政府与发展伙伴达成合作，从而促使外部援助与国内需求达成一致。世界卫生组织还收集和传播卫生数据，以使国家能够针对卫生支出制定计划并跟踪进展情况。

国家合作战略是指导世界卫生组织在国家中开展工作的一份重要文件，也是世界卫生组织与特定会员国开展技术合作的中期愿景，为各国制定卫生政策、战略或计划提供支持。该战略是在国家层面使世界卫生组织的工作与联合国其他机构和发展伙伴达成一致的基础。为与各国的活动周期和政策程序达成一致，国家合作战略的时间框架是相对灵活的。一般来说，世界卫生组织驻国家办事处与政府确定国家合作战略之后，由国家办事处编写一份国家合作战略情况简介，篇幅为2页，每年在世界卫生大会之前进行更新。国家合作战略以国家需求为基础，充实了世界卫生组织制定国家级年度规划预算时自下而上的计划过程。国家合作战略也被称为"国家合作战略的战略议程"，其通过梳理特定国家的需求、世界卫生组织的专长，从而帮助填补特定国家与世界卫生组织战略性合作的空白领域。国家合作战略是世界卫生组织六项工作重点与国家卫生政策之间相互对接的结果，一旦合作战略确定，特定国家的国家卫生部门将会发布卫生政策、计划或战略来指导国家为实现特定卫生

---

[1] 资料来源为世界卫生组织官方网站，https://www.who.int/about/zh/，2019年2月26日访问。

目标所采取的行动。因此，世界卫生组织的活动包括：（1）制定预防和治疗准则及其他全球规范和标准；（2）向各国提供技术支持以及实施准则；（3）分析社会和经济因素，并强调更广泛的健康风险和治疗机会。

世界卫生组织是联合国系统内国际卫生问题的指导和协调机构，其工作领域包括以下几方面：[①]

1. 卫生系统。强有力的卫生系统是保障各国居民良好健康的重要因素，同时对于卫生规划的妥善运作也至关重要。世界卫生组织是全球卫生信息的监护者，负责监测区域和全球卫生状况和趋势，汇集所有关于疾病和卫生系统的信息，并与各国共同致力于提高优质知识资源的生成、共享和利用。

2. 非传染性疾病。有数据显示，包括心脏病、中风、癌症、糖尿病、慢性肺病和精神疾患在内的非传染性疾病以及暴力和伤害加在一起，占全球死亡总数的70%以上。其中4/5的死亡发生在低收入和中等收入国家。这些疾病无法仅靠预防和治疗来解决，而且其造成的后果往往超越卫生部门的能力范围，因此更需要世界各国共同去应对。

3. 生命全程促进健康。"生命全程促进良好健康"涉及世界卫生组织的一切工作，不仅需要处理环境风险和健康问题等社会性问题，还需重视性别、公平和人权问题。这几年世界卫生组织工作的一项关键重点是完成千年发展目标议程以及减少国家间和国家内的差异。

4. 传染病。世界卫生组织与国家一道努力增强对艾滋病毒、结核病、疟疾和被忽视的热带病的预防、治疗和护理，并通过接种疫苗减少疾病。目前，全球与艾滋病毒/艾滋病、疟疾和其他疾病做斗争已取得显著进展，但仍需开展大量工作。

5. 防范、监测和应对。世界卫生组织在突发事件中的作用包括指导和协调卫生应对措施，向国家提供支持，开展风险评估，确定重点和

[①] 资料来源为世界卫生组织官方网站，http://www.who.int/about/who-we-are/zh/，2018年10月24日访问。

制定战略，提供关键的技术指导、供应和资金，并监督卫生状况。世界卫生组织还协助国家提高本国紧急管理风险的核心能力，以预防、防范和应对任何人类健康危害造成的突发事件并协助在其后开展恢复工作。

6. 全组织范围服务。这指的是提供得以开展一切工作的职能、工具和资源。全组织范围服务包括：由理事机构召集会员国制定政策，法律团队协助制定国际条约，通信联络人员帮助传播卫生信息，人力资源部门引进全世界最好的公共卫生专家或办公服务部门，为世界卫生组织 150 多个办事处的大约 7000 名工作人员提供办公空间和工具。

第三节 联合国教科文组织与世界公民教育发展

一、联合国教科文组织简介

联合国教育、科学及文化组织（简称：联合国教科文组织，英文：United Nations Educational, Scientific and Cultural Organization，缩写 UNESCO）于 1945 年 11 月 16 日正式成立，总部设在法国首都巴黎，是联合国在国际教育、科学和文化领域成员最多的专门机构。该组织旨在通过教育、科学和文化促进各国合作，对世界和平和安全做出贡献，其主要机构包括大会、执行局和秘书处。[①] 截至 2011 年 11 月 23 日，联合国教科文组织有成员国 195 个，另有 10 个准成员，共计 205 个国家和地区。

中国是联合国教科文组织创始国之一，1971 年恢复在联合国的合法地位，1972 年恢复在该组织的活动。2018 年 11 月，"一带一路"国际科学组织联盟正式成立，联合国教科文组织作为首批成员单位加入联盟。[②]

[①] 《联合国教科文组织对美国退出表示深切遗憾》，新华网，http://www.xinhuanet.com/world/2017-10/13/c_1121795358.htm，2019 年 8 月 26 日访问。

[②] 《"一带一路"国际科学组织联盟成立大会暨第二届"一带一路"科技创新国际研讨会在京举行》，中国科学院，http://www.cas.cn/tt/201811/t20181105_4669183.shtml，2019 年 8 月 26 日访问。

> 2018年11月4日，"一带一路"国际科学组织联盟成立大会暨第二届"一带一路"科技创新国际研讨会在京开幕，来自40余个"一带一路"沿线国家的700余名科研机构及大学负责人、国际组织代表、国际知名专家等出席开幕式，共建"一带一路"国际科学组织联盟，共商"一带一路"地区的科技创新合作事宜。
>
> "一带一路"倡议是由中国政府提出的，但它的发展机遇属于整个世界。目前，这个倡议已经对拉动投资、贸易增长、促进就业、经济发展起到非常重要的作用。科技合作是共建"一带一路"的重要内容，在弘扬科学精神，加强基础研究、应用研究，在应对气候变化、自然灾害、生命健康等共同挑战，以及在促进民心相通方面均发挥着关键的作用。
>
> "一带一路"国际科学组织联盟将作为首个在"一带一路"倡议框架下由沿线国家科研机构和国际组织共同发起成立的综合性国际科技组织，为沿线各国深入开展科技合作，携手应对共同挑战，促进民心相通与人文交流，推动构建人类命运共同体搭建机制性、保障性平台。

每年，联合国教科文组织都会发布《全民教育全球监测报告》，评估各国履行该组织于2015年前向所有儿童、青年和成年人提供基本教育的承诺的情况。该组织是"联合国扫盲十年（2003—2012年）"的牵头机构，该计划旨在提高人们对扫盲的认识并创造新的动力，促进更强有力的政治承诺，提高青年及成人方案的质量和规模，调集更多资金，大幅度减少文盲人数。该组织还是"联合国教育促进可持续发展十年（2005—2014年）"的牵头机构，以强调教育对实现可持续发展的核心作用。[①] 下面，本书将对联合国教科文组织的历史发展及其发展世界公

---

① 数据来源为联合国教科文组织官方网站，https://zh.unesco.org/about-us/introducing-unesco，2018年10月30日访问。

民教育的主要职责进行介绍。

二、联合国教科文组织的历史发展

1945年11月16日，37个国家的代表汇聚伦敦，签署《联合国教科文组织法》，在20个签约国批准之后，该法于1946年11月4日生效。1948年，教科文组织建议各会员国免费普及小学义务教育。

20世纪50年代，联合国教科文组织召开的一次政府间会议通过了《世界版权公约》。在此后的几十年里，该公约使版权保护扩展到当时未加入《伯尔尼保护文学艺术作品公约》（1886年）的众多国家。联合学校项目网络于1953年启动，联合了178个国家的大约8500所学校和其他教育机构。1956年，南非共和国指称联合国教科文组织的某些出版物"干涉"了该国的"种族问题"，遂退出该组织。1994年，在纳尔逊·曼德拉执政期间，南非重返该组织。

为保护世界自然和文化遗产，联合国教科文组织于1972年11月16日在第十七次大会上正式通过了《保护世界文化和自然遗产公约》。1976年世界遗产委员会成立，自1978年确定了首批12处世界遗产列入《世界遗产名录》，40年多来，全世界已有1077项世界遗产。[①]

距离阿斯旺280公里的阿布辛贝勒是埃及与苏丹接壤的边境地区，这里因有埃及一代枭雄、新王国19王朝法老拉美西斯二世在3300多年前建立的宏伟神庙而闻名于世，这些神庙的保护问题引出了世界文化遗产的理念，而阿布辛贝勒神庙也成为世界文化遗产的第一个保护对象。这是第一次也是最重要的一次活动，其他类似的活动还有保护摩亨朱达罗（巴基斯坦）、非斯（摩洛哥）、加德满都（尼泊尔）、婆罗浮屠（印度尼西亚）和雅典古卫城（希腊）。1968年，联合国教科文组织举办首次环境与发展协调（即现在人们所称的"可持续发展"）政府间会议，"人与生物圈计划"应运而生。1968年，联合国教科文组织举行了一次开创性会议，对过度开发

---

① http://www.china.com.cn/economic/txt/2010-12/31/content_21652980.htm，2019年7月28日访问。

自然资源提出质疑，由此敲响了可持续发展问题迫在眉睫的警钟。

自1970年以来，《关于禁止和防止非法进出口文化财产和非法转让其所有权的方法的公约》提供了一个打击非法贩运文化财产的坚实国际平台，同时积极鼓励并促进出台各项尊重和保护文化多样性的政策。1980年，《关于艺术家地位的建议》承认了艺术家们的特殊劳动条件及其独特的社会角色。世界科学知识与技术伦理委员会创立于1998年，它汇集了一流的知识分子和科学家，以应对科学和技术进步而带来的日益增多的挑战。在制定了有关淡水、能源、信息社会、外层空间和纳米技术的伦理准则之后，该委员会目前正侧重于两个主要领域的工作：（1）环境伦理（特别是关于全球气候变化的伦理问题）；（2）科学伦理（特别是关于科研人员的地位和科学行为的规则）。1972年《保护世界文化和自然遗产公约》通过后，世界遗产委员会于1976年成立，并建立了《世界遗产名录》。中国于1985年12月12日加入《公约》，1999年10月28日当选为世界遗产委员会会员。2018年11月，"一带一路"国防科学组织联盟成立，联合国教科文组织作为首批成员单位加入联盟。

三、联合国教科文组织的组织机构

联合国教科文组织由三大组织机构构成，联合国教科文组织大会和执行委员会是其管理机构，秘书处是其行政机构。

联合国教科文组织大会由联合国教科文组织成员国代表组成，每两年召开一次会议，参加者包括成员国、准成员，以及非成员国的观察员、政府间组织和非政府组织。每个国家都有一票，不论国家大小和交纳会费的多少。大会决定组织的政策和主要工作路线，其职责主要是制定联合国教科文组织的项目和预算。它还选举产生执行委员会成员，并每隔4年任命一任总干事。大会的工作语言是阿拉伯语、中文、英语、法语、俄语和西班牙语。每隔2年，大会为执行委员会制定具体的工作职责，其他职能则主要来自联合国教科文组织与联合国、专门的联合国机构和其他政府间组织签订的协议。

执行委员会负责联合国教科文组织的总体管理，为大会的工作做准备，并确保大会决议得以正确实施。执行委员会的功能和职责主要来自《联合国教科文组织宪章》和大会制定的规则和条例。执行委员会的58个成员由大会选出，在进行成员选择时需要兼顾代表所处的地理区域，从而营造更加多元的文化环境。要在世界不同区域之间达成平衡，有时需要一些有技巧的协商，从而体现组织的广泛代表性。执行委员会一年会举行两次会议。

秘书处是教科文组织的行政部门，由总干事及其任命的工作人员组成，工作人员分为专业和一般服务类别，大约有700名工作人员在联合国教科文组织全球65个办事处工作。教科文组织秘书处的组织结构包括以下5个部门：（1）总干事机构（总干事办公室）；（2）计划部门（教育、自然科学、社会科学与人文科学、文化、促进言论自由和建立知识社会）；（3）支持部门（对外关系和公共信息、行政、中央服务、领导机构秘书处、外勤支助和协调司、国际标准与法律事务办公室、内部监督办公室、道德操守办公室、战略规划局、人力资源管理局、非洲部、Félix Houphouet - Boigny 和平奖秘书处）；（4）总部对外办事处；（5）教科文组织研究所。

四、世界公民教育发展的主要职责

联合国教科文组织被视为联合国的"智力"机构。目前世界正在寻找推动建设和平与可持续性发展的新方法，而要最终实际该目标，人们必须依赖集体的智力创新，开拓思路与视野。联合国教科文组织将这一创造性才智带入生活，因为在人的思想中必须建立起保卫和平的屏障和可持续发展的条件。因此，联合国教科文组织在世界公民教育发展的领域设立了以下8个主题：①

（一）教育改变生活

自1945年成立以来，联合国教科文组织一直以促进和平、消除贫

---

① 数据来源为联合国教科文组织官方网站，https: //zh. unesco. org/about - us/introducing - unesco, 2018年10月30日访问。

困、促进可持续发展与跨文化交流为自身使命，而教育正是实现这一目标的重要活动之一。教科文组织致力于在世界范围内拓展素质教育，培养全面的、人性化的视野，使人人享有受教育的权利，并发挥教育在人类、社会和经济发展中的基础性作用。

（二）促进言论自由

联合国教科文组织在联合国内担负着特定的职责，其通过文字和图像的形式来促进思想的自由流动。在这样的目的下，教科文组织帮助增强了印刷、广播和在线媒体等传播媒介更加自由、独立和多元的发展，这在很大程度上也有利于人权保护、和平建设以及可持续性发展。

（三）保护我们的遗产，促进创造力的发展

联合国教科文组织坚信，没有充分的文化元素就没有可持续发展。的确，只有采用以人为本的发展方式，以不同文化之间的相互尊重和公开对话为基础，才能实现持久、包容与公平的发展。为确保文化在发展战略与发展过程中的合理地位，联合国教科文组织采用了一套三管齐下的措施：在世界范围内率先倡导文化与发展；协同国际社会制定明确的政策与法律框架；脚踏实地地支持政府与当地利益相关方保护遗产、促进创意产业的发展，以及鼓励多元文化。

（四）学会共同生活

身处日益多元的当今社会，联合国教科文组织鼓励开展世界公民教育，使不同年龄段和不同背景的学习者发展成见多识广、善于交际、道德高尚、有批判能力的世界公民。为完成其基本的人道主义使命，联合国教科文组织日复一日地帮助全球公民增进相互的理解与合作，以实现和平的共同生活。

（五）构建知识社会

联合国教科文组织提倡通过意识提升、政策制定和能力建设实现内容、技术和程序的"开放"。这些解决方案包括：开放科学信息、教育资源、培训平台、远程学习。这些资源可以使研究者和创新者更容易分享和利用数据，还为全世界的学生和教育工作者提供了全新的接触知识和信息的机会。联合国教科文组织所秉持的"促进跨文化对话"宗旨的核心是，通过加强现有框架保护以及强调数字化信息的长期保护，支持文化遗产的保护工作。联合国教科文组织也鼓励网络空间的多语言主义，提倡将更多不同的语言融入到互联网治理论坛和信息社会世界峰会，从而为互联网治理的国际辩论做出贡献。

（六）一个地球，一个海洋

联合国教科文组织是联合国"可持续发展教育十年（2005—2014）国际实施计划"的领导机构，该项目旨在调动全球的教育资源，协助创造一个更加可持续发展的未来。可持续发展教育能够让我们更有建设性和创造性地应对当今和未来的全球挑战。与此同时，它能够帮助构建出更具有可持续发展前景的弹性社会。

可持续发展教育（Education for Sustainable Development，简称ESD），是价值观念的教育，其目标是，通过我们的行为和实践，使所有人的基本生活需求得以充分满足而不是被剥夺。

可持续发展教育的特征：

（1）跨学科性：可持续发展学习根植于整个课程体系中，而不是一个单独的学科；

（2）价值驱动：强调可持续发展的观念和原则；

（3）批判性思考：帮助树立解决可持续发展中存在问题的信心；

（4）多元模式：采用不同的教学方法，如文字、艺术、戏剧、辩论、体验等；

（5）应用性：理论学习与个体及专业活动相结合；

（6）地方性：学习不仅针对全球性问题，也包含地方性问题，并鼓励使用学习者最常用的语言。

资料引自：《联合国教育促进可持续发展十年（2005—2014）国际实施计划》。

（七）科学创造可持续未来

由于一国无法单独实现可持续发展，国际科学合作不仅协助发展科学知识，还致力于构建和平。联合国教科文组织协助各国在科学、技术与创新（STI）领域进行投资，制定国家科学政策，改革国家科学体系，并充分考虑各国的特点，通过 STI 的相应指标与统计数据提升国家的监控与评估能力。

（八）防止暴力极端主义

2015 年联合国教科文组织会员国通过了具有里程碑意义的决定（第 197 EX/46 号决定），旨在增强自身能力，帮助各国精心制定更有针对性的防止暴力极端主义的战略。该组织还对联合国秘书长提出的防止暴力极端主义行动计划做出承诺，重点关注与教科文组织工作直接相关的优先事项：教育、培训技能和协助就业；增强青年权能；战略通信、互联网和社交媒体；以及性别平等和增强妇女权利。

因为在不到一代人的时间里就爆发了两次世界大战，所以仅靠政治与经济协议显然无法维持长久和平。各国坚信和平必须建立在人类道德与智力团结的基础上，1945 年，联合国教科文组织便因这一坚定信念而诞生。该组织力图在各国之间建立网络，通过以下途径促成这种团结：(1) 动员促进教育：使每个孩子都能接受优质教育成为一项基本人权和人类发展的一个前提条件。(2) 建设跨文化理解：通过保护遗产和支持文化多样性来实现。联合国教科文组织创立了世界遗产这一理念，力图保护体现优秀的普世价值的遗迹。(3) 追求科学合作：例如通过早期海啸预警机制或跨境水资源管理协议等，加强国家与社会之间的联系。(4) 保护言论自由：维护民主、发展与人权的基本条件。

教科文组织重点关注全球两个优先事项：非洲、性别平等。总体目标包括：(1) 实现高质量的全民教育和终身学习；(2) 创设可持续发展方面的科学知识和政策；(3) 应对新出现的社会和伦理挑战；(4) 促进文化多样性、文化间对话与和平；(5) 通过信息与传播建立包容性的知识社会。为加速行动，实现全民教育目标，教科文组织正在一些关键领域集中开展三项核心行动：（1）针对35个最有需要国家的"扫盲增能倡议"；（2）促进教育领域艾滋病毒/艾滋病预防工作的"教育与艾滋病毒和艾滋病全球倡议"；（3）"撒哈拉以南非洲教师培训倡议"，以解决该地区的师资严重缺乏问题。

教科文组织在各级教育机构中开展工作，并通过下列方式促进教育的公平、创新和质量：（1）协助各国制定和实施教育政策；（2）特别关注非洲、最不发达国家和9个高人口密度国家，包括孟加拉国、巴西、中国、埃及、印度、印度尼西亚、墨西哥、尼日利亚和巴基斯坦，这些国家的成人文盲占全世界的2/3以上，失学儿童占40%；（3）制定涵盖一系列全球问题的教育计划，包括可持续教育、人权教育和教师/员工培训等；（4）辅助教育部门全面应对艾滋病毒/艾滋病；（5）鼓励在冲突和紧急状态下采取特别措施提供教育；（6）为与就业领域相关的职业教育提供方案和技术等方面的支持；（7）就承认高等教育学历设定质量标准；（8）协调公共部门、私营部门和非政府行动者的伙伴关系。①

为应对当前瞬息万变的时代，联合国教科文组织需要制定新的、全面的政策来处理社会、环境和经济层面的可持续发展问题。这种新的关于可持续发展的想法再次肯定了组织成立时确立的基本原则，并提升了组织在全球社会中的重要性：在一个由相互联系的社会组成的全球化世界中，如果我们要共同生活，并承认我们的不同和多样性，跨文化对话便非常重要。在一个瞬息万变的世界，各国的未来不仅取决于它们的经济资本或自然资源，还取决于它们通过教育、科学研究和知识分享理解和预测环境变化的共同能力。在一个面临着多重压力的不稳定世界，社会的教育、科学和文化架构，以及对基本权利的尊重确保了社会的弹性和稳定性。在一个相互联系的世界，随着创意经济和知识社会的出现，以及互联网优势的日益扩大，每一个人充分参与新的全球公共空间成为

---

① 数据来源为联合国教科文组织官方网站，http://www.unesco.org/new/en/unesco/resources/publications/，2018年11月3日访问。

和平与发展的前提条件。

本章练习

一、关键术语

世界自然基金会　世界卫生组织　联合国教科文组织　联合国　国际组织　双边合作　集体合作　巴黎气候协议　国家合作战略　京都议定书　清洁可再生能源　生物多样性　浪费性消费　联合国高级别政治论坛　世界卫生大会　联合国教科文组织大会　教科文组织执行委员会　教科文组织秘书处　联合国教科文组织宪章　世界遗产名录

二、复习思考题

1. 选择世界自然基金会、世界卫生组织、联合国教科文组织中的一个组织，向同学们简要介绍该组织的历史、宗旨，以及该组织在全球治理中扮演的角色和具有的意义。

2. 环境变化与可持续发展问题关系人类的生存和发展，全球环境问题日益严峻，人们对环境问题也越来越关注。自20世纪70年代以来，联合国大致每隔10年就发表一份环境宣言，这些宣言包括：1972年《人类环境宣言》、1982年《内罗毕宣言》、1987年《里约环境与发展宣言》、1992年《约翰内斯堡可持续发展宣言》、2012年《我们期望的未来》等。请你课后查阅这些宣言，写一篇简要介绍，并比较这些宣言的相同和差异之处，同时结合现实问题针对其侧重点表达自己的看法。

3. 根据你所掌握的相关知识，阅读案例材料并回答问题。

10月30日，世界自然基金会发布《地球生命力报告2018》。报告显示，野生动物种群数量在短短40多年内消亡了60%。人类活动直接构成对物种的最大威胁，包括栖息地丧失和退化以及对自然的过度开发。世界自然基金会的《地球生命力报告》每两年发布一次，其中的地球生命力指数（LPI）是报告的重要组成部分。根据《地球生命力报告2018》的LPI显示，2014年，全球鱼类、鸟类、哺乳动物、两栖动物和爬行动物的数量相较1970年下降了60%，而在上期《地球生命力报告》中，截至2012年的下降数据是58%。这意味着，地球生命力指数在不到50年的时间里平均下降超过一半，且持续下降的趋势并未得到缓解。LPI是全球生物多样性状况和地球健康状况的指标，由伦敦动物学学会（ZSL）提出，每两年通过世界自然基金会的《地球生命力报告》发布，用于衡量生物多样性的变化。地球生命力指数与物种栖息地指数、世界自然保护联盟濒危物种红色名录指数、生物多样性完整性指数共同描绘了生物多样性持续丧失的画面。此外，《地球生命力报告2018》还清晰地展示了人类活动对野生动物，以及森林、海洋、河流和气候带来的影响，并指出地球上数百万物种的灭绝并未引起各国的足够关注并采取相应行动。报告呼吁形成一份新的有关自然与人的全球协议，促使全球采取统一行动，重新思考、定义如何保护和恢复地球上的生物多样性。[1]

若你有机会参与制定这项全球性的协议，你会如何来制定？请简要拟定协议的草案，并对如何实施这项协议提出自己的看法。

三、分组讨论：请同学们结合本章所学知识，分成小组讨论以下问题，表达自己的观点。

1. 世界卫生组织对健康的定义为：健康不仅为疾病或羸弱之消除，而系体格精神与社会之完全健康状态。本定义的文献资料出处为：1946年6月19日至7月22日在纽约召开的国际卫生会议通过的，由61个国家代表于1946年7月22日签署（《世界卫生组织正式记录》第2号第100页）的，并于1948年4月7日生效的《世界卫生组织组织法》的序言。自1948年以来，该定义未经修订。结合本章学习的内容，请你就世界卫生组织召集世界61个国家的代表对健康的概念做出一致性定义的目

---

[1] 资料来源为世界自然基金会官方网站，http://www.wwfchina.org/pressdetail.php?id=1861，2018年10月24日访问。

的，以及世界卫生组织在全球公共卫生合作中起到的作用，谈一谈自己的观点。

2. 联合国教科文组织在各级教育机构中开展工作，特别关注非洲、最不发达国家和 9 个高人口密度国家，包括孟加拉国、巴西、中国、埃及、印度、印度尼西亚、墨西哥、尼日利亚和巴基斯坦，这些国家的成人文盲占全世界的 2/3 以上，失学儿童占 40%。请你就联合国教科文组织特别关注这些地区教育发展的原因，以及这些地区教育发展落后的原因进行简要分析，并对如何解决这些地区教育发展落后的问题给出自己的解决方案。

3. 本章就国际组织的公益环保功能进行了简要介绍，包含全球环境治理、全球公共卫生合作、世界公民教育发展三个领域。你认为国际组织的公益环保功能还应包含哪些领域？还有哪些国际组织具备公益环保功能？具体体现在哪些领域？与同学交流一下你对此问题的看法及相应的理由。

参考书目

Paul Wapner, "Politics Beyond the State: Environmental Activism and World Civic Politics," in Friedrich Kratochwil, Edward D. Mansfield, *International Organization and Global Governance: A Reader*, Beijing: Peking University Press, 2006.

孔令帅：《透视国际组织教育政策背后的运作逻辑——以世界银行和经合组织为例》，《比较教育研究》2011 年第 10 期。

汤蓓：《伙伴关系与国际组织自主性的拓展——以世界卫生组织在全球疟疾治理上的经验为例》，《外交评论》2011 年第 2 期。

叶王蓓：《国际组织公民教育模式反思——以联合国教科文组织亚洲区域青年领袖培训项目为例》，《比较教育研究》2014 年第 10 期。

郭晨星：《全球环境治理主体结构模型建构及经验分析》，山东大学 2010 年博士学位论文。

［英］亚当·罗伯茨、［新西兰］本尼迪克特·金斯伯里主编，吴志成等译：《全球治理——分列世界中的联合国》，北京：中央编译出版社，2010年版。

杨丽、丁开杰主编：《全球治理与国际组织》，北京：中央编译出版社，2017年版。

梁西，杨泽伟修订：《梁著国际组织法》（第6版），武汉：武汉大学出版社，2011年版。

张丽君：《全球政治中的国际组织》，上海：华东师范大学出版社，2017年版。

李国庆：《联合国教科文组织运行机制研究》，北京：人民日报出版社，2017年版。

蔺雪春：《绿色治理：全球环境事务与中国可持续发展》，济南：齐鲁书社，2013年版。

王义桅：《超越均势：全球治理与大国合作》，上海：三联书店，2008年版。

案例篇

第八章　新型国际关系下中国的全球治理观

中国将积极参与全球治理体系建设，努力为完善全球治理贡献中国智慧，同世界各国人民一道，推动国际秩序和全球治理体系朝着更加公正合理方向发展。

——习近平

章节导读

★ 学习目标

- 熟知中国在全球治理格局中的地位；
- 理解中国全球治理理念的核心关切；
- 了解中国参与全球治理的关键路径；
- 熟悉中国特色全球治理的建设过程。

★ 内容概要

2016年习近平总书记在新年贺词中说："世界那么大，问题那么多，国际社会期待听到中国声音、看到中国方案，中国不能缺席。"[①]

[①] 《习近平新年贺词："获得感"温暖有力　"世界那么大"幽默风趣》，新华网，http://www.xinhuanet.com/politics/2015-12/31/c_128587022.htm，2019年2月17日访问。

中国更积极地参与全球治理体系，一方面体现了中国在新时代背景下的责任与担当，另一方面更是对国际社会对我国的要求和期待的积极响应。

古人云："不谋万世者，不足谋一时。不谋全局者，不足谋一域。"中国参与全球治理，是要着眼于世界大势，坚持共商共建共享的原则，发挥好当前治理体系中"倡导者""协调者"和"推动者"的作用。2015年中共中央政治局就全球治理格局和全球治理体制进行第27次集体学习，"提出'一带一路'倡议、建立以合作共赢为核心的新型国际关系、坚持正确义利观、构建人类命运共同体等理念和举措，顺应时代潮流"。[1]

在中国不断加大对全球治理的参与力度时，国际社会也出现质疑中国的不同声音，如所谓的"中国威胁论""中国版马歇尔计划"等。如何加深对新型国际关系下中国全球治理观的理解，消除其他国家对中国的偏见，使得落实全球治理中国方案的道路更加明朗，是当前中国所面临的重要课题。本章将重点研究全球治理中的"中国方案"，即"人类命运共同体"与"一带一路"倡议，并在更清晰地了解中国提出的全球治理方案的意义和实质后，进一步分析中国在参与全球治理过程中面临的机遇与挑战。

★ 章前思考

请扫描左下方视频二维码并观看短片《【中国关键词】新型国际关系》。观看结束后，请试着回答下列问题：

1. 视频中提到的"新型国际关系"是什么意思？
2. 你所理解的"新型国际关系"是什么？
3. 除了"新型国际关系"外，你还能想到哪些有关

---

[1] 《习近平在中共中央政治局第二十七次集体学习时强调推动全球治理体制更加公正合理 为我国发展和世界和平创造有利条件》，新华网，http://www.xinhuanet.com/politics/2015-10/13/c_1116812159.htm，2019年8月16日访问。

当前中国外交的关键词?

第一节 全球治理版图中的中国"坐标"

在当前全球治理中,中国不断贡献中国智慧。过去几年,中国提出"一带一路"倡议,主办 APEC 峰会、金砖峰会等一系列多边活动,建立亚投行和金砖银行等多个治理机制,在签署应对气候变化的《巴黎协定》方面率先垂范,主动承担国际责任,标志着中国作为新兴世界大国,在应对全球问题上开始发挥举足轻重的作用。[①]

以环境问题为例,一段时间内中国经济的快速增长使人们的生活水平快速提高,但随之而来的却是环境的恶化,雾霾、PM2.5 等成为热门话题。为了应对这些问题,习近平主席强调"绿水青山就是金山银山",并在 2014 年亚太经合组织领导人峰会后宣布,到 2030 年,中国将达到温室气体排放的峰值,并从非化石能源中获取 20% 的能源消耗。不久,中国国家发展和改革委员会(NDRC)证实,2016 年将在中国推出一个全国性的排放交易系统(ETS),到 2020 年,碳市场应该全面运行。[②]

然而,在中国不断进行全球治理努力的同时,作为超级大国的美国却对全球治理产生了消极作用。自特朗普就任美国总统后,美国先后退出"跨太平洋合作伙伴协定"、《巴黎协定》、联合国教科文组织、全球移民协议、《维也纳外交关系公约》、联合国人权理事会、伊朗核协定、万国邮政联盟和《中导条约》等协约或组织。

面对国际关系的变化和全球治理版图的调整,中国该如何应对?本章接下来将对习近平主席提出的新型国际关系以及中国全球治理观进行详细阐述。

[①] 王移刚:《中国参与全球治理:新时代的际遇与方向》,《外交评论》2017 年第 6 期,第 1—12 页。

[②] Joachim Monkelbaan, "Addressing the Trade-climate Change-energy Nexus: China's Explorations in a Global Governance Landscape," *Advances in Climate Change Research*, Vol. 5, Issue 4, Dec. 2014, pp. 206–218.

一、新型国际关系的内涵界定

新型国际关系是与旧型国际关系相对而言的。所谓旧型国际关系，就是现存的国际关系，具体来说就是西方主导的以主权国家为基本行为主体、带有强权政治色彩的国际关系。旧型国际关系有两大要素：一是以主权国家为基本行为主体；二是由西方主导建立并维系，渗透着西方的价值观和理念，在实际运行中西方国家大行强权政治甚至霸权主义。西方国家虽然倡导将平等、公正、民主、法治等价值观运用于国际关系，并在一定程度上取得一些成效，但是强权政治与霸权主义乃至极端民族主义一直伴随其中。一些非西方国家由于受西方行为方式的影响，也奉行强权政治、地区霸权主义和极端民族主义。

旧型国际关系是新型国际关系的母体，新型国际关系同旧型国际关系一样，仍然以主权国家之间的关系为基础，所以不可能完全摆脱旧型国际关系的一些特征。新型国际关系之所以称为"新型"，是因为它展现出许多不同于旧型国际关系的新特征。当然，

> 新型国际关系目前仍然在构建中，是国际社会的努力方向，是应然状态，而且目前乃至今后相当长一段时间，处于实然状态的总体上还是旧型国际关系。

它并不是通过突变形成的，而是在旧型国际关系的母体中孕育、萌发、渐进演化而来的。

所谓新型国际关系，就是以主权国家为基础的、摒弃了强权政治等与时代潮流相背离的理念和行为方式的国际关系。新型国际关系之"新"，最突出地体现于其核心理念和目标模式。[①]

二、新型国际关系的核心理念

要探讨新型国际关系的核心理念，需要从新型国际关系的提出开始。早在2012年，中共十八大报告已经提出"建立更加平等均衡的新型

---

① 刘建飞：《新型国际关系基本特征初探》，《国际问题研究》2018年第2期，第17—29，131页。

全球发展伙伴关系"。① 接着在2013年3月，习主席进行了当选国家主席后的首次出访，并在俄罗斯的莫斯科国际关系学院演讲时正式提出"新型国际关系"这一概念。从此，"新型国际关系"成为在处理国际关系时用于表达中国立场，展现"中国方案"的重要表述。② 2014年6月，习近平在和平共处五项原则发表60周年纪念大会上发表主旨讲话时指出，和平共处五项原则精辟体现了新型国际关系的本质特征，是一个相互联系、相辅相成、不可分割的统一体，适用于各种社会制度、发展水平、体量规模国家之间的关系。③ 接着，在同年11月举行的中央外事工作会议上，习总书记指出："我们要坚持合作共赢，推动建立以合作共赢为核心的新型国际关系，坚持互利共赢的开放战略，把合作共赢理念体现到政治、经济、安全、文化等对外合作的方方面面。"④

据不完全统计，"新型国际关系"一词自提出至2016年，在习近平主席的公开讲话和文章中已被提及超过50次。⑤ 由此可见，中国积极倡导以合作共赢为核心的新型国际关系并努力寻求处理好国家间关系，保持国际社会稳定发展的"中国方案"。

在中共第十九大报告中，习近平主席指出，中国将高举和平、发展、合作、共赢的旗帜，恪守维护世界和平、促进共同发展的外交政策宗旨，坚定不移地在和平共处五项原则基础上发展同各国的友好合作，推动建设相互尊重、公平正义、合作共赢的新型国际关系。⑥

如前所述，新型国际关系是相对旧型国际关系而言的。具体来讲，新型国际关系与传统（旧型）国际关系的差异主要表现在以下三个方面：

---

① 《中国共产党第十八次全国代表大会文件汇编》，北京：人民出版社，2012年版，第43页。
② 习近平：《习近平谈治国理政》，北京：外文出版社，2014年版，第273页。
③ 《习近平治国理政关键词（23）：新型国际关系》，http://cpc.people.com.cn/n1/2016/0418/c64387-28283167.html，2018年9月9日访问。
④ 习近平：《习近平谈治国理政》（第二卷），北京：外文出版社，2017年版，第443页。
⑤ 《习近平治国理政关键词（23）：新型国际关系》，http://cpc.people.com.cn/n1/2016/0418/c64387-28283167.html，2018年9月9日访问。
⑥ 《习近平提出，坚持和平发展道路，推动构建人类命运共同体》，http://www.gov.cn/zhuanti/2017-10/18/content_5232664.htm，2018年9月2日访问。

(一) 主权原则：相互平等与相互尊重

主权原则是国际关系的基本原则，也是国际法的基本准则。传统国际关系强调主权平等原则，认为国家无论大小、贫富、强弱，一律平等。根据《联合国宪章》的解释，主权平等原则包括：(1) 国家在法律上平等；(2) 各国拥有对内的主权权力；(3) 国家的人格和领土完整、政治独立均应受到尊重；(4) 国家必须在国际法方面忠实地履行其国际义务。[1] 然而，基于国家法的软法性质，[2] 这种所谓的主权平等在势力平衡的法则下无法保证得到实施，主权平等的原则缺乏保障机制，这也是传统（旧型）国际关系模式摆脱不了强权政治的一个原因。针对全球化带来的相互依赖的现实需要，新型国际关系在主权平等原则的基础上，更强调主权国家之间相互尊重的原则，认为无论国家大小、强弱、贫富，都必须相互尊重对方的领土主权完整和政治制度，尊重彼此的核心利益和战略关切。相互尊重原则是彼此平等原则的深化和具体化，它将国际关系从注重关系之形式转移到注重关系之实质，从而为国家间的平等原则提供了强有力的保障机制，有利于防止因力量差异而带来的国家之间弱肉强食的问题，是对国际关系的创新和贡献。它强调不仅大国之间要相互尊重，大国与小国之间也要相互尊重。显然，相互尊重原则比相互平等原则更为务实。

(二) 价值原则：力量平衡与公平正义

价值原则是国际关系的争论焦点。传统国际关系认为，国家之间的关系遵循势力均衡的法则，权力政治是基本的法则，强权即公理，反对将特定的价值原则作为指导国际关系的方针。在这种观点看来，实力是唯一的道理，"有实力"是"有道理"和"有道义"的唯一标准。[3] 尽管在历史上也有人将价值原则带入国际关系中，比如维也纳会议确立了

---

[1] 《联合国宪章》，http://www.un.org/chinese/aboutun/charter/charter.htm，2018年12月10日访问。

[2] 姜明安：《软法的兴起与软法之治》，《中国法学》2006年第2期，第25—36页。

[3] 赵可金：《软战时代的中美公共外交》，北京：时事出版社，2011年版，第19—23页。

"正统原则"（legitimacy），① 第一次世界大战后威尔逊提出"十四点计划"，第二次世界大战后罗斯福提出"四大自由"，② 但价值原则更多地还是被作为处理国内事务的规范，没有获得国际共识。

然而，随着全球化的发展，价值原则越来越成为国际争论的焦点。联合国推动的"保护的责任"（Responsibility to Protect，R2P）、全球气候变化进程中的"共同但有区别的责任"、联合国"可持续发展目标"（Sustainable Development Goals，SDG）确立的各种规范，以及欧盟国家积极推动的"规范性权力"（Normative Power）等，都表明道义原则越来越成为国际关系规范新的增长点。

十九大报告适应这一变革趋势，将公平正义作为新型国际关系的一个基本规范，具有极大的历史意义。根据这一规范，国家之间的关系不再完全延续强权即公理的法则，公平正义成为指导新型国际关系的重要法则。这是对国际关系法则的突出贡献。习近平主席强调，推动建立以合作共赢为核心的新型国际关系，"要坚持正确义利观，做到义利兼顾，要讲信义、重情义、扬正义、树道义"。③ 在谈到周边外交工作时，习近平同志认为："要坚持睦邻友好，守望相助；讲平等，重感情；常见面，多走动；多做得人心、暖人心的事，使周边国家对我们更友善、更亲近、更认同、更支持，增强亲和力、感召力、影响力。要诚心诚意对待周边国家，争取更多朋友和伙伴。"④ 2013 年 3 月，习近平同志在访问非洲期间，首次提出"真实亲诚"的对非政策理念，为新时期的中非关系发展指明了方向。他在坦桑尼亚尼雷尔国际会议中心发表题为"永远做可靠朋友和真诚伙伴"的演讲时说，对待非洲朋友，我们讲一个"真"字；

---

① Seymour Topping, "Khrushchev and Vienna," *New York Times*, June 3rd, 1961.

② Franklin D. Roosevelt, "Annual Message to Congress on the State of the Union（January 6th 1941），" in *The Public Papers and Addresses of Franklin D. Roosevelt 1940 Volume*（New York: Macmillan, 1941）pp. 663 - 672.

③ 《习近平出席中央外事工作会议并发表重要讲话》，http: //www.xinhuanet.com/politics/2014 -11/29/c_1113457723.htm, 2018 年 12 月 10 日访问。

④ 《习近平在坦桑尼亚尼雷尔国际会议中心的演讲（全文）》，http: //www.gov.cn/ldhd/2013 -03/25/content_2362201.htm, 2018 年 12 月 10 日访问。

开展对非合作,我们讲一个"实"字;加强中非友好,我们讲一个"亲"字;解决合作中的问题,我们讲一个"诚"字。① 正确的义利观坚持义利并举、义重于利,强调建立在国际公平正义基础上的普遍道义,是对中国传统义利观的创造性转化和创新性发展。它将引导中国成为一个负责任、有担当的新型大国,成为国际关系中一支维护公平正义的重要力量。

(三) 利益原则:你输我赢与合作共赢

利益原则是国际关系的基本原则。传统国际关系往往秉持零和博弈(Zero-Sum Game)的思维,追求以军事同盟遏制威慑等手段维护安全,热衷于你死我活、斗智斗勇的零和游戏,充满了讨价还价和激烈的竞争。对于参与博弈的各方,一方的收益则意味着另一方的损失,博弈各方的收益和损失相加总和永远为"零"。② 受制于零和思维,传统国际关系取决于大国之间的角逐,国际政治成为大国争雄斗胜的角斗场,各大国都在努力寻求霸权。

相比之下,新型国际关系更强调正和博弈(Positive Sum Game)思维,主张参加博弈的各方通过合作、对话、协商等渠道实现自身及他人的共同安全,通过相互交往实现不以牺牲第三者利益为代价的互利共赢。2012年7月,在清华大学举行的"世界和平论坛"上,习近平同志强调,一个国家要谋求自身发展,必须也让别人发展;要谋求自身安全,必须也让别人安全;要谋求自己过得好,必须也让别人过得好。③ 这一表述的核心就是共同发展、共同安全、共同治理,体现了新型国际关系强调的合作共赢原则。它表明中国绝不以牺牲别国利益为代价来发展自己,将致力于建立更加平等均衡的新型全球伙伴关系,积极推进治理体系和治

---

① 《习近平在纪念中非合作论坛成立10周年研讨会开幕式上的演讲》,http://www.gov.cn/ldhd/2010-11/19/content_1748530.htm,2018年12月10日访问。

② [美] 约瑟夫·斯蒂格利茨著,梁小民译:《经济学(上册)》,北京:中国人民大学出版社,2000年版,第28页;Samuel Bowles, *Microeconomics: Behavior, Institutions, and Evolution* (Princeton, NJ: Princeton University Press, 2004), pp.33–36。

③ 《习近平在"世界和平论坛"开幕式上的致辞(全文)》,http://www.gov.cn/ldhd/2012-07/07/content_2178506.htm,2018年12月10日访问。

理能力的发展与完善。

表8—1 传统国际关系与新型国际关系的比较

指标	模式	
	传统国际关系	新型国际关系
主权原则	相互竞争	互相尊重
价值原则	力量平衡	公平正义
利益原则	你输我赢	合作共赢
关系性质	敌友关系	伙伴关系

资料来源：赵可金、史艳：《构建新型国际关系的理论与实践》，《美国研究》2018年第3期。

从表8—1可见，就关系的性质来看，传统国际关系归根结底是敌友关系。相对而言，新型国际关系中的敌我关系已经非常模糊，国家之间是非敌非友的伙伴关系，是为寻求共同利益而建立的一种合作关系。构建新型国际关系是谋求主权原则、价值原则与利益原则的有机统一，是对基于实力均衡原则的权力政治和以社会制度划线的意识形态政治的突破和发展，是旧国际关系向新国际关系的转型。在处理新型国际关系时，国与国之间必须学会相互尊重，既要善于抓住"同"，把共同利益的蛋糕做大，也要正确对待"异"，尊重和照顾彼此的利益关切。当然，新型国际关系并不回避和否定大国间的竞争，任何国家之间都有竞争，竞争是普遍存在的。[①]

三、中国在全球治理中的角色变化

自中华人民共和国成立以来，中国在全球治理中的角色定位由早期的被动参与者转变为积极的参与者，继而升华为主动塑造者。中国参与全球治理，不仅极大地提高了自身的全球影响力，而且通过贡献中国智

[①] 赵可金、史艳：《构建新型国际关系的理论与实践》，《美国研究》2018年第3期，第32—56页。

慧和中国力量，中国也在不断地促进全球治理体系变革。[①]

第一，中国为全球治理不断提供引领性的新理念。近年来，中国积极参与全球治理实践，并开创性地提出一些新的治理方略，这在很大程度上推动了全球治理在理念和思想上的革新。这些新理论和新思想包括："亲、诚、惠、容"的周边外交理念，以义为先的正确义利观，结伴而不结盟的国家间伙伴关系，追求共同安全的总体安全观，合作共赢的新型国际关系，面向未来的人类命运共同体思想。这些理念和思想对于改变以往"强权即公理"的全球治理规则以及零和博弈的"冷战思维"，都起到重要作用。特别是人类命运共同体思想的提出，为全球治理提供了全新的理念，为未来全球社会的发展指明了方向。

构建"人类命运共同体"，是中国对于"世界该往何处去"给出的答案，也是对于全球治理赤字这一挑战给出的中国方案。各国人民从全人类的共同利益出发，秉承人类终将成为一个命运共同体的长远愿景，增进彼此之间的共同利益，推动全球治理的有效施行。构建"人类命运共同体"，需要重构对国际体系的基本认知和理解，超越西方传统（旧型）国际关系理论认为国际社会是一个无政府社会的理论假设导致的僵化思维，从而破解国际体系安全与发展、和平与稳定的难题。这一思想的提出，为推动国际关系健康发展提供了正确思路，是对国际体系的创新性理解，体现出中国智慧在全球治理中的积极作用。

第二，中国不断推进全球治理的体制建设。中国在全球治理中角色的变化不仅反映在全球治理的理念创新上，还体现在不断推进全球治理的体制机制建设上。要增强全球治理机制的合法性与有效性，必须创新全球治理机制，并加强全球治理主体间的合作。中国发起成立了上海合作组织、金砖国家新开发银行、亚洲基础设施投资银行（以下简称"亚投行"）、丝路基金等，并推进"一带一路"建设，这些措施均完善和丰富了全球治理的体制机制。此外，中国还利用主办北京 APEC 会

[①] 吴志成、王慧婷：《全球治理能力建设的中国实践》，《世界经济与政治》2019 年第 7 期，第 12 页。

议、世界互联网大会、G20 杭州峰会、"一带一路"国际合作高峰论坛、金砖国家领导人厦门会晤和博鳌亚洲论坛等主场外交的机会，积极推动上述体制机制的进一步深化。

在全球经济治理方面，由中国主持筹建的亚投行成为全球经济治理中的重要平台，也是中国进行全球经济治理机制建设的有益探索。亚投行筹建的宗旨在于向亚洲国家提供贷款，促进亚洲国家的共同发展。对许多亚洲国家来说，它们的国内基础设施薄弱，经济发展缺乏必要的基础设施建设，亚投行向这些国家提供基础设施建设贷款，使它们有可能完善交通运输设施，打通经济持续发展的通道。亚投行的成立为改善全球金融治理提出新思路，有利于弥合不同类型国家之间的矛盾和冲突，也是中国参与全球金融治理领域的成功探索。亚投行的筹建显示出中国外交政策由"韬光养晦"向"有所作为"的转变，也成为中国引领国际金融体系改革的重大尝试。

2016 年的 G20 杭州峰会是中国在全球治理中的角色由参与者转变为引领者的另一重要事件。这次峰会的主题是"构建创新、活力、联动、包容的世界经济"，是一次级别很高、规模很大的国际性会议。中国作为承办方，除去正式会议的机会之外，还利用这次机会同许多国家展开会谈磋商，倡导一些国际合作方案的协商与制定，这为中国在全球治理中向引领者转换提供了机会。中国针对宏观经济政策、金融货币安全和贸易投资等方面的治理原则提出了中国方案，贡献了中国智慧。在此次峰会中，中国推动了 G20 峰会由危机治理机制向长效治理机制的转型。由此，中国在全球治理的规则制定中承担了大国责任，发挥出新兴大国应有的作用。

第三，中国不断提高在全球治理体系中的新权威。中国积极主动参与全球治理过程，认真履行相关的国际义务和国际承诺，积极落实各国达成的全球治理协定，增强了中国在国际舞台上的影响力和国际地位。特别是党的十八大以来，中国对世界经济的影响力、对全球治理的引领力、对国际安全的贡献度、对各国民众的吸引力，都有了非常大的提升。在党的十九大报告中，习近平指出，新时代"是我国日益走近世界舞台中央、不断为人类做出更大贡献的时代"。

近年来,中国针对全球治理提出很多新倡议、新主张和新理念,其中最有影响力的就是"一带一路"倡议,其由愿景变为现实,标志着中国在全球治理中开始发挥主导性作用,也表明中国在全球治理中的权威得到提高。

四、中国在全球治理中角色的变化有助于塑造新型国际关系

全球治理与新型国际关系具有很强的共通性,它们相辅相成、彼此促进。中国在全球治理中由参与者、建设者变成引领者,将对新型国际关系的塑造起到积极作用。

第一,中国在全球治理中角色的变化有助于为建设新型大国关系提供新理念和新动力。党的十八大以来,习近平多次强调要推动建立以合作共赢为核心的新型国际关系。2013年3月23日,习近平明确指出"各国应该共同推动建立以合作共赢为核心的新型国际关系,各国人民应该一起来维护世界和平、促进共同发展。"[①] 2017年10月,党的十九大报告明确指出:要"推动建设相互尊重、公平正义、合作共赢的新型国际关系"。[②] 中国提倡构建以合作共赢为核心的新型国际关系,实际上反映了中国超越和平崛起的单一论述,努力丰富和平发展内容的长远战略。

新型国际关系以合作共赢为核心,在这里,合作是方式,共赢是目的。共赢理念超越了西方国际政治的一般思维,着眼于改变国家间发展不平衡状态,构建新型国际关系;致力于扭转逆经济全球化与贸易保护主义抬头的趋势,在全球治理的具体议题领域发挥着越来越重要的作用。新型国际关系的实质是要超越零和博弈、赢者通吃、义利失衡的困境,立足更宽阔的格局,用更长远的眼光,从更全面的视角促进国际社会的共同发展。新

---

① 《习近平总书记系列重要讲话读本(2016年版)》,http://cpc.people.com.cn/n1/2016/0511/c64094-28340265.html,2018年12月11日访问。

② 《习近平:决胜全面建成小康社会夺取新时代中国特色社会主义伟大胜利——在中国共产党第十九次全国代表大会上的报告》,http://www.xinhuanet.com/2017-10/27/c_1121867529.htm,2018年12月11日访问。

型国际关系就是要求国家在坚持本国国家利益的同时，兼顾别国和全人类的利益，以合作的姿态进行国际交往、处理国际事务。共赢则是合作的目的，是新型国际关系的目的，同时也是全球治理的最终目的，国际社会中的各国应实现政治、经济、文化、环境等各方面的共赢。

第二，中国在全球治理中角色的变化提供了塑造新型国际关系的新契机。从背景上看，新型国际关系与全球治理都植根于全球化，面临着基本相同的全球性问题。同时，全球治理是新型国际关系发挥作用的平台，新型国际关系是针对全球治理问题给出的中国方案，也是全球治理塑造出来的产物。

中国在全球治理中角色的变化，使得中国可以运用更多的手段、在更多的场合发挥塑造新型国际关系的作用。简单地说，建设新型国际关系主要包括两个方面：一是与美国和俄罗斯等国建设新型大国关系；二是与周边国家和其他国家建设新型国际关系。

新型大国关系要求中美两国加强沟通协商机制，增进战略互信，谨慎处理两国间的重大分歧，尽可能积极寻找两国间的共同利益，通过合作实现共赢。建立中美之间的新型大国关系，其中最主要的目的在于避免中美两国陷入"修昔底德陷阱"。中俄关系是建设新型国际关系的重要一环。中俄之间的新型大国关系，要建立在平等互利、互惠双赢、互相尊重、互不干涉内政的基础大国上。中俄均是对方最重要的战略协作伙伴，双方拥有较为广泛的共同利益和交叉较少的利益冲突，这也确保了双方能在国家安全和国内发展方面互不干涉，团结合作，实现战略共赢。

中国在全球治理中角色的变化能够加强中国与周边国家之间的友好关系，为塑造新型国际关系创造了条件。中国发展与周边国家关系，坚持与邻为善、以邻为伴，坚持睦邻、安邻、富邻的政策和"亲、诚、惠、容"的周边外交理念，坚持增强战略上的政治互信，深化经济上的互利合作，推进区域内的人文交流，这些行动都推动着中国与周边国家建立新型国际关系。发展与周边国家的新型国际关系的思想框架，需要建立中国与周边国家的利益共同体意识，这不仅得益于"人类命运共同体"理念，也得益于"一带一路"倡议。中国以具体行动带动周边国家的经济发展，有助于增进双方的互相了解和对命运共同体的认同,并在此基础上发展新型国际关系。

第三,中国在全球治理中角色的变化提高了中国建设新型国际关系的能力。中国倡导建设新型国际关系,既是对当代中国外交思想的丰富和发展,也是对未来世界秩序演进方向的重要判断,对推动全球治理的深化具有深远意义。[①] 新型国际关系和全球治理同根同源、相辅相成、互相促进。中国推动构建新型国际关系的目的与参与全球治理的目的是一样的,都是为了在经济发展、国家安全、文化交流、生态环保等方面加强与国际社会的合作,共同面对和协商解决各种全球性问题。在这一过程中,中国无疑可以增强在国际社会中的影响力,从而提高中国建设和塑造新型国际关系的水平与能力。

在全球治理中,中国增强了平衡国内发展和国际社会合理利益的能力,锻炼了促成有利益交叉方之间的协调合作与达成共赢的能力,提高了国际交往能力,增强了解决国际问题的能力。中国军队自 1990 年首次参加联合国维和行动以来,先后参加了 24 项联合国维和行动,累计派出维和官兵 3.6 万余人次,中国是安理会 5 个常任理事国中参与维和人数最多的国家,是联合国维和行动第二大出资国。[②] 2008 年以来,中国多次派遣护航编队奔赴亚丁湾、索马里海域执行护航任务,对于维护这些区域的安宁局面做出重大贡献。"一带一路"建设与亚投行的筹建,以及举办多场主场国际会议,都增强了中国的影响力,为塑造新型国际关系注入了活力。

通过参与全球治理,中国的和平发展形象日益生动丰满,对于驳斥"中国威胁论",消除"大国必霸"的错误逻辑,加强各国对中国的信任都起到积极的作用,也提高了中国的国际地位。中国倡导新型国际关系,坚持正确的义利观,在国际社会产生了良好影响。中国在全球治理中担当着越来越重要的角色,既是中国自身国家实力和国际地位的体

---

① 阮宗泽:《构建新型国际关系:超越历史 赢得未来》,《国际问题研究》2015 年第 2 期,第 16—30 页。

② 《军合办举行联合国维和行动经验研讨交流活动》,http://www.mod.gov.cn/diplomacy/2018-11/21/content_4831136.htm, 2018 年 12 月 11 日访问。

现，也使中国增强了与世界各国进行国际交往的底气，并提升了塑造新型国际关系的能力。①

第二节 "人类命运共同体"擘画人类未来

伴随着全球化的深入发展和人类相互依存的日益加强，全球治理的重要性愈来愈为人们所认同，它既是当代国际关系的关键内容，也成为一个国家对外战略的重要向度。中共十八大第一次把"加强同世界各国交流合作，推动全球治理机制变革"和"坚持权利和义务相平衡，积极参与全球经济治理"作为我国对外战略的指导原则与任务提出，可见我国对全球治理的高度重视。②

2011年《中国的和平发展》白皮书提出，要从"命运共同体"的新视角，寻求人类共同利益和共同价值的新内涵。党的十八大报告强调，人类只有一个地球，各国共处一个世界，要倡导"人类命运共同体"意识。习近平就任总书记后首次会见外国人士就表示，国际社会日益成为一个你中有我、我中有你的"命运共同体"，面对世界经济的复杂形势和全球性问题，任何国家都不可能独善其身。"命运共同体"是近年来中国政府反复强调的关于人类社会的新理念。③

一、对"人类命运共同体"的理解

何谓"人类命运共同体"？十八大报告将其表述为："在追求本国的利益时兼顾他国的合理关切，在谋求本国发展中促进各国共同发展。"④ 2014年，国际社会联盟也曾给"人类命运共同体"下过一个定

---

① 文君：《中国在全球治理中角色的变化与新型国际关系的塑造》，《思想理论教育导刊》2018年第7期，第63—68页。
② 蔡拓：《中国如何参与全球治理》，《国际观察》2014年第1期，第1—10页。
③ 曲星：《人类命运共同体的价值观基础》，《求是》2013年第4期，第53—55页。
④ 《中共首提"人类命运共同体"倡导和平发展共同发展》，http://cpc.people.com.cn/18/n/2012/1111/c350825-19539441.html，2018年9月16日访问。

义:"人类命运共同体是人们在共同条件下结成的最具同心力的集体,也是人类获得文明幸福及可持续发展的保障。"这一定义不仅延续了党的十八大的广义界定,而且对"人类命运共同体"的建构层次、范围、机制、使命和意义均做出具体概括。其强调人类共处一个世界,应以人类命运共同体意识促进国家间、民族间、地区间、企业间、家庭间、个人间的和谐互助,以人类文明幸福发展的可持续为使命,建立起社会利益互惠机制。①

人类命运共同体的理念是一种基于世界历史经验和时代发展的最新趋势提出的重要国际政治观念,是在人类共同价值、共同利益基础上树立起的一种崭新的全球观念,其中蕴涵的价值观念和原则对于改革当前国际政治经济秩序具有重要的理论意义,对于解决全球性问题、构建全球治理新模式具有重要实践价值。②

关于"人类命运共同体",习近平同志在第70届联合国大会一般性辩论时的讲话最能揭示其意蕴内涵:"倡导人类命运共同体意识,在追求本国利益时兼顾他国合理关切,在谋求本国发展中促进各国共同发展,建立更加平等均衡的新型全球发展伙伴关系,同舟共济,权责共担,增进人类共同利益。"③随后,在联合国日内瓦总部的演讲中,习近平同志进一步提出构建"人类命运共同体"的五点主张:坚持对话协商,建设一个持久和平的世界;坚持共建共享,建设一个普遍安全的世界;坚持合作共赢,建设一个共同繁荣的世界;坚持交流互鉴,建设一个开放包容的世界;坚持绿色低碳,建设一个清洁美丽的世界。④

---

① 李爱敏:《"人类命运共同体":理论本质、基本内涵与中国特色》,《中共福建省委党校学报》2016年第2期,第98页。
② 丛占修:《人类命运共同体:历史、现实与意蕴》,《理论与改革》2016年第3期,第1—5页。
③ 丛占修:《人类命运共同体:历史、现实与意蕴》,《理论与改革》2016年第3期,第1—5页。
④ 《习近平主席在联合国日内瓦总部的演讲(全文)》,http://www.xinhuanet.com/world/2017-01/19/c_1120340081.htm,2018年12月11日访问。

> 从古希腊柏拉图、亚里士多德等哲学家的"共同体"思想萌芽到19世纪上半叶黑格尔和费尔巴哈等德国古典哲学家的"共同体"思想元素,这些早期的"共同体"思想都为马克思形成其较为成熟的"共同体"思想提供了重要参考。1848年,马克思和恩格斯在《共产党宣言》中指出,在"自由人的联合体"中,个体与"共同体"之间已经消除了异化与对立关系,个体的个性自由在"共同体"中将得到全面充分的发展。

在《1857—1858年经济学手稿》中,"共同体"思想在马克思揭露资本主义生产方式的内在矛盾和内在规律过程中得到进一步发展和完善。他指出,资本主义的生产方式使人的行为的独立性依赖于物的外在性,人被彻底"物化",受到货币资本等"抽象共同体"的统治。

"人类命运共同体"思想根植于马克思、恩格斯的"共同体"思想,是中国共产党人基于马克思共同体思想提出来的一个伟大的战略构想,是新时代对马克思"共同体"思想的继承和发展,是马克思主义与中国具体实际相结合的伟大创造。

人类美好的未来,需要全人类共同的行动去创造。人类命运共同体理念涵盖了政治、经济、安全、文化、生态等多个领域,是对政治共同体、经济共同体、安全共同体、社会共同体、文化共同体等的进一步概括和升华。

一是政治共同体。在政治上,相互尊重,平等协商。各国体量有大有小,国力有强有弱,发展有先有后,倡导各国间相互尊重、平等相待,尊重各国自主选择的社会制度和发展道路,尊重彼此核心利益和重大关切,强调各国都有平等参与地区与国际事务的权利,涉及共同利益的事情需要由各国共同商量解决,坚决反对冷战思维和强权政治,走对话而不对抗、结伴而不结盟的国与国交往新路。

二是经济共同体。在经济上,合作共赢,共同发展。把本国人民的利益同各国人民的共同利益结合起来,共同维护世界各国共同发展的良好局面。以更加客观、理性的态度看待经济全球化带来的新问题，以更加长远的利益观来处理经济分歧，积极促进贸易和投资自由化、便利化，推动经济全球化朝着更加开放、包容、普惠、平衡、共赢的方向发展。

三是安全共同体。在安全上，实现共同、综合、合作、可持续的国际安全观，倡导尊重和保障每个国家的安全，统筹维护传统领域和非传统领域安全，通过对话促进本国和地区的安全。各国增加互信、弥合分歧、深化合作，坚持以对话解决争端、以协商化解分歧，统筹应对传统和非传统安全威胁，反对一切形式的恐怖主义，走共建、共享、共赢、共护的安全新路，实现共同、综合、合作、可持续的国际安全。

四是文化共同体。在文化上，兼容并蓄，交流互鉴。倡导各国切实尊重和维护世界文明的多样性，加强相互交流、相互学习、相互借鉴，"推动不同文明相互尊重、和谐共处，让文明交流互鉴成为增进各国人民友谊的桥梁、推动人类社会进步的动力、维护世界和平的纽带。从不同文明中寻求智慧、汲取营养，为人们提供精神支撑和心灵慰藉，携手解决人类共同面临的各种挑战"。[①]

五是社会共同体。在生态上，清洁美丽，走可持续发展道路。倡导坚持环境友好，合作应对气候变化，保护好人类赖以生存的地球家园。坚持绿色、低碳、循环、可持续的生产生活方式，平衡推进"2030年可持续发展议程"，不断开拓生产发展、生活富裕、生态良好的文明发展道路，建设一个清洁美丽的世界。[②]

二、人类命运共同体理念的价值取向

人类命运共同体的架构包括新型权力观、新型义利观、新型文明

[①] 《习近平主席在联合国日内瓦总部的演讲（全文）》，http://www.xinhuanet.com/2015-00/29/c_1116703645.htm，2018年12月26日访问。

[②] 周俊武：《人类命运共同体理念的中国特色、理论内涵和价值取向》，《湖南师范大学社会科学学报》2018年第5期，第18—22页。

观、新型交往观等新型观念，它们为建立国际新秩序，推动建设持久和平、共同繁荣的和谐世界提供了基本价值导向。

人类命运共同体理念蕴含平等互信的新型权力观。和平、发展、合作、共赢是时代主题。"第二次世界大战的惨痛教训告诉人们，弱肉强食、丛林法则不是人类共存之道。穷兵黩武、强权独霸不是人类和平之策。赢者通吃、零和博弈不是人类发展之路。和平而不是战争，合作而不是对抗，共赢而不是零和，才是人类社会和平、进步、发展的永恒主题。"[1] 因此，我们要超越零和博弈、你输我赢的思维，推动构建相互尊重、公平正义、合作共赢的新型权力关系。

人类命运共同体理念蕴含道义为先的新型义利观。正确的义利观是指在对外交往时要坚持道义为先，即"国不以利为利，以义为利也"（《大学》），但同时也不能违背国家的核心利益。正如习近平同志在《更好统筹国内国际两个大局 夯实走和平发展道路的基础》的讲话中所言："我们要坚持走和平发展道路，但决不能放弃我们的正当权益，决不能牺牲国家的核心利益。任何外国不要指望我们会拿自己的核心利益做交易，不要指望我们会吞下损害我国主权、安全、发展利益的苦果。"中国在与第三世界国家合作的过程中，秉承正确的义利观，注重授人以渔、筑巢引凤，从根本上提高它们自身的"造血能力"。特别是对亟待发展的非洲地区，中国所到之处诚心实意地推行"民生外交"，致力于双方互惠互利、合作共赢的共同发展。

人类命运共同体理念蕴含兼收并蓄的新型文明观。文明因交流而多彩，因互鉴而丰富，要用平等、包容、借鉴的态度去对待世界文明，不要用"文明冲突论"来试图制造文明之间的对立，也不要用"普世价值观"来试图消解其他不同文明。要让文明成为"增进各国人民友谊的桥梁、推动人类社会进步的动力、维护世界和平的纽带"。

人类命运共同体理念蕴含合作共赢的新型交往观。习近平同志明确

---

[1] 《习近平在俄罗斯媒体发表署名文章》，http://www.xinhuanet.com/politics/2015-05/07/c_1115208956.htm，2018年12月11日访问。

指出，构建人类命运共同体就是希望各国要平等相待，互商互谅，基于自愿自觉形成一种自然聚合。强调对外交往要结伴而不结盟，着眼构建以合作共赢为基础的新型交往关系。这体现了中国特色和中国智慧，展现出中国传统文化的风骨与风貌，融合了中国传统儒家文化的价值观，是不同于西方交往理念的新的交往观。

总之，世界格局正处在一个加快演变的历史性进程之中，人类命运共同体理念提倡以合作共赢为核心，在政治上、经济上、安全上、文化上、生态上都贡献了中国智慧，提出了可行的中国方案，为从根本上解决全球性问题、实现全人类共同合作、谋求发展提供了新思路，为人类建构起思考重大问题的一种新的思维方式。构建人类命运共同体顺应和满足了时代和平与发展的需要，不仅有助于人类应对时代环境中所遇到的各种挑战与困难，而且对推动各国间的发展、维护世界和平与稳定都将起到积极的作用。①

三、"人类命运共同体"——全球治理中国方案

如果说 G20 杭州峰会是中国方案的登台亮相，那么在瑞士的两次讲话则意味着习近平全球治理观的形成。2017 年 1 月，习近平同志在达沃斯世界经济论坛上集中论述了中国的全球治理方略：

中国立场——经济全球化是社会生产力发展的客观要求和科技进步的必然结果，"经济全球化确实带来了新问题，但我们不能就此把经济全球化一棍子打死"；

中国选择——"面对经济全球化带来的机遇和挑战，正确的选择是，充分利用一切机遇，合作应对一切挑战，引导好经济全球化走向"；

中国对策——"我们要主动作为、适度管理，让经济全球化的正面效应更多释放出来，实现经济全球化进程再平衡；我们要顺应大势、结合国情，正确选择融入经济全球化的路径和节奏；我们要讲求效率、注

---

① 马克思著，中共中央马克思、恩格斯、列宁、斯大林著作编译局译：《马克思资本论》（第 3 卷），北京：人民出版社，1975 年版，第 926 页。

重公平，让不同国家、不同阶层、不同人群共享经济全球化的好处"。①

从中国立场到中国选择再到中国对策，习近平同志的演讲展现了全球治理领导力的中国担当。在联合国日内瓦总部的演讲中，习近平同志进一步指出，中国推进全球治理旨在"让和平的薪火代代相传，让发展的动力源源不断，让文明的光芒熠熠生辉"，"中国方案是：构建人类命运共同体，实现共赢共享"。这些言简意赅的讲话将中国厚重的治理担当和高远的治理理想表达得淋漓尽致。党的十九大报告将习近平同志的全球治理思想写入党的最高文件，郑重承诺中国"倡导构建人类命运共同体，促进全球治理体系变革"，"秉持共商共建共享的全球治理观"，"继续发挥负责任大国作用，积极参与全球治理体系改革和建设，不断贡献中国智慧和力量"。② 2017年12月，在世界政党高层对话会上，习近平同志作为全球最大执政党中国共产党的领袖，再次向世界宣告："中国将积极参与全球治理体系改革和建设，推动国际政治经济秩序朝着更加公正合理的方向发展。"③ 至此，志存高远、敢于担当的"中国方案"在国内外一系列重要场合宣示后完整出炉。④

不同类型的共同体有着不同的价值追求、合作方式和措施保障，新时代构建人类命运共同体就是要以增进整个人类社会的福祉为根本目的，以构建新型国际关系为主要目标，以共建"一带一路"倡议为主要方式，以共商、共建、共享的全球治理观为指导，以共同、综合、合作、可持续的新安全观为保障。

---

① 《习近平主席在世界经济论坛2017年年会开幕式上的主旨演讲（全文）》，http://www.xinhuanet.com//2017-01/18/c_1120331545.htm，2018年12月11日访问。
② 《习近平：决胜全面建成小康社会夺取新时代中国特色社会主义伟大胜利——在中国共产党第十九次全国代表大会上的报告》，http://www.xinhuanet.com//politics/19cpcnc/2017-10/27/c_1121867529.htm，2018年12月12日访问。
③ 习近平：《携手建设更加美好的世界——在中国共产党与世界政党高层对话会上的主旨讲话》，《当代世界》2017年第12期，第4—7页。
④ 李丹：《论全球治理改革的中国方案》，《马克思主义研究》2018年第4期，第52—62，159—160页。

（一）以增进整个人类社会的福祉为根本目的

"共同体"可以理解为由某种共同纽带连接起来的生活有机体。[1] 这种共同纽带可以理解为共同利益或共同价值追求。没有共同的利益或价值追求作为基础，共同体不可能形成。一旦形成了共同体，从个体角度来说，它是人的意志完善的统一体；[2] 从国家角度来说，它是国家利益统一的结合体；从整个人类社会来说，它是全体人类终极价值的承载体。人类命运共同体，就其基本内涵来说，它是以增进整个人类社会的福祉为主要目的，并不是为了一国或多国的单个利益或集体利益。

在全球联系日益紧密的今天，许多问题已经威胁到包括所有国家在内的人类社会的发展。例如，全球气候变化问题、国际恐怖主义问题、核武器扩散问题等，任何一个问题的存在都会对世界各国的发展前途产生威胁。为了解决这些全球性问题，人类社会必须结成统一的命运共同体，国与国之间要将彼此看作是事关自身生死存亡的关键因素。以邻为壑、任由地区性问题转变为全球性问题是不负责任的行为。中国特色社会主义进入新时代以后，中国所承担的国际责任与义务日渐增多。构建人类命运共同体是中国承担大国责任和义务的表现，也是为解决全球性问题贡献的"中国智慧"。新时代构建人类命运共同体要以增进整个人类社会福祉为主要目的：一方面，构建人类命运共同体要抓住世界各国的发展关切，找准最突出、最尖锐的问题，并做出有效回应；另一方面，当今世界各国正在日益成为一荣俱荣、一损俱损的命运共同体，构建人类命运共同体要依靠世界各国的共同努力，以集体的智慧和努力来解决全球性问题。

（二）以构建新型国际关系为主要目标

共同体组建以后，能否按照预期有效运行，取决于共同体内部各成

---

[1] ［英］雷蒙·威廉斯著，刘建基译：《关键词：文化与社会的词汇》，北京：生活·读书·新知三联书店，2005年版，第79页。

[2] ［德］斐迪南·滕尼斯著，林荣远译：《共同体与社会：纯粹社会学的基本概念》，北京：商务印书馆，1999年版，第58页。

员国之间的相互关系。亚里士多德曾经提出,"城邦以正义为原则,由正义衍生的礼法,可凭以判断是非曲直,正义恰正是树立社会秩序的基础"。① 如果说在城邦之内正义是社会秩序的基础,那么在无政府状态的国际社会中,公平正义同样是共同体内部有效运行的基础。正义来源于共同体成员的集体认同和对美好生活的向往,而公平是共同体成员切身利益得到有效保障的关键因素,只有公平正义成为共同体内部秩序的基础,共同体成员才能对集体行动激发出参与及维护的源动力。构建人类命运共同体必须以公平正义作为国际秩序和国际关系的基本准则,世界各国,无论大小强弱,都有平等参与国际治理的权利。而只有保证共同体成员公平参与国际治理的基本权利,这种共同体生活才是值得追求的。在共同体运行中能否做到公平正义,前提是共同体成员能够相互尊重。相互尊重要求共同体成员尊重彼此利益关切,在处理各种国际问题时能够做到平等相待。在共同体成员中,不同国家所处的发展阶段是不同的,新型国际关系不能因共同体成员存在个体差异而放弃相互尊重。没有相互尊重的共同体生活不是完善的,自然也不是应该追求的。共同体成员要想实现共同目标,应该建立合作共赢的新型国际关系,现如今全球问题越来越不能单靠一个国家来解决,共同体成员集体参与合作,既是它们的基本权利,也是全球治理目标能否实现的关键。从这个意义上来说,新型国际关系应当拒绝共同体成员的搭便车行为。

因此,构建人类命运共同体要以构建互相尊重、公平正义、合作共赢的新型国际关系为目标,推动全球治理体系变革。

(三) 以共建"一带一路"倡议为主要方式

如果说人类命运共同体是中国为全球治理提供的"中国方案",那"一带一路"就是"中国方案"的具体实践措施。在推动共建"一带一路"倡议过程中,中国坚持共商、共建、共享的原则,一方面尊重相关国家参与"一带一路"建设的主观意愿,充分体现新型国际关系

---

① [古希腊] 亚里士多德著,吴寿彭译:《政治学》,北京:商务印书馆,2010年版,第9—10页。

的互相尊重原则；另一方面，对有合作意愿的国家实施发展战略对接，实现互利共赢的合作。通过共建"一带一路"倡议，中国将自身对构建新型国际关系的理念贯彻到国家的双边合作中去，通过实践让相关国家真正感受到"一带一路"是合作之路、共赢之路。国外有学者评论道："一带一路"倡议能够取得成功的关键因素在于双方能够互相尊重主权和文化。① "一带一路"沿线以发展中国家为主，由于历史发展阶段的局限性，这些国家很少有机会能够主动参与到全球治理体系中来。中国提出"一带一路"倡议，与相关国家共同参与全球治理，这既是一种积极的引导，也是解决地区问题的有效方式。如果中国能够以共建"一带一路"倡议推动构建新型国际关系，这对于地区问题的解决及全球治理方案的选择都将提供重要参考，为构建人类命运共同体产生积极的示范作用。

（四）以共商、共建、共享的全球治理观为指导

人类命运共同体的形成和发展，不仅需要完善的组织架构和新型国际关系作为支撑，同样需要正确的治理观予以指导。共商、共建、共享的全球治理观是新时代中国在参与国际治理的实践经验中总结出来的。在当今国际治理体系中，发达国家仍然占据主导地位，对于发达国家提出的治理方案，发展中国家多数情况下只是被动地参与，缺乏主动性与积极性。此外，由于国际关系民主化程度仍然与预期有较大差距，发展中国家很难找到合适途径发出自己的声音。中国坚持共商、共建、共享的全球治理观，其本质是尊重世界各国的主权，坚持国家不分大小、强弱、贫富一律平等，推动国际关系的民主化进程，这是共商的前提和基础。没有国际关系的民主化，发展中国家不可能做到与发达国家一律平等，而建立在不平等基础上的共同体生活对发展中国家而言是不值得追求的。

共建是指倡导共同体成员共同参与全球治理，构建人类命运共同

---

① Tommy Koh. 21st Century Maritime Silk Road, https://www.straitstimes.com/opinion/21st-century-maritime-silk-road, 2018 年 12 月 13 日访问。

体。共同体成员国参与共建"一带一路"倡议或其他治理方案，一方面可以提升本国参与全球治理的能力；另一方面也可以提出自身的利益关切，有利于提升治理方案的科学性和公正性。

共享是指全球治理的成果终究是由世界各国共同分享的，持久和平、普遍安全、共同繁荣、开放包容、清洁美丽的世界对任何一个共同体成员来说都是善的生活，因而也是值得追求的。

(五) 以共同、综合、合作、可持续的新安全观为保障

无论是对古希腊的城邦，还是后来一些国家建立的同盟体系而言，安全都是最基本的需要。同样，安全也是构建人类命运共同体最基本的组成要素。二战结束后，各大国纷纷将维护自身安全视为外交政策的头等目标。一些国家牺牲他国安全、维护自身安全的治理措施持续不断地影响着国际安全环境。虽然这种安全观在一定程度上使得安全能力超强的大国得到暂时的安全，但这种以维护自身绝对安全为基础的传统安全观往往陷入零和游戏之中，成为新的不安全因素的提供者。构建人类命运共同体则需要摒弃这种零和游戏的传统安全观，以共同、综合、合作、可持续的新安全观作为共同体生活的保障，共同体成员应坚持以共同安全、综合安全、合作安全、可持续安全作为追求目标。与传统安全观相比，新安全观在价值理念上实现了对传统安全观的全面超越，人类命运共同体的构建以新安全观作为保障，而不是认为共同体安全的提供

> 安全是共同体机制有效运转的基本保障，一个不以安全作为基本保障的共同体生活，注定是无法有效保护成员国基本利益的，这样的共同体生活将不再值得追求，国际社会将重回弱肉强食的时代。华尔兹认为，在无政府状态的国际大环境下，安全是国际行为体的最高追求，只有在安全得到保证以后，各国才会去追求合作发展、参与全球治理等这类目标。[1]因此，安全是每一个共同体所追求的最基本目标。

---

[1] ［美］肯尼思·华尔兹著，胡少华、王红缨译：《国际政治理论》，北京：中国人民公安大学出版社，1992年版，第152页。

者是某一个或某几个成员国,这样的安全观更加富有可持续性,也更加有韧性。或许,在实施方面,新安全观与传统安全观相比难度要更大,但从整个人类社会发展的大趋势来看,传统安全观的发展已经难以有所突破,在安全问题依旧突出的今天,只有新安全观才能为人类命运共同体的构建提供所需的安全保障。①

思考题

扫描右侧二维码观看视频:《王毅:中国在多领域为国际社会做贡献 积极参与全球治理》,并回答:
1. 目前中国在哪些领域为国际社会做出贡献?
2. 中国在当前的全球治理中面临着怎样的挑战?

第三节 "一带一路"倡议与全球治理新路径

近年来,中国倡导和推进"一带一路"倡仪,给世界秩序重构带来了新的思路。以中国为支点的"杠杆"正在撬裂现有的世界经济地理版图,中国向西开放导致欧亚大陆经济联通正迅速通畅,中国与非洲以及南美洲国家经济联系升级使"外围国家"正逐步靠近世界发展极点。在这种情况下,过去以欧洲生产网络、北美生产网络和亚洲生产网络为核心的全球经济分工格局正在发生变化:一是欧洲生产网络和亚洲生产网络正在迅速链接,二是非洲和南美洲正逐步与欧洲生产网络、亚洲生产网络对接。旧的全球经济地理版图逐步裂变,新的全球经济版图正在形成。②

什么是"一带一路"?"一带一路"是"丝绸之路经济带"和"21

---

① 刘方平:《全球治理视域下人类命运共同体建构》,《西南民族大学学报(人文社科版)》2018年第4期,第175—182页。

② 曾铮:《格局演变 模式嬗变 战略适变——"后美国时代"全球经济治理与中国方略》,《区域与全球发展》2018年第3期,第102页。

世纪海上丝绸之路"的简称。① 2013 年 9 月,中国国家主席习近平在哈萨克斯坦纳扎尔巴耶夫大学做题为《弘扬人民友谊 共创美好未来》的演讲,在演讲中,"丝绸之路经济带"这一概念首次被提出。② 同年 10 月,习近平主席在印度尼西亚国会发表题为《携手建设中国—东盟命运共同体》的演讲,提出共建"21 世纪海上丝绸之路"。③

"共建'一带一路'旨在促进经济要素有序自由流动、资源高效配置和市场深度融合,推动沿线各国实现经济政策协调,开展更大范围、更高水平、更深层次地区域合作,共同打造开放、包容、均衡、普惠的区域经济合作架构。"④ "一带一路"体现了 21 世纪的鲜明特色,标志着中国从参与全球化到塑造全球化的态势转变,诠释着中国通过"复兴、包容、创新"三部曲融通"中国梦"与"世界梦"的主旋律。

当前,中国以实施"一带一路"倡议为契机,积极推动与相关国家的国家发展战略对接,并已取得多方面的重要进展。未来,最高领导层应当继续高度重视并积极推进对接工作,将双边对接与地区合作机制建设更好地结合起来,加强各国预警机制的合作,充分发挥企业的主动性和创造性,大力开展公共外交,以此进一步深化各国国家发展战略对接,将构建新型国际关系不断推向前进。⑤

---

① 《什么是一带一路》,https://www.yidaiyilu.gov.cn/ztindex.htm, 2018 年 9 月 15 日访问。

② 习近平:《弘扬人民友谊 共创美好未来:在纳扎尔巴耶夫大学的演讲》,人民网,2013 年 9 月 8 日,http://www.xinhuanet.com/politics/2013-09/08/c_117273079.htm, 2018 年 12 月 13 日访问。

③ 《习近平在印度尼西亚国会的演讲(全文)》,http://www.gov.cn/ldhd/2013-10/03/content_2500118.htm, 2018 年 12 月 13 日。

④ 中华人民共和国国家发展和改革委员会:《推动共建丝绸之路经济带和 21 世纪海上丝绸之路的愿景与行动》,http://www.ndrc.gov.cn/gzdt/201503/t20150330_669162.html, 2019 年 2 月 26 日访问。

⑤ 王存刚:《战略环境与国家方略》,北京:北京大学出版社,2016 年版,第 179—180 页。

一、"一带一路"与全球化"新思路"

"一带一路"是新时代全球化的"新丝路",更是全球化的"新思路"。2017年5月北京"一带一路"国际合作高峰论坛的成果充分证明了这一点。

习近平主席在高峰论坛闭幕式上总结了会议凝聚的共识:与会各方将致力于推动"一带一路"建设的国际合作,携手应对世界经济面临的挑战;支持加强经济政策协调和发展战略对接,努力实现协同联动发展;希望将共识转化为行动,推动各领域务实合作不断取得新成果;期待架设各国民间交往的桥梁,为人民创造更美好的生活;坚信"一带一路"建设是开放包容的发展平台,各国都是平等的参与者、贡献者、受益者。

古代中国的"丝绸之路"包括商人的骆驼队、海洋的船队,开创了中国与外部世界更大范围的文明交融和贸易来往。如今的"新丝路"也将是一条文明融合之路、文化交流之路、和平合作之路。

"新丝路"体现的全球化"新思路",无论是"政策沟通、设施联通、贸易畅通、货币流通、民心相通",还是"六大经济走廊"连接众多发展中国家,抑或是亚洲基础设施投资银行、丝路基金等新的投融资渠道,"和平合作、开放包容、互学互鉴、互利共赢"的丝路精神既有历史传承,又有时代创新,将各国人民在"一带一路"平台上紧密地联系在一起,促进相互开放、加强合作、共同发展。

"一带一路"倡议的提出与实施将会在以下几个方面对全球化的纵深发展起到助推作用。

其一,目前全球化面临严峻挑战,"逆全球化"和民粹主义在世界范围内盛行,这既会给一国内部带来社会分裂和治理困难,也给世界的未来出了一道世纪难题。而"一带一路"倡导"共商、共建、共享"原则,将指导我们在市场效率和社会公平之间实现动态、有效的平衡,是应对全球化新挑战的"良方"。

全球化需坚持"包容、普惠、共享"原则，不能成为少数国家、少数跨国公司和利益集团的特权及其操控的"游戏场"，不能任由垄断资本为所欲为。我们需要努力推进老百姓普遍受惠的全球化，而不是只有少数国家和垄断资本受益的"伪全球化"。

全球化给世界带来了长期和平和经济发展，但是西方主导的全球化并未让老百姓普遍受惠，而是出现了所谓的"赢者和输者"，财富向少数人集中，各国之间和一国内部都出现了经济发展不平衡、财富分配失衡、贫富差距拉大的现象，致使广大发展中国家依然陷在原有"中心—边缘"国际体系的"边缘"地带，落在工业化的后面。

同时，西方社会内部矛盾加深，民粹主义卷土重来，反全球化力量上升。美国、英国和一些欧洲国家频频出现的"黑天鹅事件"，以及政治极端化趋势，就是这一深层次问题的表现。世界由此进入充满不确定性、不稳定性的政治"新常态"，国际秩序转换和全球治理体系重塑的大幕已经拉开。

"一带一路"所体现的"普惠性"，将使各国百姓有更多的参与感、获得感、幸福感，有助于克服贫富差距，弥合社会阶层分裂，给扭转"逆全球化"提供了有效路径。人民是历史的主人，也是全球化、全球治理的主人。中国提出"一带一路"倡议，创新全球治理思想和模式，同样把各国人民利益装在心里，希望老百姓能够获得实实在在的好处。

习近平主席强调，"一带一路"是各国人民的大合唱，不是中国独唱，是建设各国的"百花园"，不是中国的"后花园"，其深刻含义就在于各国人民普遍参与、共享发展成果。

其二，"一带一路"将推动"开放、包容、平等、合作"的全球化新航程。开放是前提，合作是基础，发展是关键。

中国在全球化新时代将坚定不移地继续对外开放，向更多发达和发展中国家开放，从而构建中国全面开放的新格局。"一带一路"推动各国相互开放、平等合作，抓住"发展"的龙头，将促进相关发展中国家早日实现工业化，以填补经济欠发达的"洼地"，实现双赢和共赢。

"一带一路"相关国家扩大相互开放，亚欧大陆各层面互联互通，在平等的基础上增强合作，将为世界经济增长提供强劲的新动能。相互开放、共同发展还将推动亚欧不同文明相互学习和融合，为建设人类命运共同体奠定坚实基础。传统意义上的全球化以减让关税、建立世界市场为目标，对全球经济增长的贡献在5%左右，而"开放、包容、平等、合作"的全球化通过"软硬"互联互通将使全球经济增长10%—15%。

其三，"一带一路"所体现的全球治理新思想，是中国作为发展中大国，在自身经济发展和国内治理成功经验基础上提出的创新、务实之举，既有中国发展道路的理论基础，更有中国发展模式的实践根基，操作性强，并非拍脑袋想出来的空中楼阁。2019年4月27日，第二届"一带一路"国际合作高峰论坛在北京雁栖湖国际会议中心举行圆桌峰会。习近平在开幕辞中指出，首届"一带一路"国际合作高峰论坛举行两年来，我们本着共商共建共享原则，全面推进政策沟通、设施联通、贸易畅通、资金融通、民心相通，为世界经济增长注入了新动力，为全球发展开辟了新空间。我们再次举行高峰论坛，就是希望同各方一道，让共建"一带一路"走深走实，更好造福各国人民。①

目前，全球化与"逆全球化"博弈处于十字路口，西方"经济新自由主义"日薄西山，全球治理呼唤结构性改革、新指导思想和模式。在世界政治经济格局深刻变化、全球化面临向何处去这一关键时刻，国际社会聚焦中国，希望从中国国内成功治理的经验中提炼出全球治理的新思想、新方案。

中国深入参与全球化，经济几十年来得到持续发展，其关键是中国坚持有别于"经济新自由主义"、符合中国国情的发展道路和发展模式，并有中国共产党的坚强领导、可靠有效的政治制度作为机制体制保障。这几十年来，中国市场经济和政府调控两手合理并用，既坚持发展是硬道理，又确保社会公平正义。②

---

① 《第二届"一带一路"国际合作高峰论坛举行圆桌峰会 习近平主持会议并致辞》，http://www.beltandroadforum.org/n100/2019/0427/c24-1314.html，2019年8月16日访问。

② 第一财经：《一带一路引领全球化新时代》，上海：上海交通大学出版社，2017年版，第3—7页。

二、"一带一路"与可持续发展

"一带一路"不是中国的"独奏曲",而是"大合唱",其在弘扬21世纪"和平合作、开放包容、互学互鉴、互利共赢"的丝路精神的同时,以实现联合国"2030年可持续发展议程"为目标,将其拓展到"利益共同体""责任共同体""命运共同体"的高度。

在2016年9月于杭州举行的二十国集团(G20)峰会上,"包容"成为核心主题,① 而时任联合国秘书长潘基文在新闻发布会上表示,杭州峰会在G20历史上首次把强调可持续增长作为公报成果之一。② 随后,中国政府公布了《中国落实2030年可持续发展议程国别方案》,③ 表明"一带一路"倡议和联合国"2030年可持续发展议程"虽然范围不同,但具有类似的宏远愿景和相同的基本原则。

而在此后,中国开始与联合国积极沟通,将"一带一路"纳入联合国的可持续发展框架中。早在2016年4月,中国就与联合国亚洲及太平洋经济社会委员会(UNESCAP)签署意向书,共同规划推进互联互通和"一带一路"的具体行动,推动沿线各国政策对接和务实合作。④ 2016年9月,中国与联合国计划开发署签署关于共同推进"一带一路"建设的谅解备忘录。⑤ 2016年11月,联合国大会首次在决议中写入中国的"一带一路"倡议。⑥ 2017年2月,联合国社会发展委员

---

① 《二十国领导人杭州峰会》,http://www.xinhuanet.com/world/2016G20/,2018年12月13日访问。

② 《中国助推联合国实现可持续发展》,http://www.xinhuanet.com//comments/2016-09/09/c_1119536226.htm,2018年12月13日访问。

③ 《李克强主持2030年可持续发展议程主题座谈会并发布〈中国落实2030年可持续发展议程国别方案〉》,http://www.xinhuanet.com/world/2016-09/20/c_1119595197.htm,2018年12月13日访问。

④ 《十件大事见证一带一路》,http://cpc.people.com.cn/n1/2017/0514/c64387-29273531.html,2018年12月13日访问。

⑤ 《联合国鼎力支持"一带一路"倡议》,http://www.xinhuanet.com/silkroad/2017-04/14/c_1120813300.htm,2018年12月13日访问。

⑥ 《2016年二十国领导人杭州峰会》,http://www.xinhuanet.com/world/2016G20/,2018年12月13日访问。

会通过"非洲发展新伙伴关系的社会层面"决议，首次写入"构建人类命运共同体"理念。[1] 2017年3月，联合国安理会关于阿富汗问题的第2344号决议再次写入"人类命运共同体"理念，[2] 呼吁国际社会通过"一带一路"建设等加强区域经济合作，敦促各方为"一带一路"建设提供安全保障环境、加强发展政策战略对接、推进互联互通务实合作等。

> 联合国亚洲及太平洋经济社会委员会（UNESCAP，下称"亚太经社会"）是联合国秘书处在亚洲及太平洋地区设立的区域委员会。亚太经社会成立于1947年，秘书处设于泰国曼谷，目前共有53名成员及9名准成员，澳门地区于1991年成为其准成员。
>
> 亚太经社会的整体目标是促进亚太地区的共同繁荣、平等及可持续的经济和社会发展，致力通过提供成果为本的项目、技术支援及能力构建，协助成员应对区域内的重大挑战。自2015年9月联合国全体成员通过采纳"2030年可持续发展议程"后，亚太经社会于2016年亦通过决议，致力协助成员执行有关发展目标，当中包括：
>
> ——推动"2030年可持续发展议程"中三个方面的平衡融合及向成员提供最新的资讯及建议；
>
> ——协助规划"2030年可持续发展议程"的区域路线图以应对亚太地区在执行有关议程上所面对的挑战；
>
> ——加强对成员在执行"2030年可持续发展议程"综合方案上的支援，以及通过专业人士及政府间论坛继续为成员提供能力构建的机会。

将"一带一路"纳入联合国可持续发展议程框架的现实意义不容忽视。

---

[1]《"构建人类命运共同体"首次写入联合国决议》，http://www.xinhuanet.com/world/2017-02/12/c_129476297.htm，2018年12月13日访问。

[2]《外交部就"构建人类命运共同体"重要理念首次载入联合国安理会决议答问》，http://www.xinhuanet.com/2017-03/20/c_1120661676.htm，2018年12月13日访问。

首先,通过实现与联合国可持续发展目标的紧密结合,"一带一路"成为实现联合国可持续发展目标的加速器,助力扩大全球公共产品。通过推动经济增长和扩大公共福利,"一带一路"可以成为实现可持续发展的有效框架,在推动投资与经济增长的同时,实现区域的包容性发展。

其次,联合国可持续发展目标也可以助力"一带一路"。例如,把"一带一路"纳入联合国发展框架中,可以更好地帮助中国展现其在全球发展合作中的负责任大国形象,避免地缘政治带来的负面影响;通过联合国引入全球政府组织和非政府组织的共同参与,提高"一带一路"倡议应对环境问题和社会风险的能力;利用联合国的现有机制,帮助提高沿线国家政策的一致性,强化治理体系;利用"2030年可持续发展目标"的成熟框架,为尚在构建的"一带一路"倡议提供必要的检测和评估机制。[1]

三、"一带一路"与人类命运共同体

人类命运共同体建设是"一带一路"倡议的精神升华,而"一带一路"倡议将成为实现命运共同体、开创人类新文明的有效、可行路径。

"一带一路"倡议中的共同发展、共享发展的深刻内涵,就是希望通过相关国家在各个层面和领域的"互联互通",消除因发展水平不同、意识形态各异、文明文化差异、国家实力不同而产生的不平等、不公正、不公平现象,为稳步建设人类命运共同体提供有效的路径和抓手。

实际上,"一带一路"与人类命运共同体建设有着十分重要的共同之"道",是东方智慧与中国模式的充分展示,即:超越国家狭隘的利益划分,超越根深蒂固的意识形态差异,以合作共赢的新型国际关系和全球伙伴关系网络,替代相互排斥对立的军事同盟关系与以意识形态划

---

[1] 第一财经:《一带一路引领全球化新时代》,上海:上海交通大学出版社,2017年版,第60—62页。

线的国家集团和"阵营",以和平相处、和平竞争替代你死我活的"零和博弈",走出一条新全球化时期不对抗、不冲突、相互尊重、合作共赢的新路。

俄罗斯《导报》曾刊文提出,"一带一路"展示了中国对全球治理新理念的思考:对中国来说,"一带一路"与其说是"路",不如说是中国最重要的哲学范畴——"道",这一点突出体现在"三可"原则上,即:可分享(共赢主义)、可持续(代际均衡)、可内化(落地生根)。①

当然,全球治理并不仅仅是经济全球化的有效管理,它还涉及政治、安全、军事、网络、文化等许多"硬"领域与"软"领域。"一带一路"建设涵盖了国际合作与全球治理的方方面面,是中国从自身成功治理经验出发,希望为世界提供全球公共产品的重大倡议。

"一带一路"倡议从具体目标来讲,主要想解决以下难题:

(1)全球经济增长模式需要创新驱动,借技术革命日新月异之东风,解决增长动力严重不足、原有增长模式动力耗尽的问题。

(2)各国需要协同联动发展,着眼于共同发展、平衡发展、普惠发展,以解决世界经济长期失衡的问题,防止各国政策继续碎片化、孤立化、封闭化。

(3)全球治理模式的调整与改革应该提上各国的议事日程,力求治理体系更加公平、公正、合理,核心是贯彻"共商、共建、共享"原则,国家无论大小、贫富,均可平等参与全球治理和国际新规则制定。国强必霸定律必须打破,大国欺负小国、强国蹂躏弱国的历史必须终结。

(4)全球发展问题需要置于全球治理的重要位置,G20 杭州峰会就此做出的决定和承诺需要得以落实。发展模式必须实现平等、平衡、普惠。目前世界范围出现的"逆全球化",其根本原因是全球化发展成

---

① 靳诺等:《全球治理的中国担当》,北京:中国人民大学出版社,2017 年版,第 144 页。

果未能惠及全民，出现了"赢者"和"输者"。①

> "共商、共建、共享"是中国为未来全球治理转型开出的"新药方"，近年为全球主要国家所欢迎和接受。其原因在于，以发达国家为核心的全球治理旧方式根本解决不了世界现有的共同问题与困境，只有增加新兴市场和发展中国家的话语权，才能协同破解全球发展难题。"共商"就是要打破西方对商议主体和客体的垄断，不断深化和推进全球治理；"共建"就是在全球治理的组织机制、重点议题、道义道德和思想理论中实现各国平等贡献智慧和力量；"共享"就是要扩大新兴市场和发展中国家在世界银行和国际货币基金组织等国际组织中的股权和投票权、经济的规制权、政治安全的决策权、思想文化的话语权，对它们给予平等对待，增加全球治理机构和机制的代表性、公正性和民主性。②

中国在开拓积极而不失审慎的新型大国外交之路的同时，也在为全球治理提供"中国方案"。中国是人类命运共同体的倡导者，更是践行者。世界各国都有各自不同的核心利益和外交价值观，从而形成国际社会中一个个不同的支点。而无论是"一带一路"倡议还是"人类命运共同体"，都在将这些支点或汇聚、或联结，并通过共商、共治、共建的原则推动着全球治理新秩序的建立，推动着人类共同发展和共同兴盛的实现。

---

① 第一财经：《一带一路引领全球化新时代》，上海：上海交通大学出版社，2017年版，第11—13页。
② 杨洁勉：《全球治理的中国智慧：共商共建共享》，《光明日报》2016年6月16日，第16版。

本章练习

一、关键术语

新型国际关系　旧型国际关系　全球治理　义利观　中国方案　人类命运共同体　"一带一路"　政治共同体　经济共同体　安全共同体　文化共同体　社会共同体　G20 杭州峰会　联合国可持续发展目标

二、复习思考题

1. 新型国际关系提出的过程、定义和核心概念分别是什么？
2. 旧型（传统）国际关系与新型国际关系有哪些区别？
3. 中国在全球治理中的角色是如何变化的？你眼中的中国在全球治理中的角色是怎样的？
4. 概述中国在全球治理中的角色变化对塑造新型国际关系有哪些作用？
5. 人类命运共同体的定义、价值取向、根本目的、主要目标、主要方式、指导思想和保障分别是什么？
6. "一带一路"对全球化和可持续发展产生的作用有哪些？
7. "一带一路"和"人类命运共同体"都在不断建设过程中，你觉得它们有什么优点，还有哪些需要改进的地方？
8. 假如你是除中国外的某国领导人，你会怎么看待"中国方案"？
9. 扫描右侧二维码，阅读新闻：《新时代全球治理思想：含义、内容和价值》，根据习近平总书记在十九大报告中关于全球治理及其改革的中国思想和中国方案的内容，探讨你认为的全球治理的要义有哪些？

参考书目

Reconfiguring Global Governance: Effectiveness, Inclusiveness, and China's Global Role, Report of High－level Policy Forum on Global Governance, December 2012.

王移刚:《中国参与全球治理:新时代的际遇与方向》,《外交评论》2017年第6期。

秦亚青、魏玲:《新型全球治理观与"一带一路"合作实践》,《外交评论》2018年第2期。

辛本健:《全球治理的中国贡献》,北京:机械工业出版社,2016年版。

陈岳、蒲聘:《构建人类命运共同体》,北京:中国人民大学出版社,2017年版。

第九章　特朗普时期美国的单边主义转向

> 我们将依据实际结果而非僵化的意识形态做出决定。我们将以经验为指导，而非限定于不变的教条。如果存在可能，我们将寻求渐进改革，而非骤然干涉。
>
> ——唐纳德·特朗普

章节导读

★ 学习目标
- 了解美国霸权治下的全球治理理念；
- 掌握美国历任总统的全球治理重心；
- 掌握当前美国全球治理政策的转向。

★ 内容概要

自特朗普任职美国总统以来，美国以退出《跨太平洋伙伴关系协定》(TPP)、《巴黎协定》(Paris Agreement)、联合国教科文组织(UNESCO)为标志，在国际多边合作平台上频繁采取"单边主义"政策，用一系列"退群"行动来挑战脆弱的全球治理体系，试图借此重塑国际规则并主导全球治理领域的变化趋势。上述发展也迫使我们需要回答如下问题：第一，现有全球治理格局中的美国霸权是否会因美国的

"实用主义"转向而必然衰退?第二,为了维系现有国际体系中的霸权,美国需要做出怎样的策略选择?以上问题都是本章试图探寻解决的问题。为了更好地回答上述问题,本章还将结合特朗普入主白宫后的政策调整来阐述一下,在当前国际环境和全球治理体系中,美国所扮演的角色及其起到的作用是怎样的。

★ 章前思考

据《今日美国报》网站 2018 年 6 月 19 日报道,19 日晚,美国常驻联合国代表妮基·黑莉在国务卿蓬佩奥的陪同下,于国务院宣布美国退出联合国人权理事会 (United Nationgs Human Rights Council)。这一决定的背景是,人权理事会要求特朗普政府停止在美非法移民子女与父母分离的做法,因为这"有违人权标准"。

报道称,黑莉的声明指责人权理事会偏袒那些虐待本国公民的国家,却对美国的盟友以色列抱有偏见,她称这个位于日内瓦的机构是"政治偏见的污水池"。"我想明确表示,这一举措不是背离我们的人权承诺",黑莉说,"恰恰相反,我们之所以这样做,是因为我们的承诺不允许我们继续成为一个对人权嘲弄的伪善且自私的组织的一部分。"

> "Disappointing, if not really surprising news. Given the state of #HumanRights in today's world, the US should be stepping up, not stepping back" -- UN Human Rights Chief #Zeid following USA decision to withdraw from U.N. Human Rights Council.#StandUp4HumanRights
> — UN Human Rights (@UNHumanRights) June 19, 2018

截图来源:UN Human Rights Twitter, June 19th, 2018, https://twitter.com/unhumanrights/status/1009188496370814976?lang=en,2019 年 7 月 20 日访问。

联合国人权理事会是联合国系统中的政府间机构,负责在全球范围内推动和加强人权保护的工作,解决侵犯人权的问题并对此提出建议。联合国人权事务高级专员扎伊德·侯赛因对此表示,这一决定"即使不是特别意外,却也令人失望"。他说道:"鉴于今天世界上的人权状况,美国应该挺身而出，而不是退出。"①

阅读上述材料并试着回答下列问题：

1. 你知道在特朗普就任美国总统后，美国已经退出哪些国际组织吗？

2. 请简要谈谈你对美国这一系列"退群"行为的看法。

3. 有学者称，美国全球治理战略的调整实际上暴露了美国国内社会的一系列问题。你是否认同该观点？如果认同，请简要梳理当前美国国内的种种治理难题。

第一节　霸权下的美国及其在全球治理中的角色

自20世纪70年代布雷顿森林体系崩溃以来，对美国霸权地位的认知成为贯穿战后国际关系学及国际政治经济学研究的一条重要主线。从历史上看，战后几乎每隔10年左右就会出现一波有关美国霸权衰退的讨论。虽然美国在20世纪90年代曾有过"新经济繁荣"时期，但随后接连经历的2001年"9·11"恐怖袭击、2008年国际金融危机及近年来由新兴崛起大国所带来的霸权挑战，都使得国际社会唱衰美国霸权的言论持续升温。美国当前的国际地位到底如何？是否能摆脱"霸权必衰"的历史规律？

一、美国的霸权地位探析

想要正确评估一国的霸权地位，首要前提是厘清"霸权"的概念。

国际关系理论家罗伯特·基欧汉认为，霸权是指"一国有足够的能力来维持治理国家间关系的必要规则，并且有意愿这样做"②的情形。

---

① 资料来源（含视频片段）：https://www.usatoday.com/story/news/politics/2018/06/19/us-pulls-out-united-nations-human-rights-council/715993002/。

② Robert O. Keohane and Joseph S. Nye, *Power and Interdependence: World Politics in Transition*, Boston: Little, Brown, 1977, p. 44.

该定义强调实施领导权的决定是实现"权力转化"的必需，即在潜在权力和现实权力之间搭建了衔接的桥梁。在此基础上，威廉·沃尔弗斯提出，二战后美国作为唯一的超级大国，拥有绝对的优势地位，其无论是在军事、生产、贸易、货币和金融，还是在知识、观念和制度领域，都保持着绝对领导权。其他国家与美国实力的悬殊也使得美国的全球霸权地位相对稳定，这在另一方面也规避了因争夺国际体系领导地位而可能产生的国家冲突。

不过，罗伯特·吉尔平也在《世界政治中的战争与变革》一书中提出，国际社会长期处于无政府状态下，国家间的权力分配随着国际政治的变革而不断变化。一方面，霸权国通过长期提供公共产品来努力维持其霸权统治；

> 国际公共产品（International Public Goods）是一种原则上能使不同地区的许多国家的人口乃至世界所有人口受益的公共品，具有公共产品的基本特性，即受益的非排他性和消费上的非竞争性。常见的国际公共产品包括臭氧层保护、稳定的资本流动、开放的市场经济等。

另一方面，新兴强国也会利用霸权国所提供的发展契机和市场机会来努力提升自己的实力。由于"搭便车者"的存在，霸权国为此承担的成本逐渐增长，经济收益却日益减少，导致霸权国实力衰弱，此消彼长，长此以往，现行霸权国将面临衰落的结局，同时导致国际社会和国际秩序的不稳定。[①] 在此基础上，经济史学家查尔斯·金德尔伯格在对16—20世纪世界经济霸权的变迁更替进行考察后认为，国家的发展也如同人类的成长一样，会经历上升、成熟和衰落的权力周期。

从以上观点出发，在对现阶段美国霸权地位进行评估时可考虑以下两个问题：第一，美国在霸权上升的过程中是如何获得其国际权力和影响力的？第二，现阶段美国霸权的特点和结构是怎样的？

（一）美国对国际权力的设计与获取

美国领导世界的权力意志始于伍德罗·威尔逊总统时期。早在1917年7月，威尔逊就曾得意地告诉其顾问爱德华·豪斯，到战争结

---

① Robert Gilpin, *The Political Economy of International Relations*, Princeton: Princeton University Press, 1980, p. 72.

束后，美国"应当以资本供给全世界，而谁以资本供给全世界，谁就应当……管理世界"。① 在"十四点原则"中，威尔逊提出了美国以经济和金融作后盾、以道德为标杆，实现从"英国治下的和平"向"美国治下的和平"过渡的远大抱负，② 具体来说，即"商业自由和国际性门户开放，利用国际联盟使美国得到世界领导权，以确保美国的经济扩张和金融优势地位的建立"。③ 尽管威尔逊的"原则"最终并未得到美国国内的支持，且美国也因"尚未准备好承担如此全球化的角色"而没有加入《国际联盟盟约》，但威尔逊还是给后人留下了极为宝贵的精神遗产。"因为每当美国面临建立世界新秩序的任务之际，它总是殊途同归地回到威尔逊的观念上。"④

另一位美国国际权力的设计者是富兰克林·罗斯福总统。在其任职期间，美国主要面临两大外交课题：一是冲破国内"孤立主义"情绪的羁绊，向二战同盟国特别是英国提供战争援助，以恢复危机中的资本主义世界自由秩序；二是与英国合作设计战后的国际政治经济秩序。在这两方面，罗斯福政府都取得了重大胜利。一方面，与英国政府联合发表《大西洋宪章》（其重点体现的"原则"和"四大自由"的核心理念，最终成为联合国、布雷顿森林体系、关贸总协定等一系列战后国际制度安排的哲学基础或指导原则）；另一方面，在与英国开展货币金融外交的交锋中胜出，从而使得以美国为主导的战后国际货币金融秩序确立起来。自此，基于道德原则的"美国信念"（American Creed）通过联合国、世界银行等众多国际组织嵌入国际关系和国际制度中。

---

① ［俄］库尼娜著，汪淑钧、夏书章译：《1917—1920年间美国争夺世界霸权计划的失败》，北京：世界知识出版社，1957年版，第217页。
② 李晓、李俊久：《美国的霸权地位评估与新兴大国的应对》，《世界经济与政治》2014年第1期，第114—141页。
③ 杨生茂主编：《美国外交政策史（1775—1989）》，北京：人民出版社，1991年版，第285—286页。
④ ［美］亨利·基辛格著，顾淑馨、林添贵译：《大外交》，海口：海南出版社，1998年版，第36页。

(二) 美国的国际权力的特点与结构

同曾有过悠久历史的霸权国相比,美国是一个"例外的"新型霸权国,是在短期内迅速崛起为世界强国的国家。作为新崛起国,其优势在于承载着"自由""平等""天赋人权"等文明理念,能够在一块新大陆上进行前所未有的国家建设实践。更重要的是,美国的开国先哲们基于对人性恶的判断,大胆地设计出一套具有先进文明理念的宪法体系和政府架构,这也为美国后期的迅速崛起奠定了牢固的基础。

1. 经济领域

世界近现代经济史就是一部全球化浪潮的历史,全球化推动着世界经济格局形成、定型、瓦解和重构。第二次世界大战之后,全球化浪潮在西方世界逐步蔓延,并在冷战结束后迅速渗透至全球主要国家。这一轮全球化浪潮原本的内涵是构建以美国为核心的全球化经济格局。[1]

美国在全球经济格局的主导地位是随着19世纪70年代布雷顿森林体系的建立而最终确立的。后来,世界多极化趋势日益凸显,但不论相关方如何变化,美国一直处于全球经济格局的核心位置。[2] 2008年国际金融危机以来,区域化取代全球化成为全球经济发展的主题,区域和国家贸易保护主义逐步抬头,包括英国脱欧在内的"逆全球化"事件逐步增多,区域贸易投资谈判取代WTO等多边谈判成为世界贸易规则重塑的重要渠道。但是,应该看到,现有条件下的各国加快推进贸易保护和区域化,既是短暂保护国内经济的应急之策,更是为了在未来新的全球版图中谋求更大的发言权。比如,美国在奥巴马执政期加快推进《跨太平洋伙伴关系协定》(TPP),试图主导21世纪全球经贸规则的话语

---

[1] 曾铮:《格局演变 模式嬗变 战略适变——"后美国时代"全球经济治理与中国方略》,《区域与全球发展》2018年第31期,第103页。

[2] Jonathan Hughes, Louis Cain, *American Economic History* (8th Edition), Prentice Hall, 2010, pp. 2-19.

权,为未来推动全球价值链重构提供制度基础,这正是在为新一轮的全球化制定新的规则与标准。

2. 军事领域

美国在全球经济的主导地位当然离不开其强势的军事格局掌控力。美国是一个兼具强大的海军、空军以及陆军实力的国家,而且其军事方面的优势不是其他国家在短期内可以挑战的。从历史上来看,美国是最接近全球性霸权地位的国家。曾经的西班牙(海军)、荷兰(商业和海军)、法国(陆军)、普鲁士及其后的德国(陆军)、英国(商业和海军)、沙俄(陆军)及其继任者苏联(陆军、海军、空军)都无法与美国相提并论。也正是因为美国强大的军事实力,美国霸权的影响力第一次真正延伸到世界上几乎每一个角落,美国也成为人类有史以来"第一个全球性大国"。[1]

具体来说,美国在军事方面的霸权主要体现在以下几个方面。

第一,军费投资领跑全球。2017 年美国军费 5827 亿美元、中国 1517 亿美元、印度 535 亿美元,美国持续几十年都是世界军费第一,比其后 10—15 名的总和还要多,占全球军费开支的 1/3。另外,每年美国国会还会另外通过单独的战争拨款,以维持美国在外国的军事行动,而且美国军人伤亡抚恤金和军人退休金都不在美国军费范畴之内。有如此充足的资金,美国军队自然可以充分增强自己的实力,其实力也冠绝全球。[2]

第二,军事技术独占鳌头。美国在几乎所有武器装备领域都是技术的引领者,很多主战装备的发展方向和技术标准也由美国开创。比如第五代战机的标准就是由美国建立的,"宙斯盾"系列防空舰也是美国订立的标准,隐身战机技术也是由美国开创世界先河。每年美国在军事技术方面的科研投入都是海量的,正是由于这些资源的投入,美国的军事技术目前仍在绝大多数领域保持绝对领先地位。

---

[1] 薛建中:《美国霸权主义及其在全球的扩张》,http://www.szhgh.com/Article/wsds/read/201607/116511.html,2019 年 2 月 18 日访问。

[2] 《美媒析各国军费及军购:中美自力更生 沙特最土豪》,新华网新闻,2017 年 2 月 17 日,http://www.xinhuanet.com/mil/2017-02/17/c_129483229.htm,2018 年 12 月 18 日访问。

第三，武器装备数/质量领先。美军装备无论是数量还是质量都处于全球领先地位，美国目前独有 11 艘核动力航空母舰，其数量和质量都超过其他国家的总和；美国拥有全核动力的潜艇 73 艘，数量上也超过其他国家的总和；空中力量方面，拥有世界第一的战略空军，现役 B52、B1、B2 三个系列的 120 架战略轰炸机编队，均是可执行上万公里轰炸任务的战略轰炸机，除此之外，只有俄罗斯有数量远少于美国的战略轰炸机；186 架第五代战机 F22、200 多架 F35 系列、其余数千架战斗机，均为先进的第三代机（俄标四代）；各型运输机、加油机和电子战飞机的数量和质量也远超任何对手；美国的 GPS 系统垄断世界定位领域多年，到现在中国的北斗还没有完成全球组网；美国的各型侦察和通讯卫星数量也远超其他国家。除此之外，美国还拥有海上警卫队和空中警卫队这样的准军事武装，装备完全可以媲美现役美军，此外还封存有大量先进的战机和舰艇，如有需要随时可以启封参战。

第四，美国军力全球部署。美国目前所拥有的 400 多个军事基地，分布在几乎全球每个角落，能够快速实现全球的军事部署。毫不夸张地说，除了对中俄进行纵深内陆的武力投送相对困难外，美国常规武力的投射范围基本可以涵盖其他所有国家。全球各大交通要道、兵家必争之地和能源产区均在美国重兵把守之下。

美国在军事方面的领先地位赋予了其两方面的重要优势：一是有条件成为陆权和海权的双料强国；二是能做到对外战略的收放自如。当预期走向海外能为其带来巨大利益时，它就会坚定不移地推行"扩张主义"；当认定海外活动可能给其造成重大风险和损失时，它则会毫不迟疑地退回到"孤立主义"。[①]

二、美国在全球治理中的角色争论

从二战结束至今，美国作为当今世界唯一的超级大国，在治理全球

---

① 王立新：《踟蹰的霸权》，《美国研究》2015 年第 1 期，第 10—23 页。

公共问题中一直发挥着至关重要的作用。由于对美国的地位、政策和行为存在不同认知，在"为何治理""由谁治理""如何治理""治理什么"和"治理结果"等关于全球治理的核心问题上，国际关系理论界对美国在全球治理中的角色也存在各种不同的看法。根据学者刘丰在《美国霸权与全球治理——美国在全球治理中的角色及其困境》一文中的分类，[①] 可以概括出以下四类典型的不同立场：

第一种观点认为，只有在符合美国国家利益的情况下，美国才应该参与全球治理，否则就应退出。这种观点的支持者主要来自自由主义中的新保守派，代表人物有查尔斯·克劳萨默、列奥·施特劳斯、欧文·克里斯托尔等。新保守主义的外交理念完全从美国利益和价值出发，认为在全球化时代，随着国家间联系不断加深，一个和平与繁荣的国际环境更有利于美国的发展，而这种全球体系需要美国自己去构建。欧文·克里斯托尔指出，"美国的霸权是防止和平以及国际秩序崩溃的唯一而可靠的保证，因此美国对外政策正确的目标应该是尽可能地在未来保持霸权"。[②] 新保守主义外交理念在里根时期第一次被美国官方运用到外交实践中，而乔治·W. 布什（小布什）政府执政的 8 年便是新保守主义外交理念发展的"黄金时期"。根据这种理念，美国应该加强在安全、福利和价值观等具有重大意义领域的治理，例如以"9·11"事件为契机，通过发动反恐战争，新保守主义外交理念几乎贯穿当时的整个美国外交。

第二种观点主张，参与全球治理符合美国的国家利益，美国在全球治理中可以而且应当发挥主导作用，并为全球治理提供必要基础，因而美国霸权与全球治理是共生关系，彼此关联、相互促进。持这种观点的学者主要来自新自由制度主义阵营，代表人物有罗伯特·基欧汉、约瑟夫·奈等。新自由制度主义者认为合作是国际关系的实质，强调合作不

---

① 刘丰：《美国霸权与全球治理——美国在全球治理中的角色及其困境》，《南开学报（哲学社会科学版）》2012 年第 3 期，第 9—16 页。

② ［美］理查德·N. 哈斯，陈遥遥、荣凌译：《"规制主义"——冷战后的美国全球新战略》，北京：新华出版社，1999 年版，第 47 页。

仅可以实现互利共赢的目的，也可以防止冲突。① 他们强调通过国际制度来解决全球治理中的问题，进而促进国家间合作的达成。国际制度有具体的规范、惯例和决策程序，对国家具备一定的约束。② 新自由制度主义者相信美国是一个自我克制的仁慈霸权，③ 美国的超强实力为全球治理奠定了牢靠的物质基础，其在二战结束后主导建立和维系的一系列国际制度为全球治理提供了基本的制度框架，同时这些基本制度也起到帮助美国维系自身霸权的作用。

第三种观点认为，参与和主导全球治理会消耗美国自身的实力，损害美国的利益，因而反对美国过多地介入全球事务，这种观点受美国外交中孤立主义传统的影响。二战后参与全球治理虽然在一定程度上巩固了美国霸权国的地位，但美国也因此付出了沉重的代价。尽管美国有强大的经济力量做支撑，但如果无限期承担世界警察的职责，美国势必也会暴露出难以解决的问题。特别是在美国卷入越南战争之后，对财力和人力的巨大耗费直接导致其国内危机迭出、社会动荡。在这种背景下，新孤立主义从美国政坛脱颖而出。帕特里克·布坎南就曾在1992年作为老布什的竞争对手参与大选时，提出"美国第一"和"美国优先"这种明显带有孤立主义倾向的口号。而后在美伊战争、"9·11"事件等诸多因素的影响下，更多新孤立主义思潮又衍生出来。新孤立主义者认为美国应该把国家政策的重心放在致力于解决国内问题方面，减少在全球治理中承担的国际责任以减轻自己的负担，应该把国际义务尽量控制在与自身利益最紧密结合的部分。他们主张增加国内事务开支，减少国防预算，反对向海外派兵，反对大量向美国移民，提倡贸易保护主义，强调凡事都要"优先考虑美国的利

---

① 秦亚青：《理性与国际合作：自由主义国际关系理论研究》，北京：世界知识出版社，2008年版，第102页。
② 宋艳华：《新自由制度主义视角下论析中美关系》，《济宁学院学报》2017年4期，第33—37页。
③ "仁慈霸权"愿意担负较高的国际责任与公共产品的成本。

益"。[①]

第四种观点并不认可由美国单极来主导全球治理,认为有效的全球治理是以国家之间的力量平衡为基础,而不是单单依靠某一国家来提供必要基础和维系基本制度。持这种观点的学者以现实主义者为主,尤其是均势理论支持者,代表人物有汉斯·摩根索、肯尼思·沃尔兹、亨利·基辛格等。均势意味着平衡,国际关系力量的平衡分布是一种权势均衡的状态。该理论支持者认为均势对国际关系起到积极作用,能够防止建立世界性霸权,可保证国际体系的稳定缓和。根据新现实主义开创者沃尔兹的结构现实主义理论,他认为国家追求彼此的生存利益必然会导致均势,"无论部分或所有国家是希望建立和维护平衡,还是希望称霸全球",[②] 在由国家构成的国际体系中均势是必然生成的,因而霸权很难形成,即使生成也不会持久存在。如果各国都主张权势均衡并遵守共同的游戏规则,那么就可以保证全球治理的和平。但是,如果某一或几个国家推行了霸权治理,过分追求对全球治理的控制权,那么就会破坏国际关系的平衡态势,而在缺少对其权力制约的情况下,霸权国很可能利用掌握的权力来谋求自己更大的利益,即出现权力滥用的情况。所以,为了避免出现全球治理恶化的局面,有效的全球治理应该以多个大国相互制约、相互平衡为基础,而不是以美国霸权为基础。

从上述不同观点可以看出,学者们对美国在全球治理中的角色的认识受其各自理论的影响,同时历任美国政府的具体政策及行动也会对人们看待美国霸权与全球治理的关系带来不同的影响。

---

① 石斌:《美国"新孤立主义"的神话》,《世界经济与政治论坛》2008年第1期,第57—60页。
② 魏炜:《均势的理论化及其对国际关系的影响》,《国际观察》2006年第1期,第55—60页。

第二节 "美国优先"政策下的美国全球战略收缩

在了解国际关系理论界不同流派学者对美国在全球治理中角色的看法的基础上,考察冷战后不同时期美国政府在全球治理中所采取的具体战略和实际行动,可以帮助我们更好地认识当前美国在全球治理中的战略与定位。下文将按照任职时间顺序简述克林顿政府、小布什政府、奥巴马政府以及特朗普政府参与全球治理的情况。

一、前特朗普时期的美国全球治理战略

(一)克林顿政府时期(1993—2001年)

冷战的结束确立和巩固了美国作为当今世界单极霸主的地位,美国国内认为,它不仅有远超其他国家的军事和经济"硬实力",还有作为"软实力"的政经体制和价值观念可以称霸世界。[1] 从某种程度上说,"当美国行动时,世界都要跟随这个原则引导了克林顿在全球治理中的外交政策"。[2] 威廉·杰弗逊·克林顿上任后积极推行其民主扩张、自由市场经济政策。克林顿政府以"增进安全、促进繁荣和推进民主"为主要目标,希望通过改善美国国内经济状况,使美国重回世界经济的领导地位。在全球治理战略上,以保护环境、防止核扩散和推行美式价值观这三个方面为主。[3]

在保护环境方面,克林顿政府在参与全球气候治理过程中态度积极。克林顿在1993年刚任职时就公布了《气候变化行动方案》,承认人类活

---

[1] William J. Clinton, "Inaugural Address," Online by Gerhard Peters and John T. Woolley, The American Presidency Project, January 20, 1993, https://www.presidency.ucsb.edu/documents/inaugural-address-51.

[2] Nancy Soderberg, *The Superpower Myth—The Use and Misuse of American Might*, John Wiley & Sons Inc, 2006, p.48.

[3] 刘丰:《美国霸权与全球治理——美国在全球治理中的角色及其困境》,《南开学报(哲学社会科学版)》2012年第3期,第9—16页。

动导致大气中温室气体浓度增加，从而引发生态失衡、海平面上升等恶果，并将气候问题与美国国家安全相联系，表示希望美国能够在全球气候治理中发挥领导作用。然而，尽管克林顿政府采取了很多应对气候变暖的措施，效果却十分有限，其任期内美国自己就没有完成该行动方案所制定的目标。1997 年克林顿政府积极参与《联合国气候变化框架公约》第三次缔约方大会的谈判，并签订《京都议定书》。但是，这份议定书最后并未被提交参议院批准，这直接导致"《京都议定书》丧失了对美国的约束力，意味着美国在会上所做出的国际承诺都难以兑现"。[①]

在防止核扩散方面，克林顿政府积极充当游戏规则的制定者。克林顿政府首先致力于完善现有国际不扩散核武器体制，[②] 推动国际社会达成签约国无限期延长《不扩散核武器条约》的决议；其次是谋求签订《全面禁止核试验条约》；再者通过制定多边公约以达成在国际上停止生产用于核武器的可裂变物质的目标。同时，为防止原苏联地区核武器的扩散，克林顿政府向国会提出在东亚保持 10 万驻军的规模。

在推行美式价值观领域，克林顿政府通过利用软实力，扩展文化和意识形态的输出，提出"人权高于主权""内政无国界"等理论，尝试从思想观念上潜移默化地改变其他国家价值观的取向，并付诸实践，曾先后出兵索马里、海地等地区进行军事干涉，企图促成这一主张在国际上合法化、制度化，使之变成全球共同遵守的国际行为准则。

(二) 小布什政府时期 (2001—2009 年)

相比克林顿政府的重视全球化问题、高调赞同多边外交，小布什政府的外交理念则体现了国家利益第一、军事力量至上的观念，表现出强烈的现实主义和单边主义倾向。美国以履行减排义务会拖累美国经济增长为由拒绝签署《联合国气候变化框架公约》下的《京都议定书》；通过

---

① 马骥：《美国在全球治理中的角色——以气候变化问题为例》，《河北民族师范学院学报》2013 年第 33 卷，第 3 期，第 62—65 页。
② 现有国际不扩散核武器体制主要由《不扩散核武器条约》、国际原子能机构的安全保障制度和"核出口俱乐部"等三部分组成。

莫须有的借口反对《禁止生物武器国际协议草案》核查规定；退出美苏在1972年签订的《反弹道导弹条约》；对《禁止生物武器公约》和《化学武器公约》持消极态度，拒绝接受《禁止杀伤地雷国际条约》，使生化武器和常规武器限制受阻。[①]

如果说"9·11"事件前美国政府将注意力主要放在防止挑战美国的力量兴起上，那么"9·11"事件则彻底转变了美国人的视角，让其将反恐放在了第一位。为此，小布什政府主动改善与联合国的关系，补缴之前拖欠的会费，以期获得联合国广大成员国对美国反恐战争的支持。同时，美国还积极寻求盟国对反恐战争的支持，例如鼓动日本突破和平宪法、向海外派兵支持美国反恐战争等。2002年9月，小布什政府提出"先发制人战略"，他解释道，"反恐怖战争不应该坐以待毙，而应该积极主动地出击，让恐怖分子感到措手不及，这样才能消灭隐患，保证美国的安全"。[②] 2003年未经联合国安理会授权就发动的伊拉克战争即成为这一战略的实践。尽管在当时发动这场战争曾经得到美国国内的支持，但是阿富汗等地的混乱局面，使美国一些民众开始质疑单边主义外交政策和"先发制人"战略。综上不难看出，以打击恐怖主义为名，小布什政府通过调整对外战略，借机实现在全球新的战略部署，谋求世界新秩序的领导权。

(三) 奥巴马政府时期（2009—2017年）

与小布什政府不同，奥巴马政府提倡"以美国引领的多种力量共治"（First among Equals）的国际格局作为美国的战略意识；[③] 以"巧实力"（Smart Power）为指导进行外交攻势，并取得一定的成效；在战略布局部署上"收缩中东"和"重返亚洲"，加大对亚太地区政治、经济和安全等的全面介入与接触；从原本的"单边主义"调整为"有选择的多边主

---

① 徐坚：《当前国际关系调整中若干趋向》，《国际关系专论》2002年第6期，第8页。
② ［美］乔治·沃克·布什，东西网译：《抉择时刻——乔治·沃克·布什自传》，北京：中信出版社，2010年版，第336页。
③ 杨洁勉：《浅析奥巴马政府的全球战略调整》，《国际问题研究》2011年第2期，第19—22页。

义"。奥巴马政府的一系列政策转变，与当时美国身陷伊拉克和阿富汗两场无法取胜的战争、全球金融危机和美国国内经济衰退、失业率高涨等困境不无关系。

> 巧实力这个概念最初是由哈佛大学教授约瑟夫·奈提出的。按照他的原话："通过武力征服或收买来影响别人而达到自己目的的实力叫硬实力，通过吸引力来达到目的的实力叫软实力，能够将硬实力和软实力结合起来的实力叫巧实力。"

维护美国霸权的核心基础是保证美国经济在世界的领先地位，奥巴马政府必须首先解决的问题就是走出金融危机困境和恢复世界经济，并制定出能够应对新形势的全球战略。奥巴马政府将小布什政府聚焦的"反恐战争"调整为"政经兼顾"，强调经济、教育、科技、能源、核安全等的综合平衡。例如，对气候变化问题积极做出回应；在核不扩散等问题上，提出"无核世界"的口号和"核安全"的新概念等。奥巴马在就职之初即提出重视与伊斯兰国家的合作与对话，为此美国向伊朗伸出橄榄枝，并在打破阿以僵局方面迈出象征性的一步。奥巴马政府分层次地改善了与同盟国、其他大国以及国际组织等的关系。赞同欧盟统一的外交安全政策；重视日本、澳大利亚等亚太盟国的作用；加强中美友好关系；强化与印度的"新伙伴关系"；积极推动国际货币基金组织和世界银行的改革等。这些都在一定程度上改善了美国的国际形象。同时，奥巴马政府还重启中东和平进程，最终结束了在伊拉克的军事行动，并开始从阿富汗撤军。从这一系列举措来看，美国对全球战略的调整虽然还不是根本性的，但却是实质性的。

二、特朗普时期美国的全球治理战略

2017年，唐纳德·特朗普入主白宫，其内外政策格外引人注目。在竞选时期，特朗普就提出以"美国优先"为原则的政策纲领。当选之后，这一原则上升为其执政理念。特朗普政府执政理念的转变反映了其战略思维的变化。2017年12月18日，美国政府发布首份《国家安全战略报告》，明确了其安全战略与战略意图，将"美国优先"理念转化为一系列保卫国土安全、推动经济发展的政策。报告提出，保护美国国土安全、推动美国繁荣和经济安全、建设更强大的军事力量和增强美国影响力是其安全战略的主要目标，凸显了从奥巴马到特朗普两届政府在政策理念上的重大差异。

> 当威尔逊总统离开华盛顿的时候，他在全世界享有历史上无与伦比的威望和道德影响力。他大胆而深思熟虑的言辞传到欧洲各国人民的耳中，甚至盖过了其本国政治家的声音。敌国的人民相信他会履行与其签订的契约，盟友国家的人民不仅把他视为一个胜利者，还几乎把他视为预言家。除了这种道德影响之外，权力的现实也掌握在他手中。美国陆军无论是人数、训练还是装备都处于历史的顶点。
> ——约翰·梅德纳·凯恩斯

追求"美国优先"的国家安全，意味着其首要目标是实现美国自身的安全，以自身利益来界定外部威胁，减少外部责任，用美国本土主义取代全球主义。[1] 其基本观点是将美国国内的经济和安全利益作为外交政策的出发点和落脚点，反对将一国利益与世界发展紧密联系在一起，因此在国际关系中更关注本国的短期利益、绝对利益。[2]

与之对应的是，特朗普政府在全球治理的各个领域（无论是战略上还是具体政策上）也发生了重要变化，特别是在政治取向上发生了新的转向，即从"多边主义"取向转向"单边主义"，从"大国合作"走向"大国竞争"，从相对包容走向强调捍卫美国价值观和生活方式。这些方面的变化和转向，在全球经济治理、气候变化、反恐、移民和防扩散等议题领域体现得最为明显。

在经济方面，"美国优先"的政策认为建立起二战后世界经济秩序的国际主义和互惠原则是一个巨大的错误，因此特朗普政府反对自由贸易与多边经济机制。在全球经济治理领域，美国在多边合作与双边政策领域的转向都非常大，给全球经济治理和众多国家与美国的双边关系带来了极大冲击。

---

[1] 王辉：《特朗普"美国优先"原则下的安全战略调整》，http://www.sohu.com/a/289956025_170375，2019年2月26日访问。

[2] 郑永年：《美国对中国的三大冷战判断》，《公共政策研究季刊》2018年第3期，第26页。

在多边经济治理领域，特朗普上台伊始就退出了 TPP，并曾在 G20 财长峰会上反对"抵制保护主义"条款，使其未能加入会议成果文件。需要说明的是，尽管当前特朗普政府的政策中心并未放在多边领域，但在 2018 年 G20 集团工商峰会（B20）上其不顾中国反对，片面突出国有企业扭曲市场竞争的议题，使得中美经济双边争端扩展到 G20 这一重要全球经济治理机制之中。①

在双边经济领域，一方面美国政府在"大国竞争"思想指导下率先与中国在经贸领域开启"贸易战"；另一方面在"美国优先"思想指导下重新对过去签订的自贸区协定进行谈判。

在安全防务领域，特朗普从美国的全球战略出发，要求北约欧洲成员对此提供支持。而在国际反恐方面，特朗普政府打破了奥巴马政府不向中东派遣大规模地面军事力量的底线，大举向叙利亚与伊拉克增加人员装备，加大反恐行动力度。应该说，特朗普政府的反恐战略是为数不多的延续和强化历任政府治理政策的议题领域。

在国内层面，特朗普政府更加重视国内反恐预防措施的强化。2018 年 10 月 4 日，特朗普政府推出了新版《国家反恐战略报告》，该报告是《国家安全战略报告》中反恐战略的细化与扩充，标志着特朗普政府形成了完整的反恐战略。在报告中，特朗普政府将反恐战略细化为六大目标："第一，要严重削弱恐怖分子对美国本土和海外核心利益发动攻击的能力；第二，要切断恐怖分子获取支持的渠道；第三，要降低恐怖分子在美国国内进行煽动、招募、动员激进化的能力；第四，要充分准备和保护美国公民在国内免受恐怖袭击，包括更严格的边境检查和执法行动；第五，要防止恐怖分子获取或使用包括化学武器、生物武器和核武器在内的大规模杀伤性武器以及其他先进武器；第六，要确保盟友、公共部门伙伴和私有企业伙伴在预防和打击恐怖主义方面发挥更大的作用。"②

---

① 刘贞晔：《美国全球治理战略新转向及其动因》，《人民论坛（学术前沿）》，http://www.sohu.com/a/293719722_618422，2019 年 2 月 26 日访问。

② White House, "National Security for Counter-terrorism of the United States of America," October, 2018, p. 3.

可以说，特朗普政府的反恐战略更突出了全球化治理国内化的倾向。

在气候治理领域，"美国优先"的政策反对将美国利益与世界利益联系在一起，拒绝承担国际责任。与其他领域相比，气候领域是一个碎片化的全球治理范畴。而气候治理的特殊性也向我们展示了全球化诸领域的相互关联性，这决定了某一领域的全球化进展需要在其他领域消化其成本。

在全球气候治理领域，特朗普上台后不久就借口《巴黎协定》会导致美国煤炭行业大规模减员，影响美国的电力使用甚至是降低美国经济增长等，于是在2017年6月1日正式宣布退出《巴黎协定》。在国内政策层面，特朗普签署《能源独立和经济增长》的行政令，撤销了《联邦洪灾风险标准》中的预测海平面上升数据指标，并废除了奥巴马政府的《清洁能源计划》。美国的退出行为及其国内政策的重大调整使得当前全球气候治理遭遇重创，有学者甚至将此描述为气候治理"从'全球治理'进入'半球治理'状态"。[①]

在移民政策领域，特朗普政府的相关政策趋向于更加保守和强硬。特朗普在2018年1月30日的国情咨文中谈到其移民政策有四项支柱：第一，为180万幼年被父母带入境生活的非法移民提供入籍美国的途径；第二，在美国南部边境建墙，雇佣更多的国土安全特工来保护美国社区安全；第三，结束随机分发绿卡程序；第四，通过结束连锁移民来保护核心家庭。[②] 这四项支柱构成未来美国移民政策的框架。

2018年2月22日，美国移民局在其网站上发表一则《使命宣言》并取消了美国"移民国家"的标签，而根据4家民调机构的数据显示，55%—72%的美国民众支持特朗普的移民政策框架。[③]

[①] 周亚敏、王金波：《美国重启〈巴黎协定〉谈判对全球气候治理的影响分析》，《当代世界》2018年第1期，第11页。

[②] 《2018年特朗普美国移民改革方案有哪些细则》，http://www.sohu.com/a/215567103_218128，2019年3月14日访问。

[③] http://www.immiknow.com/us/content/6067.html，2019年2月16日访问。

《使命宣言》(Mission Statement) 原文如下：

21. S. Citizenship and Immigration Services administers the nation's lawful immigration system, safeguarding its integrity and promise by efficiently and fairly adjudicating requests for immigration benefits while protecting Americans, securing the homeland, and honoring our values.

2018年4月4日，特朗普签署一项行政令，要求国防部协助国土安全部保护南部边界，制止吸毒者、帮派成员及其他罪犯、非法外国人入境。4月6日，特朗普签署备忘录，结束捕获并释放（catch and release）的移民政策，用以防止边境犯罪危害国家与公共安全。而在4月2日，美国驻联合国代表团就已经宣布美国将不再参与《全球移民协议》，理由是其中包含大量与美国移民和难民政策以及特朗普政府移民原则不一致的条款。这份协议是2016年9月联合国大会193个成员一致通过的一项非约束性政治宣言，名为《难民和移民问题纽约宣言》，旨在维护难民的权利。

移民政策领域是另一类具有自身特点的全球治理领域，它将我们的视角带入更根本的全球化定义与全球治理目标中。全球治理的问题已经不是如何去国家化，而是当它越来越分享国家治理的逻辑时如何与国家体系融合的问题。移民政策领域提供给我们理解全球化实现形式的第三种方式，这种方式与反国家的全球化定义和理论构成直接冲突，即有一些权利在全球范围内的无差别化恰恰是通过国家这种制度实现的。而特朗普的"叛逆"提示我们，全球治理的理论框架正经历从"道义""责任""合作"转换到"利益""竞争""设计"的演变态势。

在其他议题领域，如网络、人权、教育文化和全球基础设施等方面，特朗普政府要么极端强调国内优先和大力加强国内治理举措，要么以各种"退群"方式大搞单边主义行为。在网络治理领域，特朗普政府极为重视美国网络空间安全，要求美国积极参与和领导网络空间领域全球治理,"推动数据的自由流动并保护美国的利益"。① 2018年9月,特朗普政府推出15年来首次全面阐述美国网络战略的《国家网络战略报告》,其中专门指出:"美国要继续支持互联网治理的多方利益相关者模式,使政府、私营部门、民间社会、学术界和技术团体能够平等参与。"② 同时,特朗普政府大力改革网络安全职能部门,将过去奥巴马政府由司法部掌握网络战略主导权的行政模式,转向"让国防部事实上处于最具影响力的职位上,由网军司令部承担关键基础设施防御国家级网络攻击威胁的责任,提升国土安全部的职责、权威与能力"。③ 在网络空间安全领域,特朗普政府提出从基础设施、军事力量、人才培养等多个层次全方位加强美国网络空间战略战术能力,以确保在网络安全竞争中处于优势地位。④

此外,在特朗普政府内外战略的影响下,美国在其他全球治理领域也存在明显变化,具体表现就是多次"高调"宣布"退群",即不断退出各种全球治理或多边治理机制。如在人权领域,美国经常指责其他国家的人权问题,但自己却在2018年6月19日,由美国国务卿蓬佩奥与美国常驻联合国大使黑莉举行新闻发布会,宣布美国正式退出联合国人权理事会。在全球教育文化合作领域,美国认为联合国教科文组织存在反以色列的倾向,遂于2017年10月12

> "终端费"是指向外国邮政收取的本国投递国际邮件的处理费用。终端费规则在万国邮政联盟每四年一次的大会进行商定,并以一国一票的民主方式进行投票。发达国家以支持发展中国家的国际交流为原则,长期同意将终端费保持在较低的水平,这就会造成从发展中国家往发达国家的国际邮政运输所花的费用低于发达国家国内邮费的情况。

---

① White House, "National Security Strategy of the United States of America," December, 2017, p. 41.

② White House, "National Cyber Strategy of the United States of America," September, 2018, p. 25.

③ 沈逸:《特朗普时期美国国家网络安全战略调整及其影响》,《网络空间战略论坛》2017年10月。

④ The Department of Defense, "Summary Department of Defense Cyber Strategy," Summary of the 2018 National Defense Strategy of the United States of America, 2018, p. 1.

日宣布退出联合国教科文组织。在全球基础设施领域，美国认为万国邮政联盟当前制定的"终端费"政策对美不公平，将会伤害美国的邮政和出口部门，宣布启动退出万国邮政联盟程序。美国的这一系列"退群"行为，一方面反映了其对全球治理的消极立场和推卸责任的心态；另一方面反映了其单边主义、霸权主义和美国国内治理议程优先的政治倾向。

第三节 全球能源治理与美国全球领导力维护

美国的能源政策始终与其全球治理主张相关联。随着国内对于能源独立与革新的共识逐渐加深，美国能源外交的经济基础出现积极变化。美国以能源利用方式的调整为中心，以全球生产大国为基础，在全球能源战略和地缘方面提出具体措施，力图确立其全球能源大国领袖的地位，主导全球能源治理进程。

一、全球能源治理机制概况

全球能源治理主要是指通过国际社会的集体行动来实现全球能源市场供求基本均衡的机制，其终极目标是建立有序、公平、合理的国际能源秩序，减少以石油为代表的能源资源的"地缘政治属性"，增强其"国际商品属性"，用"非零和博弈"来取代"零和博弈"，使能源"红利"能够被国际社会所共享。真正意义上的"全球治理"在能源领域并不存在，目前还没有一个全球性的能源机构，让世界各国能够就正在涌现的、为数众多的问题达成共同解决方案。

> 联合国能源机制是联合国系统内与能源相关的一个跨机构机制，它创建于2002年，目的是为了建立一个可持续发展的能源系统，帮助发展中国家实现"千年发展目标"。但遗憾的是，该机制只是一个非常小的联合国实体，只有20个成员机构，难以开展管理和协调工作。其既无预算，也无职权，是一个性质温和、供讨论和交流信息的论坛。

国际能源机制指的是在国际能源领域，各国政府、国际组织、产销供需双方及利益相关者公认或默认的、通行的原则、规范、规则和决策程序。① 道格拉斯·诺斯认为，这些制度是社会的博弈规则，或者说是人类设计的制约人们相互行为的约束条件。② 虽然联合国在2002年特别创建了联合国能源机制，但其最多只能扮演"虚位"角色。

目前参与到全球能源治理的机构或组织主要包括政府间的国际能源组织、国际能源规则和国家间的合作集团及首脑峰会。国际能源组织中影响力比较大的主要是石油输出国组织和国际能源署，而国际能源规则主要指的是《能源宪章条约》，目前该条约的关注重点仍限于欧亚大陆内贸易、运输与争端解决等问题。1991年能源宪章条约组织基于该条约正式成立，共有52个成员国（几乎全部来自欧洲和亚洲）。尽管该组织志在整合东欧与西欧的能源体系，但实际上对欧洲的能源市场并无实质性影响。究其原因，主要在于该条约没有吸纳欧洲的能源大国——俄罗斯。

> 1975年，一位英国记者写了一本关于石油历史的书，书中提出"seven sisters"一词。自此，"七姐妹"成为西方石油工业的代名词，也被称为国际石油卡特尔。
>
> 石油七姐妹指当初洛克菲勒的标准石油公司解散后在石油方面的三家大公司和另外四家有国际影响力的大公司。它们包括：新泽西标准石油（即后来的埃克森石油公司）、纽约标准石油（即后来的美孚石油公司）、加利福尼亚标准石油、德士古、海湾石油、英国波斯石油公司、壳牌公司。

石油输出国组织（Organization of Petroleum Exporting Countries）简称"欧佩克"，是世界上举足轻重的能源供应组织，在世界能源格局的演变中扮演着重要角色。1959年和1960年，石油"七姐妹"为了争抢石油市场份额，以低于大石油公司的价格抛售石油，导致中东四个大产油国的收入损失了2.31亿美元。为了保护自身的利益，稳定油价，1960年9月10日，沙特阿拉伯、科威特、伊朗和伊拉克以及委内

---

① 徐斌：《市场失灵、机制设计与全球能源治理》，《世界经济与政治》2013年第11期，第78—96页。
② Douglass C. North, *Institution*, *Institution Chang and Economic Performance*, Cambridge, U. K. and N. Y.: Cambridge University Press, 1990, p. 3.

瑞拉代表在巴格达开会，于9月14日宣告成立石油输出国组织。

欧佩克成立之后，曾凭借自己对国际能源市场的强大影响力引发了两次石油危机，促使西方国家为保护自身利益联合起来成立了国际能源署（International Energy Agency，简称IEA），以协调各国的能源政策，通过建立石油储备、管理全球石油市场信息系统、开发利用新能源等措施降低欧佩克的影响。国际能源署旨在设法保障西方国家的能源供应安全，成员国共27个，缺乏广泛的国际代表性。此外，由于受到美国的控制，国际能源署的权威地位正在受到各国质疑。事实上，国际能源署一直因夸大全球石油储量而备受谴责。

随着美国页岩气产业的高速发展，欧佩克在世界能源领域的地位有所下降：其最大的石油生产国沙特阿拉伯曾经是世界第一大产油国，不过相继在2009年和2014年被俄罗斯和美国反超（从2014年起，美国的石油日产量已跃居世界第一）。[①] 为了应对美国来势汹汹的页岩气浪潮，以及页岩油产量大增导致的石油价格下跌局面，欧佩克被迫联合俄罗斯等十国进行了长达18个月的减产，以稳定全球的石油库存，推动石油价格上涨，由此可见美国对世界能源价格的影响已不可小觑。

在国际天然气市场，"天然气输出国论坛"是在俄罗斯、伊朗、卡塔尔等国倡导下成立的新的多边能源治理机构，这三国控制着世界天然气储量的57%。随着天然气重要性的日益提高，该组织在未来全球能源治理中的作用或有所加强。但毋庸置疑，随着美国"页岩气革命"给国际天然气市场带来的巨大冲击，以俄罗斯为主导的"天然气输出国论坛"将逐步丧失"霸主地位"。

虽然国际能源署成立的初衷是为了抵消欧佩克的影响，但在该背景下，两个全世界最重要的能源管理机制需要携手共同应对全球气候危机，协调全球能源政策以及可能发生的能源纠纷。美国作为国际能源署的重要创始国之一，为了维持自身在该机构的作用，需要与欧佩克国家增强联系。目前国际能源署和欧佩克已经实现了多项双边合作，如与沙特等

---

① 数据来源：BP Statistical Review of World Energy-2017。

国在能源能效方面开展合作,与阿联酋等国在清洁能源方面开展合作等。

综上,虽然能源治理这一领域急需全球性的框架安排,但其实际处理方式却是零散的。虽然有许多机构专注于能源领域,但却没有一家拥有全球性的全面授权来涵盖所有能源类型。当前,全球能源领域正在发生根本性变化。随着人口增加,发展中国家经济高速增长,全球能源需求也在快速增长。国际能源署估计,2030年的全球能源需求将比现在高50%,然而全球仍在依赖的化石燃料是有限的,而且远非环境友好型能源。因此,面对可能出现的能源危机,各国从现在开始就必须对开发可行的替代能源进行认真思考。很难想象,若没有一个专业性的多国机构,如何能够达成这一目的。全球能源体系在很大程度上取决于能源消费大国和生产大国,任何有关能源体系的协调机制都必须顾及这些大国的利益;与此同时,任何协调机制必须令能源消费大国和生产大国通过合作获得实际的利益,相关机制设计必须尽可能地适用于大多数国家。

二、美国页岩气开采的影响

美国页岩气开采使得页岩气产量大增,同时页岩气开采技术也用于页岩油开采过程中,使页岩油产量实现大幅增长。EIA原油库存数据统计结果显示,2007年美国页岩气产量为12930亿立方英尺,而2016年产量已达170320亿立方英尺,在不到10年的时间里产量增长了12倍。可见,页岩油虽然起步较晚、开采时间较短,但成绩惊人。根据美国能源信息署的数据显示,美国页岩油的产量在2018年创下纪录新高,达到日产量1060万桶。

该现象的出现有以下几个原因:首先美国页岩气和页岩油储量巨大,根据EIA 2016年统计数据,页岩气储量为21×1014立方英尺,页岩油储量为156亿桶,均居世界前列;从技术方面来讲,在水力压裂和水平钻探技术成功之后,美国又研究出重复压裂、同步压裂、裂缝综合监测等技术,技术的不断突破带来的就是产量的不断增高和成本的不断降低。与此同时,美国的基础设施完善,其运输管道长达49万公里,为世界第一,为节省页岩气的运输成本、开拓市场创造了条件。① 此外，政府的大力支持也对页岩油气产量的爆发式增长起到至关重要的作用。美国政府自20世纪70年代以来，一直把能源独立作为执政的重要目标之一，颁布了《能源独立法案》等多条政策法规，为页岩油气的发展减轻压力，扫清道路，将页岩气开采视为实现能源独立的重要途径。

页岩气开发对美国经济的影响可体现在以下两个方面——对美国就业率的影响以及对美国产业的影响，后者主要体现在降低产业成本，提高产业竞争力上。

美国能源部的报告指出：开发国内页岩气资源需要钻井、建设管道和生产设备等，而这些都可以转化为就业机会。美国目前有7000多家公司，包括2000多家钻井公司及成百上千家服务公司，都在从事与页岩油气相关的业务，超过200万美国人通过页岩产业的发展直接获得就业机会，劳动收入超过1750亿美元。根据2011年的报告，页岩气产业支撑着60万个工作机会，到2015年这一数字已经增长至87万，为国民生产总值创造了1182亿美元。②

根据美国劳工统计局的数据显示，在2007—2012年间，受金融危机影响，美国国内就业率平均下降2.7%，就业形势严峻，而页岩油气产业的发展却带动了该行业就业率的上涨，增加了135084个就业岗位。从与煤炭产业的横向比较来看，页岩油气产业的就业增长也非常可观，同样是2007—2012年间，煤炭产业就业增长率为13%，而石油天然气产业就业增长率为31.6%，仅2012年一年，石油天然气产业的就业人数就是煤炭行业的近6倍。

这种对就业的巨大影响力在页岩油气的生产州表现得更为明显。以宾夕法尼亚州为例，2012年该地区就业增长259.3%，天然气石油行业在2007年的就业人数为5829人，2012年就业人数就达到20943人；平均

---

① 管清友、李君臣：《美国页岩气革命与全球政治经济格局》，《国际经济评论》2013年第3期，第24页。

② 美国能源部官网：Why is Shale Gas Important?, https://www.energy.gov/sites/prod/files/2013/04/f0/why_is_shale_gas_important.pdf.

年收入增长至 82974 美元,而同期该州各行业的平均年收入仅为 48397 美元。① 当然,页岩油气产业的发展能够为就业带来如此重要的影响,是因为其具有较高的"就业乘数",也就是说,每当页岩气工业创造出一个直接就业岗位,同时就会有 3 个附加服务于页岩气产业的岗位被创造出来。②

美国页岩气开发有利于降低生产成本,吸引投资,进而提高美国的产业竞争力。电力价格是工业生产成本的重要组成部分,页岩气革命之后,页岩气产量大增,使得美国天然气发电的成本大幅下跌,电力价格随之下降。2008 年天然气价格为 13 美元/百万英热单位,2014 就降至 4.49 美元/百万英热单位;③ 2013 年美国的电价为 12.12 美分/kWh,而同期欧盟居民电价为 26.57 美分/kWh,仅为欧洲同期电价的一半。④

电力价格的下降将推动制造业从欧洲、日本等向美国迁移。低廉的生产要素价格不仅抵消了日本和德国高效率的优势,也抵消了中国和印度劳动力成本低的优势,使美国制造业的竞争优势得到极大提高。美国基础化工行业的全球竞争力在 2008 年还位居末席,但其如今已成为最具竞争力的国家。⑤ 据德国化学工业协会(VCI)的报告显示,德国很多化工企业正在计划将美国作为新的投资目的地。"2012 年德国化工企业在美国投资 32 亿欧元,用于新建化工装置或扩能,同比大幅增加 54%。美国当前占到德国化工企业海外投资总额的 41%,这个比例在 2005 年时仅为

---

① 王蕾、王振霞:《页岩气革命对美国经济的影响及中国应对措施》,《中国能源》2015 年第 5 期,第 22—24 页。
② Qiang Wang, Xi Chen, Awadhesh N. Jha, Howard Rogers, "Natural Gas from Shale Formation - The Evolution, Evidences and Challenges of Shale Gas Revolution in the United States," Renewable and Sustainable Energy Review. Feb., 2014, Vol. 30, pp. 1–23.
③ 程春华:《美国美国页岩气开采的国内影响及对俄欧的外溢效应》,《国际石油经济》2015 年第 10 期,第 44—49 页。
④ 王蕾、王振霞:《页岩气革命对美国经济的影响及中国应对措施》,《中国能源》2015 年第 5 期,第 22—24 页。
⑤ 李勇坚、夏杰长、雷雄:《页岩气革命、美国再工业化与中国应对策略》,《中国经贸导刊》2013 年第 9 期,第 17—20 页。

28%。"① 据美国制造技术协会和美国机械工具批发商协会的报告显示，2011年美国的制造技术订单总额同比增长80.5%，这一趋势将重振美国的制造业，进而再次提高美国的就业率。

此外，美国的页岩气大多含有乙烷，用页岩气副产品NGL的主要成分之一乙烷生产乙烯，其成本仅为使用传统石油工艺的一半，使得美国的乙烯产业获得巨大的成本优势，因此吸引了大批化学巨头前来投资，美国的化学工业在一度沉寂之后，又焕发出勃勃生机。②

近年来，页岩油气产业的发展进入快车道，但是其开采过程中造成的环境问题也逐渐得到人们的重视，如淡水资源的损耗、地下水污染、有害气体泄露、微地震等。虽然出现了上述问题，但是美国页岩气开采对于环境保护也起到非常重要的作用。页岩气产量的爆发式增长改变了美国的能源消费结构，天然气占到美国能源消耗总量的1/4，在2005—2012年间，天然气火力发电厂的发电量增加了35%，为5600万居民区和工厂供暖，帮助美国降低了70%的二氧化碳排放量。③ 2005—2015年间，煤炭占初级能源消费的比重由24.4%降至17.4%，④ 对于缓解全球变暖、增强美国在气候问题上的话语权都具有重要影响。

美国页岩气开采对美国最直接的影响就是提高了其国内能源的自给率，减少了对其他国家的能源依赖，增强了美国的能源实力，而国家能源实力的增强又会带动经济实力、军事实力的增强，进而巩固美国的霸权地位。

三、美国全球能源战略及其影响

美国以对页岩油气的利用方式调整为重心，以全球能源生产大国的

---

① 《德国化工企业投资首先选择美国》，中国行业研究网，2013年12月，http://www.chinairn.com/news/20131204/093303478.html，2018年12月23日访问。

② 张经明、梁晓霏：《"页岩气革命"对美国和世界的影响》，《石油化工技术与经济》2013年第1期，第8—14页。

③ 美国能源部官网：Why is Shale Gas Important?, https://www.energy.gov/sites/prod/files/2013/04/f0/why_is_shale_gas_important.pdf。

④ EIA官网：EIA Annual Energy Outlook 2016。

实力为基础,在全球能源战略布局方面提出具体措施,力图确立全球能源大国领袖的地位,进而主导全球能源治理进程。美国已经坐拥世界最大的石油天然气生产国的地位,有预计称美国在2020年将彻底成为世界上最大的产油国,再加上依旧强势的美元霸权,美国有能力影响世界能源安全和能源治理。

美国长期以来一直是世界原油最大的消费国和进口国,页岩气开采使得美国国内石油天然气产量大增,直接改变了世界原油市场的供需状况,增加了美国在全球能源领域话语权,也增强了其在国际能源治理机制中的作用。

据花旗银行预测,未来美国、加拿大和墨西哥将会取代中东地区成为全球能源生产的新中心。① 具体来说,美国页岩气和页岩油的快速发展将对美国能源型国家的塑造产生内外两方面的传导作用:对内逐渐改变能源结构、降低减排成本,对外增强美国管理全球事务的信心。

(一)对美国能源外交布局的影响

美国页岩气开采改变了世界能源的供求格局和全球能源消费结构,扩大了美国在能源方面的影响力。

美国页岩气开采改变了世界能源的供求格局。二战之后,中东成为世界的油气中心,供应着世界多个地区的石油和天然气。美国页岩气开采之后,美国石油和天然气产量大增,成为世界第一大天然气生产国和成品油净出口国,全球也形成三大能源供需板块:第一个是美国及加拿大和墨西哥等美洲国家形成的"大西洋供需区",第二个是欧盟、俄罗斯、中亚、北非等地区形成的"环欧供需区",第三个是以中国、日本、印度、韩国等为代表的东亚消费中心,该消费中心的能源主要来源于中东。② 这三大板块随着美国页岩气开采的发展将会出现一定变动,美国也会在优先保证国内能源自给的条件下扩大本国能源对其他供需区的影响。

---

① Daniel Yergin, "Ensuring Energy Security," *Foreign Affairs*, March 1, 2006, pp. 69–77.
② 张茂荣:《美国能源独立前景及其地缘经济影响》,《现代国际关系》2014年第7期,第52—59页。

第一,"大西洋供需区"是最先受到美国页岩气开采影响的区域。美国在这一供需区中由能源进口国变为能源出口国,且影响力和影响范围也有所扩大。从美洲来看,美国将加拿大、巴西、墨西哥等国作为其能源出口市场,同时与墨西哥签署了油气协议,要求各国保证以负责任的方式来开发墨西哥湾的石油和天然气资源。在页岩气开采之前,美国一部分天然气来自加拿大,而在开采之后,美国天然气在短时间内实现自给,不再需要从加拿大进口。此外,美国先进的页岩油气开采技术传到加拿大,使加拿大成为继美国之后第二个成功开启页岩油气产业的国家。另外,由于距离较近,运输设施完善,从美国进口天然气的成本较低,墨西哥从美国能源的供应方变为需求方。墨西哥对美国页岩气的需求量在2008—2013年间增长了近92%,将来还有继续加大进口量的可能。除此之外,美国的页岩气还出口到欧洲国家,将欧洲纳入了该体系,"大西洋供需区"范围不断扩大。①

第二,对于"环欧供需区",美国逐渐开始介入,并通过挤压俄罗斯的影响力来提升自己的地位。乌克兰危机之后,美国联合欧洲对俄罗斯进行制裁,减少俄罗斯运往欧洲的能源进口量,为此,俄罗斯不得不降低能源价格以保留自己在欧洲能源市场的份额。与此同时,美国天然气实现自给,不需要再进口国外的天然气,导致其曾经的天然气进口国卡塔尔失去了美国这一市场,卡塔尔接着将天然气出口转向欧洲。这一调整又对俄罗斯在欧洲市场的影响力造成不小的冲击。俄罗斯的经济结构非常单一,长期依靠能源出口支持其经济,在此背景下,俄罗斯只能向东寻找突破口。

第三,对于"东亚能源供需区",美国不断巩固与盟国的关系,同时利用先进的页岩气开采技术,加大与其他国家的能源合作,为日后的能源贸易做好铺垫。《亚洲2050:实现亚洲世纪》指出,亚洲发展中经济体

---

① 龚婷:《"能源独立":美国"页岩气革命"的现状与前景》,中国国际问题研究院官网,2013年12月11日,http://www.ciis.org.cn/2013-12/11/content_6529465.html,2018年12月16日访问。

能源消耗量到2050年将占到全球总量的一半以上，而亚洲地区内石油和天然气的可开采量远远不能满足该需求，必须依赖能源进口，亚洲因此成为各能源出口国努力争取的能源市场。对于美国来说，页岩气产量爆发式增长导致其国内天然气价格迅速下跌，影响了天然气工业的健康稳定发展，它必须积极寻求出口，而亚洲无疑是一个具有强大吸引力的目的地。此外，伴随经济腾飞而来的还有大量的生态污染问题，该问题已成为阻碍经济进一步增长的瓶颈，保护环境也成为包括亚洲在内的全世界人民的共识。在此背景下，亚洲地区对于清洁能源尤其是天然气的需求不断增长，而美国页岩气开采成果对于东亚消费中心具有重要意义。

（二）对美国全球能源治理机制地位的影响

美国页岩气开采使得美国国内石油和天然气产量大增，进而影响到世界能源价格，欧佩克地位有所下降，国际能源机构地位上升，增强了美国在国际能源治理机制中的作用，从而使得美国全球能源领域的地缘影响力得到提升。美国能源全球战略的主要内容是借助页岩油气革命带来的技术、制度和市场创新，提升天然气在全球能源结构中的地位，并将中东和美洲两大油气来源收入囊中，以此对主要能源供求国施加影响，使之最终服务于美国的全球主导地位。美国四处推行民主价值观念和"颜色革命"，希望按照西方的政治体制来构建中东、北非和中亚地区的国内政治体制，并以反恐和"重返亚太"为名，将东南亚和北非等作为能源地缘政治的"心脏地带"，实现对全球能源通道的战略控制。

第一，美国全球能源战略有助于加固其全球能源治理的体系。页岩油气革命使得美国从能源进口国变为能源供应国，美国出口其油气有助于巩固美国主导下的全球能源治理体系。

第二，美国全球能源战略对于地区性大国影响较大，特别是俄罗斯、中国和印度。一方面，美国能源的大幅度出口，能够促进本国新能源及相关领域基础设施的发展，迫使地区性大国升级换代；另一方面，在全球范围内造成传统石化能源过剩，价格走低。这既可以打击传统能源及其附属领域，同时又令电力等其他部门无法摆脱对传统石化能源的依赖，从而造成节能减排上的更大压力。这两点都极有可能波及地区大国的利益，从而提升美国在全球能源治理领域的地位。

第三，从全球治理层面出发，全球能源体系主要由美国主导，美国和西方国家制定了一系列能源价格、航运规则、资源开发的社会责任等治理机制。从总体上看，现有能源治理体系有利于中国的能源安全，随着中美能源关系趋于良性相互依存，中国可以在美国主导下的能源治理体系中选择性地发挥建设性作用。但是，中国也需避免因权力和经济联系升降而出现的战略疑虑，警惕美国成为中国能源海外供应安全中的干扰性因素。

(三) 对美国气候问题话语权的影响

话语权是指一种信息传播主体潜在的现实影响力，在当代社会思潮中，话语权指的是影响社会发展方向的能力。而从国际社会的角度来看，话语权是国家对某一牵涉国家利益的问题进行定义、评判和裁决等的主导权和控制权。气候问题与能源息息相关，气候话语权的增强有利于美国能源外交的发展。气候问题话语权的大小取决于该国在气候相关领域的技术、经济、政治等实力，以及对这种实力的灵活运用。[1]

2017年特朗普上台后，认为《巴黎协定》对美国的要求太过严苛，如果执行的话，会对美国的竞争力和经济实力造成极大不利影响。为此，特朗普于6月1日退出了《巴黎协定》，致使美国的国家形象严重受损，在气候问题上的话语权减弱。而一向坚持"美国利益至上"的美国，绝不可能接受被排挤出气候谈判之外的结果，而且美国虽已提交了退出意向书，但真正退出还要到2020年11月。此外，当年小布什退出《京都议定书》之后也没有退出气候谈判的舞台，而是采用"双轨并行"的特殊方式继续扮演气候问题的领导者之一，而要达到该目的，页岩气会是美国的一个重要筹码。

页岩气开采使美国页岩气产量出现爆发式增长，而天然气价格大幅

---

[1] 王伟男：《国际气候话语权之争初探》，《国际问题研究》2010年第4期，第19—24页。

下跌，这一清洁能源才有机会替代污染较为严重的煤炭和部分石油，从而使美国的能源消费结构得以调整。这不仅可以帮助美国在保持国内经济增长的同时降低碳排放量，同时使得美国在气候问题上的话语权得到增强。

从全球范围来讲，页岩气开采使美国境内天然气产量大增，其天然气在满足国内需要的同时还在积极寻求出口，因此从长远来看，美国页岩气的开采有利于形成较为公平的天然气市场环境，有利于全球天然气使用率的提升和煤炭等高污染能源使用率的降低，进而减少污染。此外，美国页岩气开采取得的巨大成功使全世界对于页岩气的重视度不断提高，各国希望获得页岩气开采技术，提高能源自给率。当今世界页岩气开采最成熟的技术在美国，与其他国家在页岩气开采技术方面展开合作，进而提高全球页岩气产量，对于全球气候治理也会起到积极作用。

作为全球第二大能源消费国和碳排放国以及全球气候治理的重要参与者，美国在碳捕捉和碳封存等方面拥有强大的技术和经济实力，也有其他国家无法比拟的资源优势，因此美国在气候问题上的话语权较重。[①]而得益于页岩气开采带来的巨大成果，美国实现了国内能源自给及能源消费结构调整，天然气占其能源消费总量的份额大幅提升，碳排放量不断降低，并将带动全世界提高天然气的使用率，为解决全球气候问题做出重要贡献，对于增强美国在气候问题上的话语权也起到积极作用。

本章练习

一、关键术语

全球能源治理　全球能源战略　能源安全　霸权收益　美国霸权　美国优先　孤立主义　单边主义　权力资源　权力战略　新兴市场国家　公共品供给　巧实力　美国衰落　周期规律　国际权力格局　秩序重构

---

① 许琳、陈迎：《全球气候治理与中国的战略选择》，《世界经济与政治》2013年第1期，第116—134页。

二、复习思考题

1. 能源问题牵一发而动全身，你觉得"美国第一能源计划"在经济、政治、金融等方面会给美国带来哪些影响？同时，该计划对中国未来能源贸易又会有哪些影响？你认为这三届美国政府的全球治理战略分别受到哪些国际理论的影响？

2. 面对特朗普政府以战逼降的局面，对手国该以何种策略应对？以战止战，还是以和止战？

3. 假设特朗普政府的经贸战略成功，国际经贸秩序又将呈现何种面貌？是否真的会出现改变世界的"特朗普时刻"？

4. 你可以举一些美国在政治、经济、文化等方面"霸权"表现的例子吗？

5. 国际关系理论界对美国在全球治理中的作用存在截然不同的意见，你知道或了解哪些主流的立场观点？

三、案例分析题

案例：G7领导人照片刷屏，美国关税大棒冲击盟友[1][2]

2018年6月9日晚，德国总理默克尔的团队在社交媒体上发布了一张七国集团峰会的照片，默克尔双手架于桌子上，几国领导人围着特朗普而站，颇有"围攻"特朗普之势。

导致本届七国集团峰会出现不愉快局面的一个引爆点是峰会开始之前的贸易纠纷。据新华社报道，美国总统唐纳德·特朗普3月8日签发行政令，宣布从3月23日起对进口钢铁和铝产品分别加征25%和10%关税，理由是进口产品妨碍美国产业发展，威胁美国"国家安全"。欧盟、巴西、韩国、日本、法国、英国、澳大利亚等经济体均表示将采取应对措施。

俄罗斯钢铁协会人士呼吁国际社会采取联合行动，运用一切合法可

---

[1] http://xhpfmapi.zhongguowangshi.com/vh500/#/share/3599507?channel=qq, 2018年11月18日访问。

[2] http://money.163.com/18/0610/14/DJUQ8IS2002581PP.html#p=DJUQKCKT0BGT0025NOS, 2018年11月18日访问。

图片来源：德国总理默克尔，Instagram, ID: bundeskanzlerin。

行的手段严厉谴责美贸易保护措施。对钢铁和铝加收关税的政策在美国国内也遭到强烈反对，认为此举看似挫败了外国的钢铁业，实则提高了美国制造业的成本。美国世界贸易咨询公司的研究显示，新关税虽将保护美国的钢铝业岗位，但会冲击下游行业就业，相当于"每增加 1 个工作岗位就要损失至少 5 个其他工作岗位"。世贸组织总干事阿泽维多警告说，各成员国应规避可能触发全球贸易壁垒增加的风险，"一旦我们走上（贸易保护）这条路，要想折返十分困难"。

思考题：

1. 结合案例中的材料判断特朗普为何会签发对钢铁和铝产品加征关税的行政令？

2. 根据你的理解谈一谈贸易保护主义将在多大程度上影响一个国家的经济发展？

四、拓展阅读[①]

特朗普联大演讲背后：没有美国的全球治理会到来吗？

联合国代表着当今的全球治理（global governance），或者说，联合国是致力于全球治理的全球机构——全球制度。2018年9月25日，特朗普抵达纽约联合国总部。这是他的第二次联合国之行。

特朗普政府治下的美国与联合国之间的关系已经是一个问题或者麻烦，这位公然宣布要对抗全球化或者全球主义的美国总统访问联合国本身，对全球治理而言是一个坏消息。

（1）全球问题与国家治理的悖论

特朗普在联大演讲中提到，全球治理正威胁美国的主权。特朗普这样说当然是意有所指的。因为不久前，即当地时间9月10日，美国总统国家安全事务顾问博尔顿发表了上任后的首次公开演讲，并在演说中公开"炮轰"国际刑事法院（ICC）。其称美国将不受ICC的管辖，即使有人到ICC控告美国领导人，美国也不会配合接受相关审判。

特朗普关于全球治理威胁美国主权的观点并不是他的，可能来自博尔顿。博尔顿一贯反对全球治理，他在担任保守智库美国事业研究所（AEI）副所长时，曾在《芝加哥大学国际法评论》上发表《我们应该严肃对待全球治理吗？》一文。[②] 所以，这种观点不是什么新东西。特朗普政府目前拥抱的和使用的理论，如经济民族主义，也是很传统的。当然，在其他国家，过去和现在都有类似的看法。这也说明一个国家接受或者拥抱全球治理并非易事。

一般来说，问题变得越来越全球化，或者说我们面对的几乎所有问题都与全球相关，但治理仍然是当地的、国家的。这是我们这个世界的深刻

[①] 文章选自：澎湃新闻庞观。"庞观"是中国海洋大学国际关系特聘教授、海洋发展研究院院长庞中英教授的专栏，从理论到现实多维度解读中国如何参与全球化、全球治理等问题。https://finance.sina.com.cvi/word/2018-09/29/doc_ifxeuwwr9589547.shtml, 2018年12月16日访问。

[②] John R. Bolton, "Should We Take Global Governance Seriously?", *Chicago Journal of International Law*. Vol. 1, No. 2, 2000. Available at: http://chicagounbound.uchicago.edu/cjil/vol1/iss2/2.

悖论。

从逻辑上来看，全球治理是为了解决全球性问题，那么相应地，其产生的解决问题的方案也应该是全球性的，即所谓的"全球方案"。可是，实际情况并不是遵从这样的逻辑的。如果世界就是遵从这样的逻辑，联合国等全球机构和全球会议/论坛就可以派上大用场了。美国面对全球问题和全球挑战（如与其他国家的贸易和投资带来的问题），但解决这些问题或挑战却越来越不依靠全球方式。特朗普目前不通过世界贸易组织（WTO），而用"贸易战"来解决与其他国家之间的贸易问题，就是一例。

特朗普政府的逻辑和在这种逻辑指导下制定的政策正在严重打击全球治理，全球治理的危机仍将进一步加剧，这是令人担心的。

(2) 美国会与全球治理一刀两断吗？

不过，我们也不要把事态看得过于悲观。从特朗普在联大的讲话中，我能读出的是他的内在矛盾。特朗普的内在矛盾或其政府对外政策的内在矛盾是必须注意到的。

特朗普在联大演讲中强调崇高的主权原则。不少人觉得美国总统谈论主权是奇怪的。在这个世界上，受侵犯或者受到消极影响最少的主权本来应该是美国主权，为什么世界最强大的国家居然高呼主权？其实，我们应该注意到，特朗普们不断强调美国主权，正是因为美国主权处在困境中，也就是说，世界上不可一世的主权恰恰也是最脆弱的。其实美国的主权处在困境中，这也不是什么新话题，美国一直以这一点为理由调控其与世界其他国家的关系。

然而，特朗普口口声声强调主权崇高，那么他治下的美国是否就不干涉其他国家的事务了呢？特朗普在讲话中不断提到伊朗、委内瑞拉等国的问题，美国的干涉主义并没有停下来。即使他提到不喜欢的国际组织，如人权机构，他也说美国要等这些机构改弦更张后再回来。特朗普增加了美国军费，美国军队在世界上许多地方——例如东南亚和南海——干预的力度在增加。

既然特朗普治下的美国如此矛盾，我们也没有必要以为从现在起美国就与现存全球治理一刀两断了。美国不是还没有、也不可能退出联合国吗?！即便美国真的要与所有的现存全球治理机构一刀两断，实际情况也可能是"抽刀断水水更流"。而且，就美国的情况而言，美国不在国际机构中并不等于美国对这些机构没有影响，也不意味着美国不借助这些机构代表的国际规则和规范来治理当今世界。

(3) 没有美国的全球治理是什么样的？

不过，我们可以假定，未来的全球治理机构中大多数没有美国的席位，这个是否可称为"没有美国的全球治理"（global governance without the USA）? 也就是说，没有美国的全球治理是可能的吗？

这是一个重大问题。有人担心，没有美国的参加，现有的国际合作，包括全球治理就终结了。因为美国是现有全球治理的支柱性国家，是领导国家，"没有美国"——特朗普已经宣布美国不喜欢全球治理，美国不再拥抱全球治理——那么全球治理是否就终结了呢？

但目前欧洲人仍然支持多边主义，说明"没有美国的全球治理"是可能的。就在特朗普讲话之后，法国总统马克龙在联大演讲，他坚定支持多边主义，与特朗普的抵制全球治理形成鲜明对照。如果欧盟在诸如联合国气候变化治理、全球发展治理（可持续发展目标）、全球安全治理（如《伊核协议》）等一系列问题上寻求与志同道合的其他力量合作，那么"没有美国的全球治理"将在困难中前行，但不会终结。

另外，必须看到，在特朗普上台前，早已出现没有美国参加的国际组织——不管是在区域层面还是全球层面——例如亚欧会议、上海合作组织、金砖国家合作、亚投行。中国发起的"一带一路"倡议也是新的全球合作。

不过，"没有美国"仍然是一种极端的情况。美国并非铁板一块，美国也并不仅仅是美国联邦政府代表的美国。我们对于"没有美国的全球治理"要有正确判断。特朗普政府不喜欢 ICC，但美国一些机构和个人，从 ICC 的成立到运作，介入很深。不仅如此，我认为以下两种情况更要注意：

在未来，特朗普推动的美国外交政策转变的结果可能会出乎特朗普政府的意料，一种新的世界秩序和新的全球治理将出现。这是我们不能不估计到的。经过特朗普政府的折腾，现有的全球治理可能将加快改革。首当其冲的是 WTO，WTO 再不改革，就不可能成为 21 世纪的全球经济规则的代表。目前，欧盟在 WTO 的改革中担当领导角色，不希望 WTO 发生不符合其狭隘国家利益的改革，但同时欧盟又担心 WTO 的终结可能会带来更大冲击，因此不得不选择支持对 WTO 进行改革，而不是听任 WTO 名存实亡。

其他全球机构方面，在这次联大一般性辩论上，我们从其他国家领导人的演讲中，再次听到要求联合国安理会加快改革的呼吁。尽管联合国在维和、气候变化和可持续发展等方面已经取得很大进展，但实际上仍然面对着不改革就出局的危险。

本文的结论是，特朗普在联合国的这次演讲，将加剧全球治理的危机。在美国进一步退出全球治理的情况下，现有全球治理机构不得不加快改革；而仍然坚持多边主义和国际集体行动的国家将形成新的全球治理——没有美国的全球治理。

参考书目

Douglass C. North, *Institution, Institution Chang and Economic Performance*, Cambridge, U. K. and N. Y. : Cambridge University Press, 1990.

Amy Myers Jaffe, "The Americas, Not the Middle East, Will Be the World Capital of Energy," *Foreign Policy*, September 2011.

Arezki, Rabah. "On the Comparative Advantage of U. S. Manufacturing: Evidence from Shale Gas Revolution," *Journal of International Economics,* . July 2017.

Brain Milner, "'Saudi America' Heads for Energy Independence," *Globe and Mail*, March 19, 2012.

Caporin Massimilianon, "The Long‐run Oil‐natural Gas Price Relationship and the Shale Gas Revolution," *Energy Economics*, May 2017.

Daniel M Jarvie, Ronald J Hill, Tim E Ruble, et al. , "Unconventional Shale‐gas Systems: The Mississippian Barnett Shale of North‐central Texas as One Model for Thermogenic Shale–gas Assesment," *AAPG Bulletin*, 2008, 92 (8).

Gregory K B, Vidic R D, Dzombak D A. "Water Management Challengesassociated with the Production of Shale Gas by Hydraulic Fracturing," *Elements*, No. 7, 2011.

Hefner R. , The United States of Gas: Why the Shale Revolution Could Have Happened Only in America, *Foreign Affairs*, 2014 (2).

Amy Myers Jaffe, "Shale Gas Will Rock the World," *Wall Street Journal*, May 10, 2010.

Robert Jervis, Francis J. Gavin, Joshua Rovner, and Diane Labrosse, *Chaos in the Liberal Order——The Trump Presidency and International Politics in the Twenty‐First Century*, Columbia University Press, 2018.

Williamson Murray, *America and the Future of War——The Past as Prologue*, Hoover Institution Press, 2017.

Thomas J. Wright, *All Measures Short of War——The Contest for the Twenty‐First Century and the Future of American Power*, Yale University Press, 2017.

Robert D. Blackwill, Jennifer M. Harris, *War by Other Means——Geoeconomics and Statecraft*, Belknap Press, 2016.

韩晓平:《美丽中国的能源之战》,北京:石油工业出版社,2014年版。

[美]拉塞尔·戈尔德,欧阳瑾、欧阳勇锋译:《页岩革命:重塑美国能源,改变世界》,北京:石油工业出版社,2016年版。

[美]罗伯特 W. 科尔布,杨帆译:《天然气革命——页岩气掀起新能源之战》,北京:机械工业出版社,2015年版。

肖钢、唐颖:《页岩气及其勘探开发》,北京:高等教育出版社,2013年版。

周琪等著：《美国能源安全政策与美国对外战略》，北京：中国社会科学出版社，2012年版。

安琪儿、安海忠、方伟等：《中国页岩气开发中的国际合作》，《资源与产业》2013年第6期。

陈波、王佩、刘文卿：《美国原油出口亚太前景分析》，《国际石油经济》2018年第1期。

富景筠：《"页岩气革命"与"乌克兰危机"与俄欧能源关系——对天然气市场结构与权力结构的动态分析》，《欧洲研究》2014年第6期。

管清友、李君臣：《美国页岩气革命与全球政治经济格局》，《国际经济评论》2013年第3期。

［美］凯瑟琳·豪斯曼、［美］瑞安·凯洛格、郭子睿：《页岩气革命的经济与环境影响》，《国际经济评论》2015年第4期。

［美］亨利·基辛格著，顾淑馨、林添贵译：《大外交》，海口：海南出版社，2012年版。

李晓岗：《"9·11"后美国的单边主义与世界》，天津：天津人民出版社，2007年版。

孙兴杰：《特朗普的爱国主义与美国霸权》，《中国经营报》2018年10月1日，第E03版。

辛翠玲：《特朗普政府经贸战略探析："美国优先"的国际贸易新秩序》，《当代美国评论》2018年第3期。

程永林、黄亮雄：《霸权衰退、公共品供给与全球经济治理》，《世界经济与政治》2018年第5期。

马骦：《美国在全球治理中的角色——以气候变化问题为例》，《河北民族师范学院学报》2013年8月，第33卷第3期。

刘丰：《美国霸权与全球治理——美国在全球治理中的角色及其困境》，《南开学报（哲学社会科学版）》2012年第3期。

王缉思：《美国霸权的逻辑》，《美国研究》2003年第3期。

第十章 "良政"理念下欧盟的务实外交

总有一天，到那时……所有的欧洲国家，无需丢掉你们各自的特点和闪光的个性，都将紧紧地融合在一个高一级的整体里；到那时，你们将构筑欧洲的友爱关系……

——维克多·雨果

章节导读

★ 学习目标
- 了解当前国际格局变幻中欧洲的地位更迭；
- 梳理"有效多边主义"在不同时期的表现；
- 熟知欧洲全球治理观的务实性、原则性特征。

★ 内容概要

自 21 世纪初发布《欧洲治理白皮书》以来，欧盟先后通过《欧洲发展政策》《欧洲安全战略》《全球的欧洲》以及《欧洲 2020 战略》等一系列政策性文件，促成了欧盟全球治理观念的逐渐成型。但在相当长一段时期内，欧盟的全球治理观以价值或规范为导向，借助贸易、对外援助等手段，向外输出价值理念。进入 21 世纪特别是 2008 年全球金融危机之后，受新兴国家群体性崛起和自身内外交困等现实因素影响，欧盟全球治理观呈现明显的实用主义转型态势,具体表现为积极响应"一带一路"倡议、为 IMF 份额改革做出让步、在 TTIP 和区域安全等领域与美国保持协调等。

当然,欧盟全球治理观的实用主义转型并不意味着对其传统规范导向的全然摒弃。很大程度上,在实用主义与规范导向之间的实用主义选择,成为欧盟全球治理观转型的另一重要特征:在其有利于欧盟利益时,规范导向可能再度成为主导性理念;反之,实用主义全球治理观可能占据主导地位。本章内容将围绕欧盟的全球治理观展开,在梳理其治理观历史演变、核心内容及实践路径的基础上,结合欧盟参与全球气候治理的理念与实践来进一步探讨欧盟如何在这两大外交特性——务实性与原则性中分配权重。

★ **章前思考**①

2018 年 7 月 16 日上午,国务院总理李克强在人民大会堂同欧洲理事会主席图斯克、欧盟委员会主席容克共同主持第 20 次中国欧盟领导人会晤。中方坚定支持欧洲一体化进程,希望欧盟保持团结、稳定、发展。中方愿同欧方进一步加强战略沟通,深化务实合作,推动中欧全面战略伙伴关系不断实现新的发展。中欧双方一致认为,面对当前纷繁复杂的国际形势,特别是单边主义、保护主义抬头的情况下,中国和欧盟作为世界两大主要力量和经济体,有责任共同努力维护以规则为基础的国际秩序,倡导多边主义,支持自由贸易,促进世界和平、稳定与发展。中欧双方一致同意,共同维护《联合国宪章》以及国际法,加强外交和安全政策对话,应对共同挑战。致力于建设开放型世界经济,促进贸易和投资自由化、便利化,抵制保护主义和单边主义。支持以规则为基础、以世界贸易组织为核心的多边贸易体制,遵守现有世贸规则。双方同意建立工作组这一沟通机制,讨论世贸组织改革问题。双方在此

---

① 文章来源:中华人民共和国政府网,http://www.gov.cn/xinwen/2018-07/16/content_5306836.htm,2019 年 6 月 12 日访问。

次领导人会晤期间交换了中欧投资协定清单出价，同意将中欧投资协定谈判作为最优先事项，努力为投资者建立开放、透明、公平、可预期的商业环境。推进在环境、能源、循环经济、科技创新、知识产权、工业、数字经济、城镇化等领域的对话合作。同意建立中欧禁毒对话、中欧人道主义援助对话，并就深化葡萄酒和烈酒行业合作开展联合研究。

中欧双方承诺加强知识产权对话，深化知识产权保护合作。双方强调致力于扩大双向开放，改善市场准入和投资环境，推进中国"一带一路"倡议同欧盟发展规划对接，尽快完成中欧地理标志协定谈判。双方同意进一步推动在"2018中国—欧盟旅游年"框架下的活动，促进旅游合作及双向人员交流。双方承诺支持二十国集团作为国际经济合作主要论坛，继续在全球经济和金融治理中发挥积极作用。双方一致认为，中欧之间的共同利益远大于分歧，将继续本着相互尊重、平等互利的精神妥善处理有关分歧。

阅读上述材料并回答下列问题：

1. 在什么样的国际形势下，中欧双方在此次会议上达成如此众多共识？
2. 请结合自己的理解谈一谈文中提及的欧洲与中国"进一步加强战略沟通，深化务实合作"具体可能指的是哪些方面？
3. 请试着思考近年来欧洲与我国合作的广度、深度较之以往是否有所改变？若有，是否可以反映欧盟对外政策的变化趋势？

第一节　世界格局深刻变革中的欧洲地位

近年来，欧洲国家危机叠加。欧盟尚未从2008年的金融危机中完全复苏，又再次遭受英国脱欧的冲击。眼下，无论是从欧洲所面临问题的复杂性，还是从其应对危机时的种种表现来看，欧盟的发展前景都不够明朗。① 欧盟的国际形象和影响力从长期来看将会受到严重损害，而这也将为欧洲参与全球治理的积极性、独立性和优越性带来多重冲击。

一、内部环境——欧洲多重结构性难题

不断推进的一体化进程是欧洲历史发展的必然选择，它在为欧洲各国带来和平、繁荣与发展的同时，也在"主权"与"超主权"、"扩大"与"深化"、"同一"与"多元"、"开放"与"安全"、"自主"与"依赖"等问题上，存在重大的理论缺陷和实践困境。近年欧洲面临的债务危机、难民、恐怖袭击、区域认同等多重危机，便主要源于这种内在的结构性难题。②

在安全领域，2010年2月欧盟发布的《内部安全战略》指出，有组织犯罪、恐怖主义、网络犯罪及欧洲外部边界的安全问题等是2010—2014年欧洲面临的主要的内部安全威胁。③ 此外，"全球战略"酝酿过程中，英国的"脱欧公投"也加速了"韧性"的形成。2016年6月23日，英国公投结果选择脱离欧盟。6月28日"全球战略"的正式公布，既是欧盟对坚持一体化的迅速表态，也是应对英国脱欧公投的一种危机管理。④

（一）经济层面：主权债务危机的重创

欧洲主权债务危机（以下简称"欧债危机"）是发生在欧洲衰落的时代背景下，主要由于南方的一些欧元区国家出现主权债务违约风险导

---

① 张军社：《2017世界格局演变主要看亚洲、欧洲和中东》，新华网，http://www.xinhuanet.com//world/2016-12/29/c_129425116.htm，2019年2月18日访问。
② 王鸿刚：《欧盟的结构化难题与一体化的未来》，https://www.sohu.com/a/225678678_619332，2019年2月18日访问。
③ "European Parliament Resolution of 22 May 2012 on the European Union's Internal Security Strategy," http://www.europarl.europa.eu/sides/getDoc.do?type=TA&reference=P7-TA-2012-0207&language=EN&ring=A7-2012-0143, last accessed on 6 October, 2017.
④ 杨海峰：《有原则的务实主义——欧盟外交与安全政策的全球战略评析》，《欧洲研究》2016年第5期，第26—27页。

致的欧元区经济治理危机。① 延续至今的欧债危机对欧洲的经济、政治和国际地位等产生的系列连锁反应与影响仍在持续发酵：

在经济领域，显而易见的是各成员国国内经济发展的放缓、停滞甚至倒退。尤其是在部分南欧国家，政府通过紧缩财政政策治理债务危机（尽管该政策的实行非本国政府所愿，而是迫于德国等中部、北部成员国的压力），国内居民生活消费水平严重下降，国内不满情绪迅速滋长，抗议声不绝于耳。

对外而言，欧债危机下的欧洲市场正逐渐丧失吸引力：除欧洲消费水平下降、投资风险上升等因素外，贸易保护主义的抬头也是重要原因。部分欧洲国家政府为保护本国企业利益，以降低欧债危机带来的损失，采取提高进口关税等限制非欧洲企业投资的措施来提高市场准入门槛，结果加剧了市场竞争的不公平性，导致外部投资者进入欧洲市场的意愿降低。

此外，欧洲对全球经济的影响力也在下降：欧洲影响世界经济的重要媒介是其多数国使用的货币欧元，而欧元的可靠性则受到来自欧盟内外的质疑：不但美国的评级机构一再下调欧元区国家主权的信用评级，而且欧洲企业也对投资更加谨慎，其中部分甚至已着手制定欧元区瓦解应急计划。② 此外，欧元的货币价值在近年来欧债危机的阴霾下也总体呈大幅下跌之势，引发了世界利率、汇率的大幅波动，造成世界经济的动荡。

在政治领域，欧债危机后蔓延的财政、债务以及民主危机诱发的潜在国家失败，成为导致欧盟陷入"脆弱"（fragility）状态的关键威胁，③ 使得原本曲折的欧洲一体化进程更是雪上加霜，欧洲发展的内部凝聚力再一次被弱化。

首先，欧债危机不仅一定程度上源于欧洲地区发展不平衡，而且会

---

① 王义桅：《欧债危机的战略影响》，《德国研究》2012 年第 1 期，第 33 页。
② 王义桅：《欧债危机的战略影响》，《德国研究》2012 年第 1 期，第 37 页。
③ Wolfgang Wagner and Rosanne Anholt, "Resilience as the EU Global Strategy's New Leitmotif: Pragmatic, Problematic or Promising?", pp. 415 – 416.

加剧问题的恶化,形成恶性循环:欧洲各国间经济发展结构与模式差异较大,形成以德、法为代表的经济实力强的核心国和以葡、意、希、西为代表的边缘国(PIGS)的分化局面。PIGS 国搭乘欧洲一体化便车,利用统一货币欧元的优势以及国际对欧洲较高的信用评级,得以大规模地发行低利率国债以筹集资金,从而将资金用于维持国内国民的高福利水平等。虽然欧盟内部具有统一的货币政策,为 PIGS 国提供了统一的欧元条件,但财政政策并未统一,而是分属各成员国政府管控,即"各成员国的财政赤字和债务没有像货币政策那样受到有效约束"。① 这也使得 PIGS "有机可乘"。它们不但未积极减少赤字,反而相继大量借债,这才最终导致欧洲债务危机的爆发。

其次,欧债危机进一步加大内部各国分歧,为一体化进程带来挑战:第一,核心国与边缘国的矛盾升级:核心国主张 PIGS 国采取强有力的财政紧缩政策削减赤字以缓解危机,但后者以扼制其经济增长、国内民生水平堪忧等缘由表示抗议;第二,欧元区国家与非欧元区国家的矛盾升级:欧元地位的下降及其连带效应助长了非欧元区国家"疑欧派"势力的发展,他们担心欧债危机会拖其经济发展的后腿,英国脱欧便是一个典型事例。

在国际地位方面:第一,欧洲国际影响力降低。由于欧债危机的巨大影响,欧洲势必将复苏经济作为首要任务,因而会减少对外援助与外交投入,其国际事务参与度与国际影响力也将相应降低,例如其与战略伙伴就非洲事务的竞争劣势已显现。第二,欧盟国际形象被大打折扣。欧债危机使得长期以来被世界尊为教科书般的欧洲榜样发展范式以及欧元货币本身受到质疑,而危机下各国间相互指责、推卸责任的现象不仅削弱欧盟"作为一个整体说话的能力",② 也为"良政"理念下团结一体化进程中的欧洲形象留下污点,这给欧洲未来在国际上推广其治理理

---

① 周茂华:《欧债危机的现状、根源、演变趋势及其对发展中国家的影响》,《经济学动态》2014 年第 3 期,第 32 页。

② 金玲:《国际问题研究》,《欧盟全球治理新思路及中欧关系的影响》2013 年第 2 期,第66 页。

念带来困难。

（二）安全与政治层面：难民危机与恐怖袭击加剧动荡

自从 2010 年底爆发"阿拉伯之春"[①] 后，中东、非洲等地战乱不断，大量难民经地中海及巴尔干半岛逃往邻近的欧盟国家。到达欧洲的难民数量在 2015 年激增，达到史无前例的 100 余万人，[②] 而这一庞大的外来群体给欧洲的安全形势和政治生态带来严重影响，造成欧洲二战以来最大的难民危机。

在安全形势上，难民危机在一定程度上加剧了恐怖主义在欧洲的蔓延。[③] 第一，恐怖分子随难民潮涌入欧盟，伺机发动恐袭。2015 年的巴黎恐袭震惊全球，而其案犯正是混在其他难民中入境的。一名欧盟官员也提到，"过去一年'伊斯兰国'之所以能在欧洲大陆多次发布恐袭，一个重要的原因就是欧盟未能阻止其利用难民危机将恐怖分子送达欧洲"。[④] 第二，难民的难融入问题助长本土"独狼"恐怖主义。随着实力受到削弱，极端组织开始通过互联网在西方国家内部招募"独狼式效忠者"以作为其威胁的"新面孔"，而到达欧洲后在多方面与当地社会产生冲突的难民则成为极端组织招募的重点对象。

在文化上，难民中多数人拥有伊斯兰文化背景，这无疑会引发欧洲这一传统基督教社会的担忧，因为长期以来他们都警惕着社会被"伊斯兰化"。穆斯林群体的宗教信仰和生活方式均与当地难以融合，例如穆斯林妇女必须佩戴头巾，这在交通驾车时不仅影响驾驶安全，而且她们

[①] "阿拉伯之春"指的是自 2010 年底在北非和西亚的阿拉伯国家发生的一系列以"民主"和"经济"等为主题的革命浪潮。

[②] 郝一骁.《难民问题对欧洲一体化的冲击分析》，《现代商贸工业》2018 年第 33 期，第 24 页。

[③] 关于难民问题与恐怖袭击的关系在学术界尚存争议，然而较多学者与笔者支持二者存在关联这一观点。这里笔者的观点以李益斌的《欧盟难民问题与恐怖袭击关系研究》为理论基础，详情请参阅《德国研究》2017 年第 4 期，第 19—34 页。

[④] Anthony Faiola and Souad Mekhennet, "Tracing the path of four terrorists sent to Europe by the Islamic State," htps: //www.washingtonpost.com/world/national-security/how-europes-migrant-crisis-became-an-opportunity-for-isis/2016/04/21/ec8a7231-062d-4185-bb27-c7295d35415_story.html? utm_term = .609eca59a39e, 2018 年 11 月 14 日访问。

一旦违规驾驶被拍照，很难辨认其真实面貌，因而穆斯林群体与当地司法部门时常卷入司法、刑事纷争。

在经济上，难民虽然数量庞大，但却未能起到部分欧洲国家所预期的增加劳动力、缓解社会老龄化、促进经济发展的理想作用，反而加剧了当地就业岗位的竞争，增高了失业风险。此外，国家财政负担也因难民的安置而大大加重，社会福利及其他公共资源也面临人均的缩减。欧洲对于难民日趋谨慎甚至敌对的态度、身处异乡及归属感的丧失，使得难民群体中的大批青年抱有扭曲厌世的心理，极易受到极端分子的利用与怂恿。相比传统精密协调组织的大规模袭击而言，他们更多会采取单体行动，发动自杀式的小规模袭击，成为新兴的本土"独狼"式袭击者，严重危害欧洲安全与稳定。

在政治上，难民危机给欧洲政治生态带来了动荡：右翼势力抬头，民粹主义政党迅速登上政治舞台。欧洲大陆原本尚未从欧债危机的困境里走出，难民危机与恐怖袭击又接踵而至。然而，无论是各国国内主流政党还是欧盟层面的国际协商，都展现了原有领导人在面对新形势考验时的工作低效甚至无能。长期以来，欧洲的主流政党及其政策立场都以中偏右或中偏左为主，可预期度极高，处于超稳定状态。该状态是以二战后欧洲不断发展的良好经济状况为基础的，但在充满挑战的时代背景下，主流政党的原有思路不再适合当下复杂严峻的局面，其政策逐渐暴露出脆弱性与创新性的缺乏。无论是部分国家为防止难民罪犯在欧盟境内跨国流窜而设立的边境管控对现有欧盟申根体系的破坏，还是在难民的接纳与安置议题上各国的相互推诿，此类现象都暴露出欧洲政策有待改进其协调力与执行力。

面对持续发酵的危机与心有余而力不足的领导层，群众怨声载道甚至其意向出现右倾化便在情理之中了，这就为右翼民粹政党提高其政治地位提供了可乘之机。他们或通

> **想一想**
>
> 右翼民粹主义、保护主义的发展态势对当今基于全球化的国际秩序有何冲击？欧盟能在战略思路上做出什么调整以降低其危害呢？

过取得执政地位（如希腊、波兰）来实践主张，或凭借迅速升高的支持率从侧面向主流政党施压。以2017年德国大选为例，民粹主义政党"另类选择党"（AfD）不仅获得13.5%选票（比上次大选增加近3倍），更是首度晋身德国联邦议会，一举成为议会内第三大党。反观现任总理默克尔领导的"基督教民主联盟"（CDU），虽以32.5%的选票仍保持联邦议会第一大党的地位，但该结果是基民盟"在战后70余年来最差的一次"。① 此次选举挫败的重要原因显然是其为过多难民敞开了国门，而遭受巨大压力的默克尔后来也承认其难民政策存在不合理性，并逐渐加以紧缩。需要提醒的是，尽管欧洲各国民粹主义政党的主张不尽相同，有些国家如德国反对移民，而有些国家则反对财政紧缩政策，但"它们的实质都是要回应过敏的不满情绪。民粹主义政党反精英、反移民、反建制的立场存在广泛社会基础"。②

二、外部环境——新兴国家的群体性崛起

20世纪末至21世纪初，随着全球化进程的日益深化，欧盟在世界对其发展的高预期中不断发展壮大，同时逐渐形成自己的全球治理战略。战略初期的欧盟斗志昂扬，对外部积极"推动'欧盟模式'，对内部积极推动共同安全和防务政策建设，并希望通过《里斯本战略》的实施实现赶超美国的目标"。③ 然而，这样乐观的论调在近几年却鲜有耳闻，取而代之的是被危机笼罩的焦虑沮丧。欧盟委员会主席巴罗佐在2010年表示："如果欧盟'一切照旧'，那么将在新的世界秩序中逐步衰落到二等地位。"④ 而引起这一焦虑的恰恰是新兴市场国家的群体性

---

① [德]珍妮·希尔：《德国大选：默克尔的胜利"徒具其表"》，https://www.bbc.com/zhongwen/simp/world-41383409, 2018年11月20日访问。

② 张越：《民粹主义背景下移民治理的未来——以德国为案例》，山东大学2018年硕士学位论文，第17页。

③ 金玲：《欧盟全球治理新思路及对中欧关系的影响》，《国际问题研究》2013年第3期，第64页。

④ European Commission, *Europe 2020: A European Strategy for Smart, Sustainable and Inclusiv Growth,* Brussels: Preface, 2010, p.15.

崛起带来的国际秩序的结构性调整。欧盟需要清晰地知晓这一变化，并认真地思考该如何保持其曾经的国际影响力。

2008年席卷全球的金融危机爆发以来，国际格局便处于深刻的大调整中。全球金融危机导致美国等发达国家经济出现衰退迹象，而前文提到的欧债、难民的双重危机使欧盟经济更是雪上加霜。与之形成鲜明对比的则是以"金砖国家"①"金钻11国"②为代表的新兴国家的高经济增速。与历史上不同的是，此次的新兴国家崛起不再局限于个别国家或地区（如冷战时期美国与苏联的两极对抗和一战期间欧洲两大军事集团的对抗），而是分散在世界各地区。因此，美国对外关系委员会会长理查德·哈斯认为："在21世纪，权力会分散而非集中。"③这正如华中师范大学夏安凌教授提及的"非极化"思维模式，传统意义上的国际格局是"金字塔型"或"伞状"，而当前的新兴国家群体崛起将使得国际格局结构呈现"立体网状"。④在这种"立体网状"的结构下，各个力量体间相互制衡，发展中国家与发达国家的差距不断缩小，将促使形成一个更为均衡的国际权力分配。

由于对世界经济复苏的贡献突出，新兴国家在所在地区甚至世界事务中发挥着越发重要的作用，它们正努力参与和塑造国际体系以保障本地区的利益，改革现有国际体系中的不合理之处，促进国际秩序的公平化。这一过程必将与欧盟倡导的全球治理观念有不同之处，甚至对欧盟整体产生冲击。目前已有观点担心新兴国家"与传统力量之间围绕规则、秩序和利益的竞争会再次导致权力政治主导的局面"，⑤与欧盟主

---

① "金砖国家"是指中国、巴西、南非、俄罗斯、印度五国。
② "金钻11国"是指继"金砖国家"后，成长潜力仅次于它们的11个新兴国家，包括越南、印尼、菲律宾、韩国、孟加拉、巴基斯坦、伊朗、埃及、尼日利亚、土耳其和墨西哥。
③ Richard N Haass, The Age of Nonpolarity – What Will Follow US Dominance, *Foreign Affairs*, 2008, p. 3.
④ 夏安凌：《新兴国家的崛起与国际格局的变化》，《教学与研究》2012年第5期，第68页。
⑤ 金玲：《欧盟全球治理新思路及对中欧关系的影响》，《国际问题研究》2013年第3期，第65页。

导的全球治理理念背道而驰。例如有欧洲学者预测"自由干预主义受到非西方社会的强烈质疑,国家引导的产业政策公开挑战市场引导的增长模式"。[1] 因此,从很大程度来看,新兴力量的崛起将深刻改变欧盟所处的国际环境,并对欧盟的全球治理政策产生较大影响。

综上,无论是从欧盟内部的重重危机,还是外部国际力量对比的变化来看,欧洲国际地位相对下降已成为不争的事实,而欧盟的全球治理理念也日益受到冲击,这恰恰成为其调整治理思路和路径的助推原因。

第二节 有效多边主义与欧盟全球治理路径

从 2003 年《欧洲安全战略》(A Secure Europe in A Better World – European Security Strategy,简称 ESS2003)发布开始,欧盟便明确将支持和推动基于"有效多边主义"(effective multilateralism)的国际秩序设定为自身的战略目标。作为一个实施许多超国家规则和规范的区域多边机制,欧盟视"有效多边主义"为区域机制的自然延伸,是欧盟规范性力量的体现。

在欧洲债务危机的冲击以及新兴国家群体性崛起的影响下,欧盟曾经的"规范性"世界秩序观也遭到动摇。"务实派"的国际秩序观强调,随着国际体系中的权力"向东"转移,欧盟应该通过与新兴崛起大国建立双边战略伙伴关系来维持相对稳定的国际格局与秩序。与之相对的是"退缩派"的国际秩序观,因为在他们看来,当前的国际权力转移将会损害欧洲的权益,继而影响欧盟整体的国际地位。这一观点主张,欧盟需要退回到"欧洲堡垒"来保护自己的利益,或者通过加强西方国家间内部的联合,从而维护西方国家在世界上的集体权益和影响力。这两种观点不分伯仲,常常同时体现在欧盟的外交战略和政策实践

---

[1] Giovanni Grevi, A Progressive European Global Strategy, *Policy Brief*, FRIDE, 2012, p. 34.

中，这也导致欧盟成为世界舞台上一支犹豫不决的力量。[①]

一、欧盟全球治理观的内涵与实现途径

欧盟的全球治理观是通过自21世纪初起欧洲相继发布的《欧洲治理白皮书》《欧洲发展政策》《欧洲安全战略》《全球的欧洲》以及《欧洲2020战略》等一系列文件逐渐发展成熟的。该全球治理观的特点是，将"良政"作为核心理念，将"有效多边主义"作为治理途径。

关于"良政"的概念有两种解读：一种是从全球治理的规则层面出发，《欧洲治理白皮书》中即明确了"良政"的五项基本原则，分别是开放性、参与性、责任性、有效性以及一致性；另一种解读从其蕴含的欧洲价值观角度出发，即"良政"代表着民主、人权、法治等。在全球治理战略中，第二种解读所体现出的价值观内涵日益成为"良政"的核心要义，并在《欧洲联盟基础条约》中就已有规定："维护联盟的价值观，巩固并支持民主、法治、人权和国际法原则是欧盟对外行动的首要战略目标。"[②] 由此，欧洲的价值观、规则与发展模式以全球治理为载体，得以在世界范围内广泛对外输出，而输出的效果可借由"贸易、援助、制度合作"[③] 等辅助手段达到最大化。例如欧盟在周边政策中通过"入盟""准入盟"等激励手段，并利用制度和经济优势，鼓励周边国家与其加强制度合作，实现制度、标准、规则和观念的

> 欧洲所输出的价值观内容是以"良政"为核心的民主、人权、法治、自由等概念。输出的方式是贸易、援助、制度合作、媒体报道；输出目的是促使其他国家与之趋同化，扩大欧盟在自身引领体系中的队伍，从而提高其国际地位。

[①] 陈志敏、吉磊：《欧洲的国际秩序观："有效的多边主义"》，《复旦国际关系评论》2014年第1期，第12页。

[②] 程卫东、李靖堃：《欧洲联盟条约：经里斯本条约修订》，北京：社会科学文献出版社，2010年版，第43页。

[③] 金玲：《欧盟全球治理新思路及对中欧关系的影响》，《国际问题研究》2013年第3期，第59页。

趋同，这类现象我们在"南北对话"与亚欧会议的非正式合作机制中均能看到。

欧洲的全球治理观的治理路径为"有效多边主义"。根据基欧汉的观点，多边主义指"三个以上的国家通过既有的安排或机制化手段进行政策协调的实践，包含稳固的、连贯的一系列正式或非正式规则，确定行为角色，约束行为，塑造预期"。[①] 该定义与2003年《欧盟安全战略》中提到的"在全球威胁、全球市场以及全球媒体的世界中，我们的安全和繁荣日益依赖有效多边体系"[②] 相同，均强调体系、制度层面的多边主义。因此，从某种程度上说，"多边主义"符合全球治理的话题需求，其旨在确保人们都能享受重要的全球公共产品。[③]

众所周知，在全球治理过程中，不同国家的参与必不可少，而这些国家的国情、诉求却又不尽相同，因此从国际事务的责任角度出发，欧洲需奉行多边主义。此外，欧盟内部在一体化进程中，通过多边主义进行各成员国之间利益协调等丰富的治理经验，也为其将多边主义从内部迁移到世界范围内提供了有利条件。多边主义在欧洲的全球治理中极具重要性，学者叶江就曾提到："多边主义比任何其他概念都更能表达欧盟在世界政治中的立场。这一理念常常用来为欧盟的行动提供合法性。"

"9·11"事件后，欧盟在这一术语前加上"有效"一词，"有效的多边主义"是借助现有的国际制度框架开展多边合作，在不对既定国际秩序进行根本变革的基础上，改革与全球权力对比严重不符的制度规定，平衡权力变化与制度设计之间的关系，减少冲突甚至局部战争爆发

[①] R. O. Keohane, "Multilateralism: an Agenda for Research," *International Journal*, p. 731, quoted from Caroline Bouchard and John Peterson, *Concepting Multilateralism: Can We All Just Get Along?* Mercury Publications, 2010, p. 4.

[②] Javier Solana, *A Secure Europe in a Better World: European Security Strategy*, Brussels: the European Council, 2003, p. 13.

[③] Espen Barth Eide (ed.), "Effective Multilateralism: Europe, Regional Security and a Revitalised UN," *Global Europe Report*, The Foreign Policy Center and British Council Brussels, 2004, p. 22.

的可能性。① 这种变化也暗示欧盟希望多边主义不仅是一种理想，而且可以付诸实践。②

欧洲一体化的本质就是在法律、规则与决策程序基础上重建欧洲内部国家关系。欧盟在国际事务中不及美国实力强大，构建"有效的多边主义"制度框架是欧盟有别于美国的全球治理特征。对于欧洲而言，"有效多边主义"的奉行将带来如下影响：第一，在推广价值观的同时促进国际合作。有效多边主义尊重各国声音，体现了民主原则，并尝试通过磋商、谈判等形式尽力协调各方利益以求达成共识。第二，为欧洲参与国际事务"提供合法性"。③ 欧洲的经济与制度居世界一流，具有模范性，其优势可能成为推动发展中国家政治和经济改革的引擎，应加快它们进入欧洲引领的国际体系的步伐，以便欧洲能在全球治理中发挥更重要的作用。

需要强调的是，"有效多边主义"并非指欧盟将其精力均匀地平分在各个国家上，而是指有重点的针对性多边外交。例如，欧洲出于在安全领域与北约合作以共同分担争端解决的责任等因素的考虑，在有效多边主义的框架内仍然强调了以"跨大西洋伙伴关系"为纽带的欧美关系的重要战略意义，这一点在2008年的欧盟《安全战略执行报告》中得以体现："欧洲在多边秩序方面的关键伙伴是美国。"④

此外，欧洲全球治理观在近年来的改变也值得注意。我们可以将其发展的过程以2008年为分界线划分为两个特征较为显著的阶段：2008年以前为其相对传统的全球治理观，此后则逐步向务实主义转向。这个特殊的年份正好是全球金融危机爆发之年，而自此以后，世界长期陷入

---

① 杨娜：《欧盟的全球治理战略》，《南开学报（哲学社会科学版）》2012年第3期，第23—24页。
② 叶江：《试论欧盟的全球治理理念、实践及影响——基于全球气候治理的分析》，《欧洲研究》2014年第3期，第79页。
③ 叶江：《试论欧盟的全球治理理念、实践及影响——基于全球气候治理的分析》，《欧洲研究》2014年第3期，第79页。
④ Report on the Implementation of the European Security Strategy: *Providing Security in a Changing World*, Brussels, 2008.

不稳定局面。正如第一节已提及的，欧债危机、难民危机、恐怖袭击的冲击与新兴大国群体性崛起的影响，动摇了欧洲的国际地位，迫使欧盟将更多精力放在"救火"上，所以其全球治理观对于实用性的越发强调也就不难理解了。

二、欧盟全球治理的实用主义转型

出于应对危机的考虑，2016年6月欧盟发布《共同愿景、共同行动：一个更强大的欧洲——欧盟外交与安全政策的全球战略》（Shared Vision, Common Action: A Stronger Europe: A Global Strategy for the European Union's Foreign and Security Policy，EUGS，以下简称"全球战略"），重新规划了欧盟的区域与全球角色，即将"有效多边主义"（effective multilateralism）的核心概念与"有原则的务实主义"（principled pragmatism）具体实施原则一同构建成欧盟新的"全球战略"。[1]

根据这一全球治理战略，欧盟需在其原有的"原则性"与新加入的"务实性"要素间寻求平衡，因此欧盟既不能片面强调其理念与规范的导向性而忽略欧盟实际获得利益的多少，也不能因追求"实用主义"而摒弃维系其与外部伙伴的、从长远发展眼光看利大于弊的原则性。[2] 具体而言，转型后的欧盟的全球治理观分别在务实型与原则性等方面有以下体现。

（一）欧盟全球治理观的务实性

1. 经济层面：重商主义色彩日渐浓厚

欧洲当前所面临的多重危机的根源在于其经济的长期疲软，因此发展经济是欧洲各国放在首位的任务。而对经济问题的重视体现在欧盟的全球治理观上，便是一种"务实性"的重商主义。同时，欧洲也将贸

---

[1] 李峰：《欧盟的"韧性"与东盟的"抗御力"——一项区域核心概念的比较研究》，《欧洲研究》2018年第4期，第84—85页。
[2] 杨海峰：《有原则的务实主义——欧盟外交与安全政策的全球战略评析》，《欧洲研究》2016年第5期，第41页。

易作为价值输出的手段之一，即在其对外贸易政策中强调公平公正、自由开放等观点。

"欧盟的繁荣是建立强大欧洲的基础"，因此欧洲将促进内部经济增长、解决就业问题放在首位，并逐渐转向重商主义的经济态势。正如其在2006年欧洲通过的《全球化欧洲战略》中就已明确地"将市场准入作为其对外贸易政策重点，并强调即时的经济效果"。[①]

这一导向的具体表现有二：其一，重视双边贸易。欧盟将注意力聚焦在代表多边主义的多哈进程之外，在多哈回合停滞后签署了大量的双边贸易协定，强调"互惠原则"，使得欧盟在自身获得利益回报的同时将责任与义务转移到伙伴国身上。其二，贸易保护主义悄然抬头。"悄然"是指欧盟依旧在多边自由贸易的大框架下，但无论是其新出台的战略规则还是部分欧洲国家政府的具体行动，均体现出对非欧盟国家与企业的歧视。例如近年来欧盟对中国频频执行的反倾销调查与惩罚性关税措施：单在2016年，欧盟已对中国进行了6项调查，而欧委会于当年3月计划对中国内地出口的不锈钢冷轧钢板征收高达25%[②]的反倾销税。

2. 安全层面：对战略自主性与硬权力提升的重视

如果我们用两个特点来概括欧洲的政治安全政策，那么可以说是"依赖性强"与"缺乏硬权利"。自北约建立以来，欧洲的安全很大程度上是由这一军事联盟保障的，而北约的重要成员国美国凭借其强大的军事力量，逐渐成为欧洲成员国的重要依靠甚至是制约力量，因此欧洲的安全事务对美国有较高的依赖性。反观欧盟内部，各成员国间较大的分歧也导致欧盟在政治安全领域存在短板：一方面，许多国家在两次世界大战中遭受重创，因而对和平、合作的向往较为强烈；另一方面，对二战时期纳粹德国"统一欧洲"的过程及其结果的恐惧，又导致欧洲

---

① 金玲：《欧盟全球治理新思路及对中欧关系的影响》，《国际问题研究》2013年第3期，第68页。

② 王洁、邓瑶：《中国钢铁产品遭多国双反调查 钢企组团应诉》，凤凰网财经新闻，https://finance.ifeng.com/news/20091030/1406859.shtml，2018年11月6日访问。

众多国家对于欧洲作为一个统一的地缘政治行为体带有高度的警惕。

此外,欧盟最初致力于发展自主军事和民事能力,以便最终具备进行高端作战的能力。欧洲共同安全与防务政策的失败,让追求软实力的人士不得不重新思考加强安全防务硬实力的重要性:第一,战略自主性与硬权利的提高有利于更好地维护、抵御来自内外部的威胁,如联合有效地打击恐怖主义,为其安全稳定做出贡献;第二,此举也可使欧洲的综合实力提高,从而加强欧洲的可靠度,使之能够在北约、联合国等国际平台上发挥更有效的作用。因此,欧洲发布的《欧盟外交与安全政策的全球战略》中"承认地缘政治在全球化时代仍然重要,还承认一些外部力量在认定自己面临地缘政治竞争时会毫不犹豫地使用武力",[①]以展示其决心。

3. 外交层面:对有效多边主义概念的更新

本节第一部分曾提到,在很长一段时间里,欧洲的"有效多边主义"优先地将美国视为其核心的战略伙伴,"欧美跨大西洋伙伴关系颇有超越联合国而成为欧盟有效多边主义的主要抓手之势,同时'伙伴关系'而非'国际组织'成为推进有效多边主义的主要方式"。[②] 然而,以片面强调美欧关系而未充分顾及其他国家作为特征之一的传统有效多边主义目前正面临着巨大的挑战。一方面,如今的欧盟在重重困难中单靠与发达国家盟友合作解决问题的成效性有所降低;另一方面,纵然在当前的国际秩序中,有效多边主义仍是重要原则,但这里的秩序已与过去的旧秩序不可同日而语,新增了多样性与灵活性。[③] 因此,欧洲在全球范围内的合作对象、议题、方式均会产生变化,与之对应,"有效多边主义"的内涵也将扩大到更多的新兴国家。

---

① Sven Biscop, *The EU Global Strategy: Realpolitik with European Characteristics*, Brussels, 2018.

② 杨海峰:《有原则的务实主义——欧盟外交与安全政策的全球战略评析》,《欧洲研究》2016年第5期,第40页。

③ 对欧盟多边主义的更多分析可参见[英]卡罗琳·布沙尔、[英]约翰·彼得森、[意]娜塔莉·拓茨著,薄燕等译:《欧盟与21世纪的多边主义》,上海:上海人民出版社,2013年版。

这一变化的主要体现便是欧盟开始加强与新兴国家的战略合作。当然，如前所述，欧盟做出这一调整也是基于以下考虑：第一，欧盟内部所面临的现实困境需要其转变外交视角；第二，欧盟与新兴经济体的关系绝非零和博弈，而在国际格局重心向新兴市场国家转移的大背景下，欧盟顺势调整与新兴经济体的关系不失为一种明智的做法。正如欧洲理事会常任主席赫尔曼·范龙佩指出的："我们要学会适应不断变化的世界，欧盟和中国在这一过程中应该是合作伙伴，我们能够而且应该在一起做更多的事情。"[①] 第三，在全球化时代下，各国家、地区间的联系得以突破传统地缘限制而变得更加紧密，相互间形成依赖、影响的关系网，为它们的合作提供了客观上的便利。尤其是在当今时代，新安全观已提出，金融、反恐等非传统领域的合作受地缘隔绝的影响也越发减少，这些均为欧洲摆脱美欧传统关系束缚提供了新机遇。第四，以跨大西洋关系为纽带的美欧关系面临挑战。自2016年特朗普当选美国总统后，"美国优先"原则在各项国际事务上通过特朗普针对各方的不友好言论与作为体现得淋漓尽致。美国曾抱怨欧洲在北约所缴纳的成员费用太少，甚至以退出跨大西洋关系相威胁，此举引发了欧洲多国的不满，严重影响美欧间的互信，客观上加强了欧洲寻求其他合作伙伴的意愿。总的来说，奉行"有效的多边主义"的欧盟正是基于以上几方面原因而更加主动地与新兴市场国家建立合作关系。

欧盟与新兴国家合作的加深具体体现在如下两个方面：

第一，欧盟接受国际货币基金组织（IMF）进行份额改革，实行了将部分投票权让予新兴国家的方案。

欧盟国家在国际金融体制中的"超额代表"问题由来已久。根据 IMF 规定，成员国投票权应当反映下列变量的加权平均值，即 GDP（50%权重）、开放度（30%权重）、经济波动性（15%权重）及外汇

> **想一想**
> 请查阅资料并结合自身时政知识储备思考，自美国特朗普新政府上台后，美欧关系还在其他哪些领域出现紧张化趋势？

---

① 张颖：《范龙佩中国行：救火？求救？》，《国际金融报》2011年5月17日，第1版。

储备（5%权重）。① 由于新兴经济体的迅速崛起和发达国家金融危机、主权债务危机导致的经济衰退此消彼长，公式计算结果与实际投票权偏差越来越大，成员国经济体量与投票权不相匹配的情况越发明显，修订现有国际金融运行规则的呼声也日渐高涨。

作为对呼声的回应，IMF于2010年出台了份额和治理改革方案，拟向发展中国家转移总计6%的投票权，同时将份额从2385亿特别提款权增加1倍至4770亿特别提款权（约合7370亿美元）。改革方案落实后，中国的份额从3.72%上升至6.39%，成为继美国和日本之后的第三大成员国。拥有十大投票权份额的国家中将有4个新兴经济体，分别为俄罗斯、中国、印度和巴西。按照IMF的运作规则，该方案需要85%以上表决权才能通过，但因美国占16.8%的投票权，而美国国会迟迟未予批准该方案，导致改革事实上搁浅。目前，该方案已获得144个国家批准，占76%的表决权。鉴于方案最后期限将至，2015年6月12日IMF执行董事会决定，将发展中国家投票权方案的最后期限顺延3个月至2016年9月底。②

事实上，IMF长期由欧盟把持。欧盟在IMF内拥有32%的投票权，超过美国的16.77%，24名执行董事中有9名来自欧洲，占比37.5%。③ 因此，欧盟对于该改革方案的态度非常重要。但与美国不同，欧盟内部对该改革方案的支持由来已久。欧盟早在2010年初于斯洛文尼亚举行的财长会议上就已达成一致，承诺支持该改革方案。时任轮值国主席斯洛文尼亚财长安德烈·巴尤克称，欧盟支持在成员国内部

---

① 廖凡：《中国国际法年刊（2010）》，北京：世界知识出版社，2011年版，第29页。

② "IMF Executive Board Approves Extension of Current SDR Currency Basket Until September 30, 2016," Press Release, No. 15/384, IMF, http: //www.imf.org/external/np/sec/pr/2015/pr-15384.htm, 2018年11月9日访问。

③ "IMF Executive Directors and Voting Power," IMF, http: //www.imf.org/external/np/sec/memdir/eds.aspx, 2018年11月19日访问。

合理地分配份额和投票权以增强该机构的权威性。① 时任欧委会主席巴罗佐也曾公开表达对 IMF 投票权改革的支持。② 而 IMF 总裁、法国人拉加德甚至公开表达对美国国会迟迟未予批准改革方案的不满，并多次呼吁美国加快批准进度。客观地讲，IMF 改革对美国和欧盟的利益影响最大，欧盟顺应潮流、接受变革的态度与美国故意拖延、消极抵制的态度形成鲜明对比，这充分表明欧盟全球治理观的务实转向。

第二，欧盟积极响应中国提出的"一带一路"倡议。

"一带一路"是中国政府于 2013 年 9 月和 10 月提出的经济合作概念，并逐步成型。中国国家发改委、外交部和商务部于 2015 年 3 月联合发布的《推动共建丝绸之路经济带和 21 世纪海上丝绸之路的愿景与行动》标志着"一带一路"倡议正式进入实施阶段。"一带一路"在欧盟政界、商界和学术界引发广泛关注，包括布鲁格（Bruegel - The Brussels - based economic think tank）在内的多家欧洲智库先后召开"一带一路"相关学术研讨会，发表深化合作构想的论文。

中国与德国于 2014 年 10 月签署的《中德合作行动纲要》中率先提出"丝绸之路经济带"的概念。正如德国驻华大使柯慕贤所说："德国欢迎各大洲和国家间贸易通道的扩展，这条路为中德合作开辟了新机会。"③ 2015 年 6 月 6 日，外交部长王毅在访问匈牙利期间代表中国政府与匈牙利政府签署《中华人民共和国政府和匈牙利政府关于共同推进丝绸之路经济带和 21 世纪海上丝绸之路建设的谅解备忘录》，这是中国与欧盟成员国签署的第一份完全意义上的"一带一路"建设谅解备忘录。此外，李克强 2015 年 6 月访问法国期间，与法方签署了《开发第三方市场合作协议》。法国驻华大使顾山也曾公开表示，欧盟对于中国

---

① "President Barroso on EU priorities for G20 Summit in Toronto," EC Press Release Database, MEMO/10/192, http://europa.eu/rapid/press-release_MEMO-10-192_en.htm, 2018 年 11 月 19 日访问。

② 陈燕鸿、黄梅波：《欧盟提升在国际货币基金组织中的影响力：设想与困境》，《欧洲研究》2013 年第 2 期，第 52—68 页。

③ 曹辛、刘迪：《欧洲欢迎"一带一路"吗》，《南方周末》，http://www.infzm.com/content/110331，2018 年 11 月 20 日访问。

的"一带一路"倡议非常感兴趣。①

值得关注的是，在国推动"一带一路"的同时，欧盟也在推进其"欧盟战略投资基金"规划。该规划是"容克投资计划"的衍生，基金总额高达3150亿欧元；该规划与"一带一路"的关系已成为国际社会的关注焦点。事实上，正如中国驻欧盟大使杨燕怡所称："'一带一路'与欧盟战略投资基金存在相通和契合之处。"② 李克强总理在2015年6月28日访欧期间，公开表示中国将参与该投资计划，实现"一带一路"与该基金的对接。中国相关部委也已正式启动对接具体工作，与欧盟探讨合作方式。欧盟驻中国大使史威斯古特于2015年7月底在接受媒体采访时也表示，欧方将与中国建立对接互联互通平台。③ 目前，丝路基金已经顺利启动，一批基础设施互联互通项目已在稳步推进。多个亚欧国家正大力建设港口基础设施，发展航运业、渔业和渔产品加工业，规划临港产业园区、特区、保税区及自贸区。

（二）欧盟全球治理观的原则性

全球战略除了"务实性"的一面外，还有"原则性"的一面，即对一些传统原则的坚守，比如捍卫民主、人权与法治价值观，维护基于规则的全球秩序，巩固跨大西洋伙伴关系等。所谓传统原则，就是这些原则都具有鲜明的西方性或西方中心主义的共同点，这些原则围绕这个共同点紧密地结合在一起。民主、人权与法治价值观是基于规则的全球秩序和跨大西洋伙伴关系的基础，后者又是前

> **想一想**
>
> 当我们更宏观地看待欧洲这种"审时度势"地规划、平衡全球治理观的不同侧重点的原则时，不难看出这本身也是一种务实性的重要体现。欧洲在务实外交的大原则下缓慢平衡地推广其理念与模式，是其在目前复杂的局势下继续维护和实现自身利益的智慧方式。

----

① 曹辛、刘迪：《欧洲欢迎"一带一路"吗》，《南方周末》，http://www.infzm.com/content/110331，2018年11月20日访问。

② 《杨燕怡："一带一路"倡议同容克投资计划对接是一个过程》，中国日报网，http://cn.china-daily.com.cn/2015-06/27/content_21121622.htm，2018年11月20日访问。

③ 《欧盟：一带一路将对接欧洲投资计划》，《联合早报》，http://www.zaobao.com.sg/realtime/china/story20150705-499491，2018年12月1日访问。

者的体现与保障。同时，基于规则的全球秩序是跨大西洋伙伴关系的延展，跨大西洋伙伴关系则是基于规则的全球秩序的基本轴线。全球战略对务实性的强调，并不代表对原则性的放弃。只不过随着形势的发展变化，欧盟需要基于有原则的务实主义，更好地平衡价值观与利益、原则性与务实性之间的关系，对两者进行调整与补充。欧盟需要在捍卫民主、人权与法治时更加明确自身的利益，发展硬权力与复原力；在维护基于规则的全球秩序时更加重视本土与周边的安全，发挥改革全球秩序的主动性；在巩固跨大西洋伙伴关系时发展更加灵活多样的伙伴关系。对于欧盟来说，这些传统原则一直就是其外交与安全政策的基石。欧盟全球战略明确指出，联合国、北约与美国是其核心伙伴，跨大西洋伙伴关系是其安全、经贸与全球治理各个方面的重要支撑。[1]

总体来看，欧盟的全球治理观是欧盟"原则性"与"务实性"外交方针在对外实践上的具体体现。事实上，在两者有机结合的过程中，各自的权重比例也会因所处的外部环境以及欧盟内部的特殊情况而发生调整。比如，在欧洲社会、经济发展稳定以及全球化不断深化的时期，侧重"原则性"的治理观显然对欧盟扩大其国际影响力更为有利；而在欧盟面临内部严峻的经济困顿，且外部又受新兴市场国家崛起的冲击时，"务实性"的治理观则更有利于欧盟的外交付出成本的最低化以及在国际事务中短期利益的最大化。

第三节 全球气候治理与欧盟影响力"外溢"

气候变化正在对人类赖以生存的自然环境和社会造成广泛影响。[2]

---

[1] 在欧盟全球战略中，美国是唯一一个被定义为核心伙伴的国家，同时联合国及北约这两个国际组织也被定义为核心伙伴。对于欧洲安全与全球治理来说，跨大西洋伙伴关系都是十分重要的。资料来源于：杨海峰：《有原则的务实主义——欧盟外交与安全政策的全球战略评析》，《欧洲研究》2016年第5期，第36页。

[2] 政府间气候变化委员会（IPCC）第五次评估报告第二工作组报告：《气候变化2014：影响、适应和脆弱性——决策者摘要》（中文），伦敦：剑桥大学出版社，2014年版，第4页。

然而，流动的空气、海洋、冰川，甚至气候恶化带来的农业、贸易、移民和领土冲突等问题不是一个国家或者一个地区所能应对和解决的。近20年来，气候变化议题日益占据当今国际政治议程的核心位置。国际社会的普遍共识是，气候引发的全球性问题只能通过集体协商方式才能找到解决方案，这也是应对全球气候变暖的必由之路。因此，集体协商成为各国参与全球气候治理最朴素的出发点。然而，在"谁治理、治理什么、如何治理"等环节上，各国在气候治理的理念、范围与路径等方面呈现着差异性。

一、全球气候治理的发展概况

自20世纪90年代以来，在联合国机制下，有关气候变化的国际性公约陆续出台。到目前为止，全球气候治理机制的主要基础是1992年由189个国家和地区签署的《联合国气候变化框架公约》（以下简称《公约》）。自此之后，在《公约》的"公平、共同但有区别的责任原则"下，每年召开的缔约方大会成为各国商讨气候治理、找出解决机制的主要平台。

从治理的发展轨迹看，《公约》下的全球气候治理机制主要经历了三个里程碑：首先，《京都议定书》确定了"谁参与治理"的问题。在1997年日本京都召开的第三次《公约》缔约方会议上，通过了旨在限制发达国家温室气体排放量以抑制全球变暖的《京都议定书》（以下简称《议定书》）。《议定书》于2005年2月正式生效。尽管只是部分国家参与，但《议定书》仍是人类历史上首次限制温室气体排放的具有法律约束力的国际协议，它的通过表明许多国家愿意参与到全球的温室气体减排行动中来。

其次，"巴厘路线图"是气候治理的第二个里程碑，它明确了在气候治理中"治理什么"的问题。2007年，在巴厘岛召开的第13次缔约方会议上通过的《巴厘岛行动计划》（或称"巴厘路线图"）将全球气候治理的关键问题定义为：采取行动去调整适应气候变化的负面后果；

设法减少温室气体排放量；设法采用气候友好型的技术；为实施减排筹措资金等。自此，减缓、适应、技术和资金便成为加强全球应对气候变化的四个关键议题。①

然而，由于制度协调不力，加之南北阵营在气候谈判中存在分歧，《议定书》的有效性大打折扣，从而产生对新减排协议的诉求。在2012年通过的对《议定书》的多哈修正中，由于俄罗斯等国不加入第二承诺期，②该协议实际上已不再具备继续生效的条件，因此《议定书》也失去了法律效力。此外，鉴于发达国家对《议定书》中的"南北差异性"安排和包括中国在内的新兴大国碳排放量快速增长的不满，以及部分发展中国家对"共同但有区别责任"原则的放弃，国际气候谈判中不断涌现出新的政治联盟，导致2011年在德班召开的第17次缔约方会议上成立了"加强行动德班平台特设工作组"（以下简称"德班平台"）。该平台的主要任务是促进达成一项能覆盖所有国家且具有法律约束力的减排协议，因此笔者将以"德班平台"为基础搭建的、即将达成的国际减排协议（因其于2015年底召开的巴黎气候变化大会上缔结，故简称为"巴黎协议"）列为全球气候治理的第三个里程碑。巴黎协议将以法律的形式进一步明确"谁参与、治理什么、如何治理"等气候治理中的核心问题。

二、欧盟在全球气候治理中的理念与行动

（一）欧盟的全球气候治理理念

近些年来，欧盟在国际气候谈判中的立场经历了若干调整。2005年之前，为促成《京都议定书》的签署和生效，欧盟支持大多数发展中国家的气候谈判立场，即在《公约》下减排问题的谈判中坚持"共

---

① 《联合国与气候变化》，联合国官方网站，http://www.un.org/zh/climatechange/themes.shtml，2018年12月5日访问。

② 《对〈京都议定书〉的多哈修正》，《联合国气候变化框架公约》网站，http://unfccc.int/files/kyoto_protocol/application/pdf/kp_doha_amendment_chinese.pdf，第2—3页。

同但有区别原则"。但自2005年起，欧盟在内部开始执行碳排放交易体系（EU‐ETS），在"谁污染谁付费"的理念下，欧盟对内分阶段地实施碳配额制度，对外则坚持在全球范围内达成一项具有法律约束力的国际减排协议。① 自2009年哥本哈根大会以来，欧盟在修订自身减排目标的同时，以更现实的态度对待国际气候谈判。欧盟的全球气候治理理念主要包括以下三点：

第一，维持全球气温上升与工业革命前相比不超过2摄氏度水平。为此，欧盟认为，发达国家应率先减排。欧盟计划于2020年和2050年分别在1990年的基础上减少温室气体排放20%、80%—90%。欧盟也强调，游离于《议定书》框架之外的国家，包括发展中大国在内，应加强减排承诺的可比性评估，以免部分国家出现"搭便车"现象。

第二，欧盟正逐渐放弃"共同但有区别的责任"原则，积极推动建立一个覆盖全球的、强制性的、具有法律效力的国际减排协议。实际上，强调对发展中国家实行减排目标的可比性评估，已经表明欧盟正在放弃"共同但有区别责任"原则的立场。欧盟以保证各国减排目标的可比性之名，试图对中国、印度等发展中国家的能源密集型出口产品征收碳关税，以实施对其"减排力度不足"的惩罚。② 在欧盟看来，国际气候谈判"应跨越20世纪90年代的'南北范式'，发展一个相互依赖和共同负担的涵盖缔约方的国际减排协议"。③ 发展中国家尤其是新兴发展中的大国，如中国、印度和巴西等，都应和发达国家一起被纳入法定减排协议的范围内，而《京都议定书》仅是发达国家和发展中国家间一个相互妥协的"补丁式"的协议。随着日本、俄罗斯、加拿大和新西兰等原本在第一期中承诺减排的发达国家于2013年退出第二承诺

---

① 李慧明：《特朗普政府"去气候化"行动背景下欧盟的气候政策分析》，《欧洲研究》2018年第5期，第46—48页。

② 东艳：《全球气候变化博弈中的碳边界调节措施研究》，《世界经济与政治》2010年第7期，第65—82页。

③ European Commission, *The 2015 European Commission, The Paris Protocol ‐ A Blueprint for Tackling Global Climate Change Beyond 2020*, Brussels, 2015, COM (2015) 81 final, pp. 8 – 9.

期,《议定书》实际涵盖的气体排放仅占全球范围的 14%。因此,欧盟强调,发展中大国"必须"被纳入 2015 年底即将通过的强制性、具有法律约束性的协议中来,并在执行过程中符合"可衡量、可报告和可核实"(即"三可")要求。[①] 为提高减排的透明度,欧盟建议设立一个国际登记制度,以便发展中国家实施适当减排的"三可"要求和可比性评估。该建议遭到包括中国在内的部分发展中国家的强烈反对。

第三,在气候融资方面,欧盟强调所有国家(除最不发达国家以外)都应做出平等的贡献,但发达国家应率先做出贡献,[②] 来自各国公共财政的贡献比例也应具有可比性。欧盟承诺在 2010—2020 年间将每年向发展中国家提供 24 亿欧元的"快速启动资金",以帮助后者摆脱因采取气候变化行动而受到的影响。在《公约》框架下设立的"绿色气候基金"的使用上,欧盟认为,发达国家提供的气候融资仅适用于支持发展中国家在气候变化方面因采取减缓措施而可能需要的资金,而非如发展中国家所要求的将资金用于减缓、适应、资金、技术等一系列问题。在 2014 年 3 月结束的波恩会议上,欧盟再次强调了该立场。[③]

简而言之,欧盟的全球气候治理理念可概括为:在保证全球升温 2 摄氏度以内目标的基础上,建立一个具有法定效力、覆盖所有国家的全球减排协议;通过实施以市场机制为基础的碳温室气体排放贸易,在保证各国减排目标具有可比性和实施"三可"要求下,有序、公平、透明地在全球范围内开展温室气体减排活动。

(二)欧盟在全球气候治理中的行动

在 20 世纪 90 年代到 2009 年之前,为促成《京都议定书》的签约

---

① International Climate Agreement: *Shaping International Climate Policy beyond 2020*, Brussels, 2013, COM (2013) 167 final, p. 3.

② European Commission, *2014 Annual Report: on the European Union's Development and External Assistance Policies and their Implementation in 2013*, Brussels, 2014, p. 111.

③ European Bank for Restructure and Development, *Annual Report 2014 - Overview*, 2015, p. 7.

和生效，欧盟在国际气候机制搭建和谈判进程中起到领导者的作用。[①] 欧盟抓住 2001 年美国退出《京都议定书》的"机会窗口"，成为国际气候谈判和制度建设的主要领导者。同时，欧盟将履行《议定书》的压力转变为加速内部气候立法的动力，建立了以市场机制为基础的碳排放交易体系（EUETS），并以此为核心，进一步整合内部气候、能源政策，形成其特有的全球气候治理理念。

在气候外交方面，欧盟将内部气候政策融入对外援助与发展政策中，利用对外援助框架下的双边和多边渠道，通过开展气候领域的项目合作来推广欧盟的气候治理理念，如欧盟与联合国粮农组织、联合国环境规划署、非洲联盟以及拉美发展银行等展开与气候变化相关的多边合作等。欧盟向联合国环境开发署下设的"启动非洲绿色计划"投入 2000 万欧元，用于支持非洲可持续性发展。[②] 作为欧盟项目的执行机构，欧洲复兴开发银行（简称 EBRD）与"气候投资基金"（CIF）这一多边银行机制建立了伙伴关系，为发展中国家提供赠款、低息贷款、有风险的减缓工具以及其他金融杠杆，支持当地与气候变化相关的项目。2014 年，EBRD 在 3 个国家的 168 个项目中投入近 30 亿欧元用于可持续性能源及与气候变化相关的领域。[③] 在气候资金方面，欧盟成为发展中国家在资金和技术转移方面最大的提供者。根据欧盟的统计，在 2010—2012 年期间，欧盟及其成员国向发展中国家提供了约 72 亿欧元的"快速启动资金"。[④]

拥有规则制定的话语权、承诺出资以及采取气候优先的外交手段使

[①] 于宏源：《析全球气候变化谈判格局的新变化》，《现代国际关系》2012 年第 6 期，第 9—14 页。

[②] European Commission, *2014 Annual Report: on the European Union's Development and External Assistance Policies and their Implementation in 2013*, Brussels, 2014, p. 111.

[③] European Bank for Restructure and Development, *Annul Report 2014 – Overview*, 2015, p. 7.

[④] European Commission, "European Union Fast Start Funding for Developing Countries 2010 – 2012 report", 2012。该数字尚未更新，参见 http: // ec. europa. eu/ clima/ policies/ finance/ fast start /index_en. htm, 2018 年 11 月 24 日访问。

欧盟成为全球气候治理的领导者，得以将"以碳排放交易体系为核心"的气候治理理念推广到更多国家，而欧盟的这些"软实力"无形中也成为分化发展中国家阵营的"推手"，进一步淡化了国际气候谈判中的南北格局，突出"大、小排放国"矛盾，增加了其国际话语权。

在哥本哈根大会上，由于内部成员国之间（主要是新、老成员间）立场分歧严重、抛弃《京都议定书》的潜意识、缺乏与排放大国间的沟通、过度政治化等原因，欧盟在联合国气候谈判中受到空前的孤立。但在2010年坎昆气候大会之后，欧盟通过弱化减排目标和气候资金的立场，在以美国为代表的"伞形国家集团""基础四国"，以及其他发展中国家集团之间"穿针引线"，达到自己的预期目标。而像"卡塔赫纳论坛"（Cartagena Dialogue for Progressive Action）这样的非正式组织，正逐渐成为欧盟在发达国家和发展中国家之间"穿针引线"的主要平台。"卡塔赫纳论坛"是一个涵盖欧、亚、非、拉等地区的，包括30多个小岛国家和最不发达国家在内的"南北混合体"集团，其目标主要是在《公约》下建立一个较高目标、涵盖全面的法定减排机制。该集团于2014年4月宣布，其已就2015年巴黎国际减排协议的相关

> **课堂活动**
>
> 在气候会议上，欧盟在满足自身诉求的同时若不能满足他国诉求时，除尽力协调外，还通过非正式机制的"搭桥"力求获得利益，充分体现了其全球治理观的务实性。请大家尝试举行一次模拟气候大会并扮演不同国家代表，体会一下务实性、原则性相掺杂的复杂体系，同时训练自己谈判等解决问题的能力。

> 2015年，法国巴黎举办了第21届《联合国气候变化框架公约》缔约方大会（COP21）。此次大会的会议内容几乎涵盖全球气候治理中的所有重要问题，确立了减缓损失、技术转移、透明度及能力建设等方面的基本原则。继1992年《联合国气候变化框架公约》（UN-FCCC）和1997年《京都议定书》之后，此次大会通过的《巴黎协定》成为人类历史上应对气候变化的第三个里程碑式的国际法律文本，基本确定了2020年后全球气候治理的制度路径。
>
> 资料来源：董亮：《欧盟在巴黎气候进程中的领导力：局限性与不确定性》，《欧洲研究》2017年第3期，第74页。

目标达成共识，并正在为设立后2020减排目标而努力。①

不难看出，在联合国这个正式的谈判平台以外，欧盟正积极通过非正式机制推动发达国家与发展中国家"搭桥"、结盟，淡化原有谈判中的"南北格局"，突出排放大国与排放小国之间的矛盾，将国际气候谈判格局转变为"排放大国与小国的格局"。② 通过此战略，在之后举行的德班、多哈和华沙会议上，欧盟均成功地在小岛国家、最不发达国家、雨林国家等集团的支持下，使国际气候谈判按照欧盟的"路线图"行进——如在2010年坎昆大会上确定了"2°C目标"以及设立"快速启动资金"；在2011年德班会议上设立"德班增强平台"，为2015年达成一项国际性的减排协议做准备；在2013年的华沙大会上通过了在"减少毁林和森林退化所致排放量"（REDD++）项目上实施"三可"要求（可衡量、可报告、可核实）的提议。

本章练习

一、关键术语

重塑期的世界格局　欧债危机　难民危机　有效多边主义　气候外交　共同但有区别的责任　硬权利　良政　务实性外交

二、思考简答题

1. 欧盟的全球治理观在什么时期发生了重大转变？又是什么原因导致了这种转变的发生？

2. 更新后的"有效多边主义"较之传统的"有效多边主义"有何不同？

3. 欧盟在面对内外困境时采取的务实型转向对于我国参与全球治

---

① International Institute for Sustainable Development, "Cartagena Dialogue to Accelerate Preparations for Post – 2020 Targets," http://climate – l. iisd. org/ new/catagena – dialogue – to – accelerate – preparations – for – post –2020 – targets/，2018年11月24日访问。

② 于宏源：《国际气候谈判格局的演变方向》，《现代国际关系》2012年第6期，第9—14页。

理的过程有何借鉴意义？

三、知识填空题

1. 欧盟近年来国际地位的下降受到内部和外部多种因素的影响。在内部，欧盟面临的是（　　　　）经济层面危机，以及（　　　　）和（　　　　）政治与安全层面危机。在外部，欧盟面临的形势是（　　　　　　）。

2. 欧盟全球治理观的核心理念是（　　　　），具体指（　　　　）；其全球治理观的实现路径是（　　　　　　）。

3. 随着时代与局势的变化，欧盟全球治理观的原则性与务实性需要根据实际情况有机结合。原则性的体现是（　　　　　　）；务实性的两大主要具体体现是（　　　　）与（　　　　　　）。

4. 欧盟进行气候外交的目的之一是推行（　　　　　　）。

四、拓展阅读

变局中的全球治理与多边主义的重塑
——新形势下中欧合作的机遇和挑战（节选）[1]

全球治理在欧盟的全球战略中未居于主要地位，但并非不重要，相反，欧盟倒是表现出积极参与乃至引领世界的雄心。因为在欧洲人看来，"没有全球规范及其实施手段，我们至关重要的利益——和平与安全、繁荣和民主就将处于危险之中"。[2] 实际上，一方面，该领域能够为欧盟更多地发挥其软实力优势提供空间，扩大其全球性影响；另一方面，这种诉求仍然服从于维护欧盟自身利益的总目标。

笔者认为，欧盟的全球治理诉求具有三个特点：第一，在坚持多边

---

[1] 文章来源：洪邮生、李峰：《欧洲研究》2018年第1期，第61—63页。
[2] European Union, *Shared Visions, Common Action: A Stronger Europe—A Global Strategy for the European Union's Foreign and Security Policy*, p.39.

主义、维护现行国际制度的同时,强调国际体系的改革。欧盟将坚持基于包括《联合国宪章》原则在内的国际法的全球秩序,致力于将一个强大的联合国作为基于多边主义规则的国际秩序的基石,维护"一个开放的、基于规则的"并且是"一个真正的公平竞技场"(level playing field)的国际经济体系,防止大规模杀伤性武器及其运载工具扩散。同时,它提出要将全球治理的承诺转变为"变革而不是简单地维护现存体系的诉求",首先是联合国安理会和国际金融制度的改革,抵制改革会"削弱这些制度和出现替代性集团,从而有损所有欧盟成员国的利益"。①

第二,将一些新的议题列入其所关注的全球性问题之中。EUGS 涉及的全球治理议题范围广泛,除联合国维和、可持续发展和气候变化、全球经贸体制、军备控制、公共卫生以及老生常谈的人权等全球性议题之外,在"发展"的条目下,EUGS 还以多边主义为指导方针,专门列出国际网络安全、负责任的宇宙空间行为准则,以及国际能源安全机制等议题,反映了欧盟参与国际治理领域的拓展及其价值取向。值得注意的是,该文件以较大的篇幅论及欧盟将"为全球海洋安全做出贡献"的议题,并具体提到它将"探索(欧盟)在几内亚湾、南中国海以及马六甲海峡(发挥影响力)的可能性"。它声称:"作为全球海上安全的提供者,欧盟将进一步推广和实施《联合国海洋法公约》,包括其争端解决机制";② 在地区秩序中的关于东亚和东南亚部分,则明确提出,欧盟将"坚持航海自由,坚定地尊重国际法,包括《海洋法》及其仲裁程序,鼓励和平解决海上争端"。③

第三,渴望在全球治理中扮演举足轻重的角色,对不同领域的国际合作者做出精心区分。欧盟将自己定位于全球治理行为体网络中的议程

---

① European Union, *Shared Visions, Common Action: A Stronger Europe—A Global Strategy for the European Union's Foreign and Security Policy*, p. 39.

② European Union, *Shared Visions, Common Action: A Stronger Europe—A Global Strategy for the European Union's Foreign and Security Policy*, p. 41.

③ European Union, *Shared Visions, Common Action: A Stronger Europe—A Global Strategy for the European Union's Foreign and Security Policy*, p. 38.

设定者、联系者、协调者和促进者。尤其是充当全球治理中的"议程设定者"的定位，展示了欧盟引领全球治理的雄心。根据欧盟的全球战略，在绝大多数全球治理问题上，它将与作为多边体系框架的联合国合作并视之为核心伙伴，此外还要与"美国那样的"核心伙伴、地区组织以及亚非拉"志同道合的战略伙伴"合作。对于具体领域的合作伙伴则视个案而定，包括在网络安全领域与各种国家和非国家行为者的合作；在海上多边主义领域与联合国及其专门机构、北约、战略伙伴以及东盟的合作；在人道主义行动、可持续发展和气候变化领域与联合国、二十国集团以及其他角色的合作；在反恐领域深化与联合国的对话，等等。

参考书目

Álvaro de Vasconcelos ed., *A Strategy for EU Foreign Policy*, Brussels: EU Institute for Security Studies, 2010.

Paul J. J. Welfens and David Hanrahan, "The Brexit Dynamics: British and EU27. Challenges After the EU Referendum," *Intereconomics*, No. 5, 2017.

冯存万、朱慧：《欧盟气候外交的战略困境及政策转型》，《欧洲研究》2015年第4期。

朱立群：《国际体系与中欧关系》，北京：世界知识出版社，2008年版。

王展鹏：《英国脱欧公投与"多速欧洲"的前景》，《欧洲研究》2016年第4期。

赵柯、丁一凡：《"失衡"的中欧关系：解析欧盟对华政策调整》，《当代世界》2018年第4期。

任彦：《美欧同盟关系裂痕加深》，《人民日报》2018年6月1日，第21版。

龙静：《"多速欧洲"的发展及其对中欧关系的影响》，《和平与发展》2017年第4期。

图书在版编目（CIP）数据

全球治理视野下的国际组织/葛静静主编 . —北京：时事出版社，2019.8
ISBN 978-7-5195-0307-9

Ⅰ.①全…　Ⅱ.①葛…　Ⅲ.①国际组织—研究　Ⅳ.①D813

中国版本图书馆 CIP 数据核字（2019）第 068624 号

出 版 发 行：时事出版社
地　　　址：北京市海淀区万寿寺甲 2 号
邮　　　编：100081
发 行 热 线：（010）88547590　88547591
读者服务部：（010）88547595
传　　　真：（010）88547592
电 子 邮 箱：shishichubanshe@ sina. com
网　　　址：www. shishishe. com
印　　　刷：北京旺都印务有限公司

开本：787×1092　1/16　印张：22　字数：320 千字
2019 年 8 月第 1 版　2019 年 8 月第 1 次印刷
定价：108.00 元

（如有印装质量问题，请与本社发行部联系调换）